미술매체의 이해

자기 이해의 도구로서 매체

손혜주 · 최외선 공저

학지사

머리말

치료에서 치료사는 중요한 요소이다. 치료사의 경험으로부터 형성된 가치관과 사고의 틀은 치료 관계에서 강력하게 작용하기 때문이다. 이에 치료사의 자기 이해와 자기 분석은 무엇보다 중요한 의미를 가진다. 교육에서 교수자도 그렇다. 모든 대면 상황은 진행자가 가진 틀에 의해 큰 영향을 받는다.

매체는 피상적인 관념 요소를 구체화하는 실질적인 도구로서, 사용자의 개념의 틀을 현상으로 반영하고 수요자와 제공자를 연결하는 중요한 매개체가 된다. 이 책은 매체의 역사, 종류, 특성 등 지식적 이해뿐 아니라 매체와 개인의 경험이 만나 일어나는 현상에 대한 통합적 이해를 목적으로 집필되었다.

같은 매체라도 개인의 경험과 기억에 따라 완전히 다르게 인식될 수 있으며 자기화되는 과정에서 확연하게 다른 사용 결과를 불러올 수 있다. 따라서 매체에 대한 자기 분석이 선행되어야 성장하는 지도자가 될 수 있다.

이 책의 과정은 자신의 기억 속의 매체를 불러오고 지금-여기에서 매체를 분해하고 분리하여 재조립하는 과정에서 새로운 시도를 통해 자신만의 매체를 만들어 보도록 격려한다. 이 책에서는 매체의 기능에 대해 다음과 같이 정의하였다.

• 매체는 경험을 반영하는 현상이다.

매체는 경험의 실체적 현상이다. 지도자와 사용자의 각기 다른 두 체계가 만나는 장면에서 매체는 유일하게 객관성을 가진 물성으로 놓인다. 매체는 기준을 형성해 두 체계를 합의로 이끌 뿐만 아니라 지금-여기의 현상으로서 두 경험의 중재자가 된다. 이 중재를 통해 서로 다른 두 체계는 공정한 안정성을 확보할 수 있다.

• 매체는 문제 해결 능력을 기르는 구체적인 방법을 제시한다.

매체를 다루는 일은 피상적인 생각이나 이미지를 현실적인 방법으로 재구성할 기회가 된다. 생각은 가능했으나 실현은 불가능한 것 혹은 불가능하다고 생각했으나 실현 가능한 것을 직접적인 경험과 실현 과정을 통해 깨닫게 한다.

• 매체는 그 자체로 치료적 효과를 가진다.

치료에서 매우 중요한 개념으로 치료사는 재료의 촉진과 퇴행, 통제와 이완 등 매체 자체의 치료적 의미를 우선 고려한다. 치료사가 어떤 매체를 사용한다면 거기에는 이유가 있으며 그것은 어떤 치료적 효과를 유발할 것이다.

• 매체는 창의성을 이끌어 내고 향상시킬 수 있는 현실 영역이다.

치료와 교육의 목표는 더 나은 삶을 위해 개인의 통합적인 발달을 돕고 모든 기능적 향상을 도모하는 것이다. 지도자는 사용자와 매체의 선택과 작업을 함께하며 지체된 발달과 결핍된 기능 및 통합의 정도를 현장에서 확인하고, 필요한 부분에 즉시 도움을 줄 수 있다. 또한 의도적으로 정체되거나 고착된 기능에 집중하는 경험을 현재에 제공함으로써 수정 및 발달의 기회를 만들 수도 있다. 매체는 현실 영역에서 물성을 다루는 과정을 통해 의식과 사고와 행동과 경험의 과정을 통합함으로써 사용자의 창의성을 촉진시킨다.

이 책에서는 치료자, 교육자, 리더, 진행자 혹은 부모님 등 한 개인이나 집단을 이끌어 가는 사람들을 편의상 '지도자'라고 칭하였다. 그러나 이것은 단지 '지도'만을 의미하는 것은 아니며 선행 경험의 전달자, '비계(飛階)'[1]적인 역할의 지원을 의미한다. 또한 매체를 직접 경험한다는 의미에서 내담자, 학생, 집단원, 자녀 등을 편의상 '사용자'라고 칭하였다.

이 정의에 따라 이 책은 우리가 가장 친숙하게 접할 수 있는 매체에 대해 지금까지의 이해 방식이 아닌 새로운 이해를 목표로 다음과 같이 구성하였다.

첫째, **이해의 틀**: 우리가 아는 매체의 일반적인 이해 점검하기
둘째, **더 이해하기**: 매체에 대해 조금 더 알아보기
셋째, **이해의 틀 넓히기**: 앞의 두 과정을 통합한 매체 이해의 틀 확장하기
넷째, **경험 혹은 기억**: 매체에 대한 자신만의 기억 혹은 경험 불러오기 및 기억이 매체 사용에 미치는 영향 인지하기
다섯째, **확장 및 응용**: 앞의 모든 과정을 통해 매체의 사용을 새롭게 하고 매체를 사용하는 자신에 대해 이해하여 그 이해를 넘어서는 경험으로 이끌기
여섯째, **치료적 의미**: 자신의 이해를 넘어 사용자들과 더욱 섬세하고 안정적으로 소통하기 위해 치료 영역에서의 매체 사용 이해하기

---

1) 비계(飛階, scaffolding): 건설, 건축 등 산업현장에서 쓰이는 가설 발판이나 시설물 유지 관리 및 작업을 위해 임시로 설치한 가시설물을 말하는데, 교육 분야에서는 아동의 근접 발달단계 내에서의 효과적인 교수·학습을 위해 성인이 아동과의 상호작용 중 도움을 적절히 조절하며 제공한다는 의미의 은유적 표현으로 사용된다.

지도자로서 우리는 현장에서 수많은 상호작용이 필요하며, 그것은 온전한 자기 이해를 바탕으로 하여야 한다는 것을 경험으로 알고 있다. 이 책을 보는 모든 분이 이 과정을 함께하면서 매체를 새롭게 이해하고 더 창의적이며 행복한 지도자로 성장하기를 간절히 바란다.

2022년 8월

저자 일동

이 책이 출간되기까지 책을 위해 응원해 주시고 따뜻한 마음으로 도움 주신 '이상경 작가님, Murray du plessis, Viarco, 호미화방, (주)쓰임받는사람들'에게 큰 감사의 마음을 전합니다.

미술매체의 이해

차례

PART 1

연필

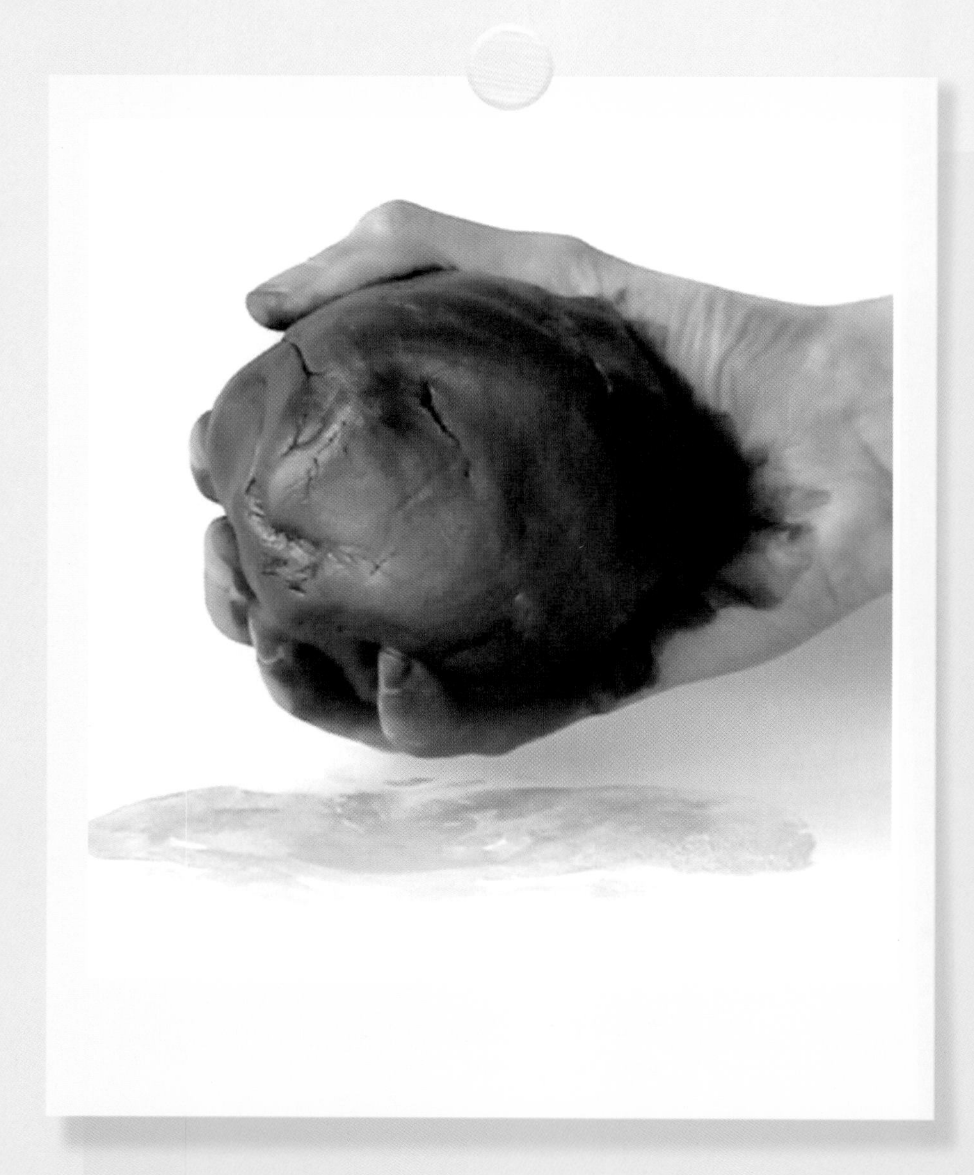

Understanding of Art Materials

정해진 모양은 일정한 방법으로 사용하도록 유도되기 때문에 우리가 그 틀을 벗어난 생각을 하기 어렵게 한다. 틀은 기준이 되며, 매우 강력하다. 그래서 틀을 깨는 시도도 필요하다. 연필에 대한 당신의 경험적 이해는 어떠한가?

1. 이해의 틀

우리가 알고 있는 연필은 어떤 모양인가?

우리가 떠올리는 연필의 모양은 우리의 한계가 된다. 그래서 우리가 연필을 쓰는 방법 또한 정해져 있는 편이다. 내가 가진 이미지와 경험은 나의 고정관념이 될 수 있다. 고정관념은 우리가 할 수 있는 일의 한계를 만들고, 우리는 자신이 가진 개인적인 이미지 안에 갇혀 살 수 있다. 연필에 대한 당신의 경험적 이해는 어떠한가?

이것은 연필이다.

[그림 1-1] VIARCO®에서 제작된 연필

포르투갈의 연필 회사인 VIARCO®에서 만든 이 연필은 우리의 고정관념을 한 번에 깨뜨린다. 일반 연필과 같은 재료인 흑연과 점토로 만들어졌지만 발상을 전환한 모양 때문에 이 연필의 사용 방법은 기존의 연필과 전혀 다르다.

이 덩어리 연필은 연필을 만드는 회사에서 수요자의 필요와 요구를 수용하여 만들어졌다. 점토처럼 뭉쳐서 손에 쥐고 표현하거나 원하는 만큼 떼어서 굵거나 얇게 표현할 수 있다.

[그림 1-2] 고정관념을 깨는 연필의 형태

정해진 모양은 일정한 방법으로 사용하도록 유도되기 때문에 우리가 그 틀을 벗어난 생각을 하기 어렵게 한다. 틀은 기준이 되며, 매우 강력하다. 어떤 사람에게는 틀 안에 들어가는 것이, 또 어떤 사람에게는 틀에서 벗어나는 것이 필요하다. 그러므로 틀을 지키는 시도와 함께 틀을 깨는 시도도 있어야 한다.

[그림 1-3] 일반적인 연필의 형태

만들어진 형태가 강력하다면 사용자는 이 외의 방법을 생각하기 힘들다. 연필의 형태를 바꾸는 일은 틀을 깨는 시도가 된다.

연필의 범위를 넓히는 것이 중요할까?

치료와 교육의 과정은 정서, 사고, 성격, 환경 등 인간을 구성하는 각각의 부분이 서로 보완 · 지지되는 통합적 경험을 통해 창의적 인간이 되도록 돕는 것이다. 창의성은 통합된 안정성을 전제로 한 걸음 더 나아가 자신만의 방법을 찾는 것이다. 그러므로 열린 사고로 매체의 범위를 넓히는 일은 사용자의 다양한 필요를 민감하게 수용하기 위해 매우 중요하다.

2. 더 이해하기

매체의 구성을 이해한다는 것은 그 매체에 대한 통제 능력을 가지는 것이다. 재료에 대해 이해하게 되면 그것의 본질을 해치지 않고 나에게 맞는 방법을 찾아 사용할 수 있다. 그것은 개인이 주체성을 찾는 길이며, 기존의 한계에서 새로운 방법을 모색하는 창의적인 행위이다. 어떤 방법이 시도되는 과정은 창조의 순간과 같다. 그래서 재료에 대해 이해의 범위를 넓히는 것은 사용자의 성장을 준비하는 지극히 중요한 과정이다.

흑연은 광물로, 물에 녹지 않는다. 흑연의 강도는 누르면 부러질 정도로 약하고 부드러운 편이다. 초기의 연필은 채취된 흑연 덩어리를 나무 사이에 끼워서 쓰는 형태였다. 그래서 나무에 끼워 쓰기 좋은 적당한 강도와 모양의 흑연 덩어리가 필요했다. 적당한 강도와 모양의 흑연 덩어리를 찾는 것이 쉬운 것이 아니었기 때문에 당시에 연필은 매우 귀한 물건이었다. 이러한 연필을 사용하기 편리하도록 재탄생시킨 사람이 프랑스의 화가이자 화학자인 니콜라 자크 콩테(Nicolas-Jacques Conté, 1755~1805)이다. 그는 화가이면서 화학자였기 때문에 연필의 성분에 대한 생각을 할 수 있었을 것이다. 1795년경 콩테는 그림을 그리다가 너무 잘 부러지는 흑연의 심 때문에 계속 불편을 겪던 중 사용하던 도자기 접시에서 힌트를 얻어 흑연가루에 점토를 섞어 도자기처럼 굽게 되었고, 이는 현대의 연필이 만들어지는 계기가 되었다. 적당한 강도와 모양의 덩어리를 찾는 것이 아니라 흑연을 가루로 만들고 점토를 혼합하여 흑연의 성질을 가지면서 원하는 모양으로 성형이 가능하며 얇으면서 잘 부러지지 않는 연필[1]이 탄생된 것이다. 흑연을 덩어리가 아닌 가루로 사용한 것은 연필의 이해 범위를 크게 넓힌 획기적인 아이디어였다. 가격 또한 낮출 수 있어서 연필의 보급에 큰 역할을 했다. 현대의 연필이 만들어진 과정은 연필의 고유한 특징과 성분을 이해할 수 있게 한다. 이처럼 기본적인 매체의 요소와 성질을 이해하면 콩테가 덩어리를 가루로 만든 것처럼, 사용자는 언제든 자신에게 맞게 매체를 재구성할 수 있다.

[그림 1-4] 연필의 초기 형태

[그림 1-5] 흑연가루

1) 일반 연필 한 자루로 줄을 그으면 56킬로미터 정도를 그을 수 있고, 약 4만 5000단어를 쓸 수 있다고 한다.

나아가 흑연과 점토의 양을 조절하여 연필심을 만들고, 현재의 H, B, HB 등급으로 만든 것은 1905년 독일의 필기구 회사인 **파버카스텔**(Faber-Castell since 1761)이다. H와 B, 그리고 숫자를 선택하여 사용자들은 다양한 연필 선택권을 가지게 된다. 자신에게 맞는 매체를 자발적으로 선택하는 것은 자기 주도성, 해소, 욕구 등과 연결된다. 가령, 8B 연필의 사용은 일반적으로 낯선 경험을 제공할 것이다. 익숙한 감각이 아니기 때문에 진하기나 굵기를 조절하기 어려울 수도 있다. 이때 사용자에게 선택권이 있다면 다른 연필을 선택할 것이다. 그러므로 다양한 연필을 경험하는 것만으로도 자신의 요구 수준과 문제 해결 능력을 파악하고, 적절한 매체를 선택할 수 있게 한다.

[그림 1-6]은 연필의 무르기와 진하기를 15단계로 나타낸 것이다. 작업에 따른 선택뿐 아니라 근육이나 신경 상태, 혹은 정서적인 부분을 고려하여 무르기와 진하기에 따른 세심한 선택이 가능하다. 이와 같은 선택은 심리적 긴장 해소 및 문제 해결에 많은 영향을 미친다. 이것은 또한 사용자에게 제공되는 섬세한 선택권이다.

[그림 1-6] 연필의 15단계, H, B, F의 의미

B = Blackness(흑도): 진하기. B로 표현되며, 숫자가 커질수록 사용감이 부드럽고 진하다. 흑연의 비율이 높아 진하지만 더 무르기 때문에 잘 부러진다.
H = Hardness(경도): 단단함. H로 표현되며, 숫자가 커질수록 사용감이 딱딱하고 연하다. 점토의 비율이 높아 단단하기 때문에 잘 부러지지 않는다.
HB = H와 B가 같은 비율로 섞였으며, 경도는 중간 정도이고, 아동용 필기 연필로 흔히 사용된다.
F = Firm(단단한): HB보다 조금 단단하며, HB와 H 사이에 있다.

일반적으로 우리는 HB와 미술 시간에 사용하는 4B 연필 정도의 구분만 한다. 연필 사용 시 선택의 기회가 있었는가? 그렇다면 흑연과 점토의 양이 달라 무르기와 진하기가 다른 이 연필들 중에서 지금 자신의 작업에 맞는 적절한 선택을 할 수 있는가? 생각해 보기를 바란다.

[그림 1-7] 연필의 밝기와 농도

3. 이해의 틀 넓히기

연필은 다른 매체에 비해 특히 통제성이 높은 매체이다. 심이 단단해 얇게 깎아 섬세한 표현이 가능하며 가루의 특징상 부드럽게 번져서 간단하게 음영도 표시할 수 있어 형태와 음영을 잘 표현할 수 있다.

[그림 1-8] 실물(좌)과 연필로 표현한 실물(우)

심리 검사에서는 그림 검사를 실시할 때 지우개와 함께 연필을 제공하는데, 연필의 날카롭고 딱딱한 느낌에서 오는 긴장감을 줄이기 위해서 부드러운 4B 혹은 2B 연필을 선택한다. 미술치료나 투사 그림 검사 장면에서는 연필과 지우개를 의도적으로 제공하는데, 지우는 행위는 그림 검사에서 심리 평가의 대상이 된다. 미술치료에서 지우개를 많이 쓰는 것은 갈등이나 강박적 사고, 자신감이 없는 심리 상태의 표현으로 간주한다. 이것은 지우개로 지울 수 있는 연필의 특성과 관련된 사항이다.

연필의 가장 큰 특징은 수정이 쉽다는 것이다. 그러나 잘 지워지는 것은 연필의 단점이기도 하다. 그래서 보관되어야 할 서류나 공적인 문서를 작성할 때, 서명을 할 때는 연필을 사용하지 않는다. 사용 방법이 단순하고 섬세한 작업에 사용할 수 있다는 장점이 있지만 연필을 잘 사용하기 위해서는 숙련도와 조절 능력이 필요하다.

[그림 1-9] 자폐인이 그린 연필 그림

자신이 흥미 있는 이야기를 집중하여 그릴 때는 연필의 수정 기능을 잊을 수도 있다.

연필은 수정 도구라는 의미로 아동에게 필수적인 도구로 인식되어 있기도 하다. 그러나 지우고 고치기는 도식기 이전의 유아들에게 오히려 자신감을 떨어뜨려서 자아의 발달에 도움이 되지 않는다. 연필을 받는 행위가 수정할 수 있다는 **안정감**을 주기도 하지만 고쳐서 마음에 들게 그려야 한다는 **불안**을 심어 줄 수도 있기 때문이다.

세상의 온갖 사물에 대하여 자기 도식을 만들어 가는 중요한 시기에는 자신을 증명하는 것에 집중할 필요가 있다. 다른 사람의 마음에 들게 그리기 위해 타인과 비교하면서 계속 지우기를 반복한다면 자신만의 도식을 형성하기 힘들 것이다. 그래서 연필은 오히려 아동에게 신중하게 제공되어야 한다. 아동은 미숙하기 때문에 수정이 필요하다는 관점으로 접근해서는 안 된다. 지우개를 사용하는 것이 긍정적인 순간인지, 아니면 부정적인 순간인지를 생각해 보아야 한다.

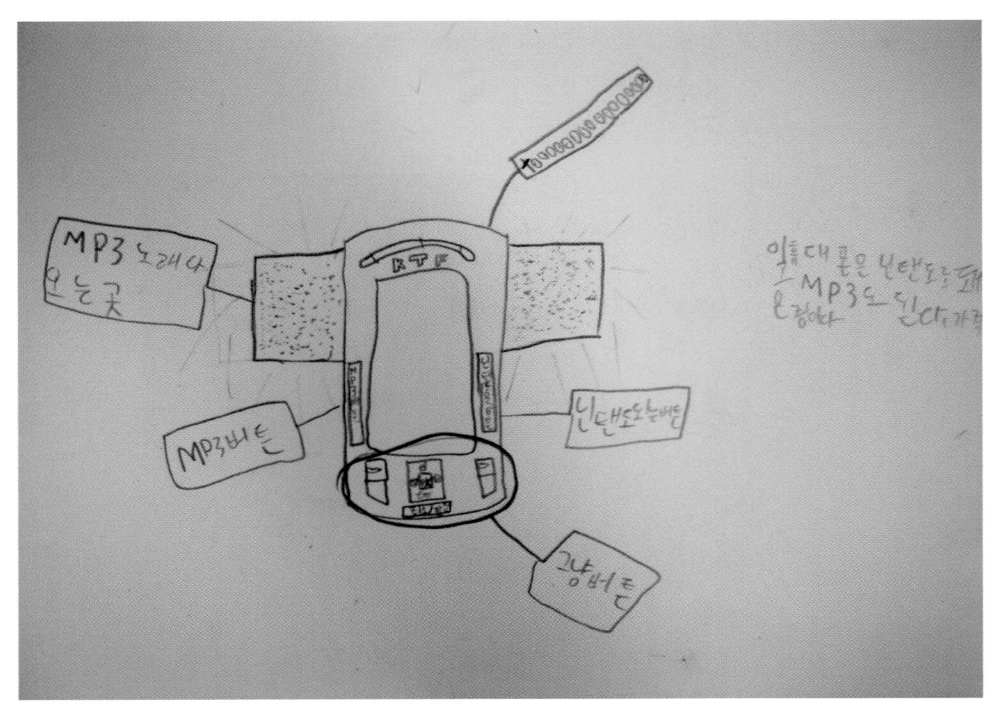

[그림 1-10] 8세 남아의 핸드폰 디자인

아이디어를 구축할 때는 아이디어의 수정을 위해 지우개가 유용하다.

특히 지식과 경험이 자아와 동일화되어 가는 시기에 있는 아동은 특정한 주제에 집중하는 경향이 있으며, 활발하게 그 주제를 탐구한다. 이때 아동은 오랜 시간 집중해서 작업할 수 있으며, 수정 횟수가 극히 적다.

이와 다르게 자신이 사용하고 싶은 휴대 전화의 디자인 노트를 글과 그림으로 만드는 작업을 한다면 아동은 자신이 가진 지식 및 정보와 기존의 휴대 전화에 대한 기능 조사를 거쳐 여러 번의 수정을 거듭하며 결과물을 완성해 나갈 것이다. 이때 수정 기능이 없는 매체라면 원하는 부분을 수정할 수 없어 다른 종이에 처음부터 다시 시작해야 하므로 그때까지 작업한 결과물을 모두 버려야 하는 결과가 초래된다. 이는 작업하는 아동에게 좌절감을 불러올 것이다. 이때 연필의 수정 기능은 큰 장점이 되는데, 수정할 때마다 새로운 시작을 하는 것보다 수정해야 할 부분만 수정이 이루어질 수 있다면 편리할 뿐만 아니라 과정이 자연스럽게 이어질 것이다. 아이디어를 첨가하거나 새로운 정보를 추가할 수 있도록 하는 데 연필은 수정 도구로서 매우 편리하며, 작업 수준을 향상시키는 데 기여한다.

[그림 1-11] 수정을 위해 지우는 과정

일정 시간 동안 작업한 것을 지우는 것은 큰 스트레스로 작용할 수 있다. 힘들게 지우지 않고 다른 용지에 다시 작업한다면 첫 번째 작업을 바탕으로 합리적인 수정이 이루어질 수 있을 것이다. 사용자는 그 과정을 테이블 위에 펼쳐 두고 비교할 수도 있다.

연필과 지우개의 고정된 사용법을 방치하면 사용자들의 창의적 발상을 막고 고정된 틀을 만드는 결과를 가져올 수 있다. 연필과 지우개를 제공받고 작업하는 대부분의 아동은 새로운 종이를 사용할 수 있다는 생각을 하지 못하고 제공된 지우개로 자신이 그린 것을 지운다. 반드시 지우는 과정을 경험해야 할 매우 특별한 경우가 아니라면 이러한 상황은 얻는 것보다 잃는 것이 많다. 이럴 때는 지도자가 상황을 정확히 이해하고 부드럽게 제안하는 것이 좋다. "지우지 말고 새로운 종이를 사용하면 어떨까?"라고.

4. 경험 혹은 기억

개인의 경험에 따라 연필에 대한 개념이 달라질 수 있다. 그 개념에 따라 쓰임새도 달라질 것이다. 경험은 사용의 중요한 모티브가 된다. 연필은 특히 어떤 기계 장치도 없고, 색도 없는 단순함으로 아날로그적 정서를 불러일으키며 옛 기억을 상기시킨다. 연필을 사용하는 사람들은 연필이라는 단어를 보면 어떤 것을 떠올릴까? 애니메이션 주인공이 그려진 예쁜 연필, 닳아서 작아진 몽당연필, 깎지 않아도 되는 플라스틱 자동연필 등 우리는 아동기를 연필과 함께한 기억이 있다.

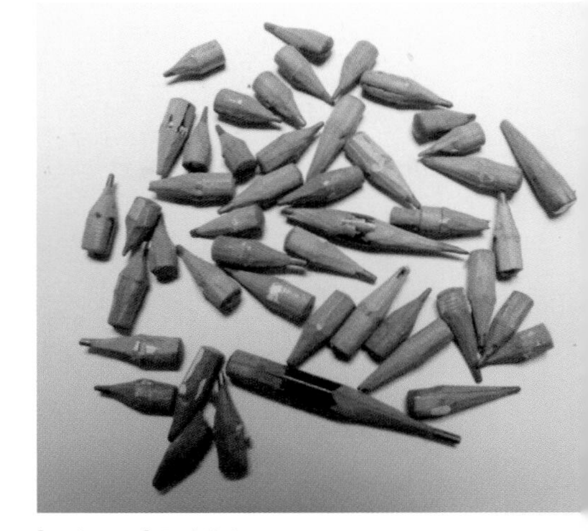

[그림 1-12] 몽당연필

초등학생들은 연필을 사용해야 했다. 그래서 연필은 어른이 되고 싶은 아이들에게는 빨리 벗어나고 싶은 물건이었다. 늘 연필을 사용했고, 볼펜은 어른들이 쓰는 것으로 사용이 허락되지 않는 물건이기도 했다. 이 경험은 연필에 대한 우리의 개념에 어떤 영향을 미치는가?

요즘 아이들은 칼로 연필 깎는 방법을 잘 모른다. 연필깎이 등 편리한 도구들이 있기 때문이기도 하지만 위험하

[그림 1-13] 아동기의 연필에 관한 기억

[그림 1-14] 연필깎이

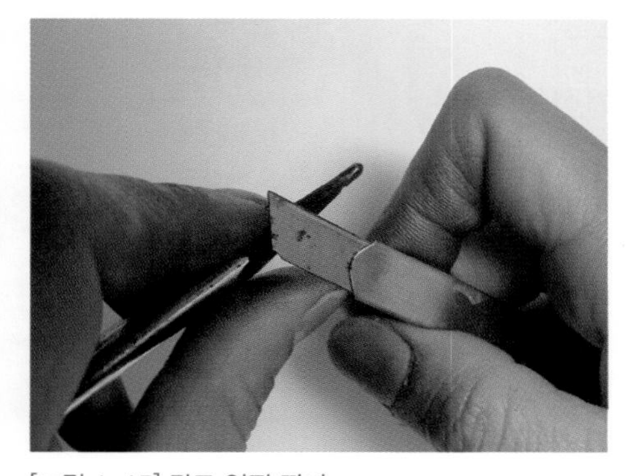

[그림 1-15] 칼로 연필 깎기

다는 이유로 칼의 사용 방법을 가르치지 않았기 때문이기도 하다. 연필을 깎다가 손을 베어 본 경험도 없을 것이다. 아이들은 칼에 베인 경험이 없어 칼에 베이면 아프고 피가 난다는 것, 칼은 조심해서 다루어야 하는 물건이라는 것을 자신의 경험으로 배울 수 없다.

칼에 대한 위험성을 작게라도 경험한 사람은 주의를 주지 않아도 스스로 칼을 조심스럽게 다룰 것이다. 어떤 도구에 대한 경험은 도구에 대한 그 사람의 태도를 결정할 수 있다. 당신의 연필에 대한 기억은 긍정적인가, 부정적인가? 연필에 대한 트라우마가 있는가? 연필 때문에 경험한 부정적 정서 혹은 긍정적 정서는 무엇인가? 이 질문은 당신의 연필에 대한 개념을 알려 줄 것이다.

유아들의 그리기는 팔이 움직인 흔적이다. 이 흔적들은 성장 과정에서 발달을 거듭하며 점점 조절된 능력으로 의도한 그림과 문자로 변해 간다.

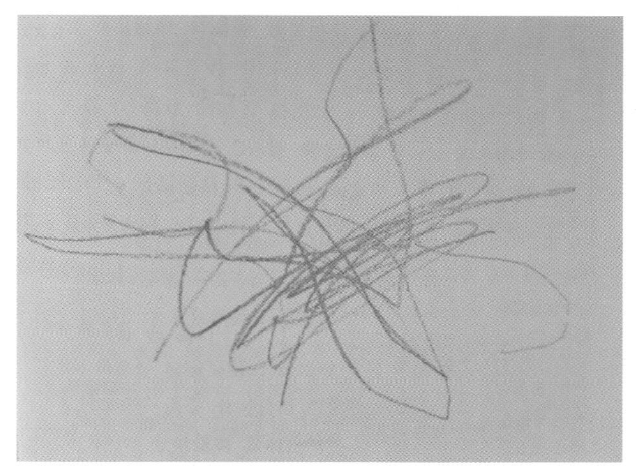

[그림 1-16] 무질서한 난화

유아가 양 끝이 만나는 원을 생애 처음 완성하기까지 2만 번의 시도가 필요하다고 한다. 두족 인간([그림 1-17] 참조)은 그 이후 단계에 나타난다. 어떤 완성도 대가 없이는 이루어지지 않는다. 지도자는 그 발달의 과정 안 어딘가에 함께 있다.

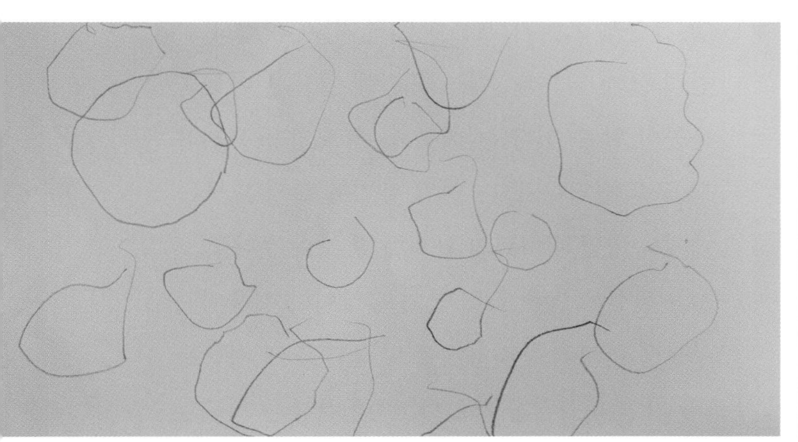

[그림 1-17] 수많은 시도 후 완성된 동그라미와 사람의 모습

[그림 1-18] 소근육을 사용해야 하는 쓰기 활동

연필로 원하는 크기의 글씨를 쓰기 위해서는 여러 가지 소근육을 사용하게 되는데, 유아의 경우 소근육 발달이 충분히 이루어지지 않았기 때문에 섬세한 그리기나 복잡한 글씨 쓰기가 어려우며, 작은 칸 안에 글씨를 써 넣는 것은 더 어렵다. 아동용 노트의 칸이 5칸, 8칸 등으로 크기가 다르게 만들어진 이유는 이러한 아동의 발달 시기를 고려하였기 때문이다. 초등학교 1학년 아이들은 한 페이지에 5칸이 그려진 노트로 쓰기 연습을 시작한다. 충분히 소근육 발달이 이루어지면 아이들은 자연스럽게 8칸, 10칸 등 작은 칸 안에 글씨를 써 넣을 수 있게 되고, 나중에는 칸이 없어도 글씨의 크기를 자유로이 조정하여 쓸 수 있게 된다.

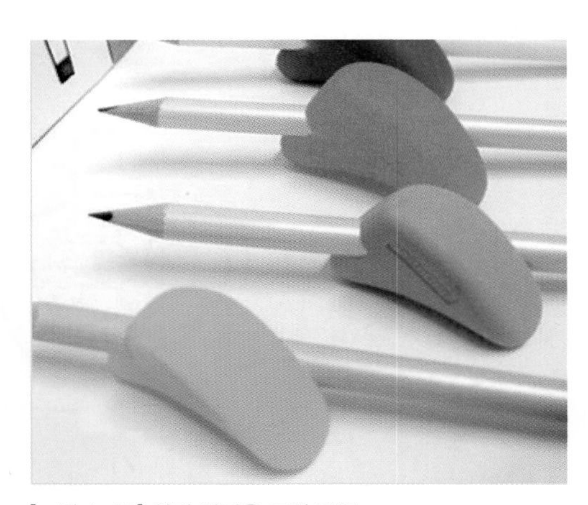

[그림 1-19] 연필 잡기용 교정 도구

아동기의 연필은 발달을 위한 유용한 도구라고 할 수 있다. 샤프나 볼펜에 비해 종이 위에서 더 거칠게 쓰이기 때문에 힘을 주어 눌러서 천천히 쓰게 되는데, 이는 쓰기에 필요한 손근육 운동이 될 수 있다. 제대로 된 손 모양을 유지하고 근육 발달을 돕는 연필 잡기용 교정 도구는 매체와 발달적 치료의 관계를 잘 보여 준다.

연필선은 단색으로, 선의 강약이나 기울어진 부분을 비교적 뚜렷하게 보여 준다. 지도자들은 작업 과정을 통해 발달이 지연된 부분과 지연의 성격을 확인하고, 이 부분을 회복할 수 있는 활동을 계획하여 교정과 회복을 도와야 한다.

[그림 1-20] 5칸 노트의 크기

평소에 사용하지 않는 쪽 손으로 칸 안에 써 보면 그 느낌을 알 수 있다. 5칸 노트 칸의 크기에 쓰는 느낌은 어떠한가?

[그림 1-21] 10칸 노트의 크기

작은 공간에 과제를 수행하기 위해 어떤 발달 조건이 필요할지 직접 수행하며 생각해 보자. 5칸 노트 한 칸에 수행하는 것과 어떻게 다른가? 10칸 노트 한 칸에 써 넣는 느낌은 어떠한가?

5. 확장 및 응용

연필을 고유한 성질과 형태로 제한하지 않는다면 더욱 다양한 작업이 가능하다.

흑연가루는 콩테의 발명이 그랬듯이, 작업의 방법과 범위를 바꿀 수 있다. 연필 작업과 비슷한 분위기를 낼 수 있지만 작업 방법을 완전히 달리할 수 있다. 이 작업은 연필이라는 매체에 대해 더 넓게 이해할 수 있을 것이다.

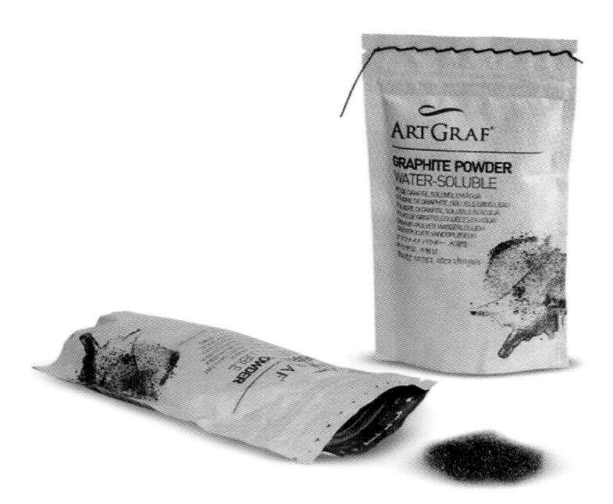

[그림 1-22] 흑연가루

[그림 1-23] 연필가루로 그리기

[그림 1-24] 통심 흑연

통심 흑연은 나무 없이 흑연을 뭉쳐서 구운 연필이다. 표면은 손에 묻지 않게끔 코팅되어 있고, 넓은 면적과 명암 표현 등에 나무로 감싼 일반 연필보다 다양하게 사용할 수 있다.

흑연은 수용성이 아니지만 물에 녹게 만든 연필도 있다. 연필이 물에 녹는 경험은 새로운 경험이 될 수 있다. 이것은 매체 사용에 있어서 불가능보다 가능을 경험하게 한다. 이러한 매체의 경험을 통해서 창의적인 발상에 더 잘 연결될 수 있다.

특별한 주제나 제안 등 사전 안내 없이 원통 안에 든 수성 흑연 연필([그림 1-25] 참조)을 사용자에게 제공한다면, 그 반응은 어떨까? 어떤 결과물이 만들어질까? 이때 지도자는 어느 시점에서 개입해야 할까? 당신은 첫 단계에서 이 새로운 연필에 대한 모든 정보를 주고 사용법을 인지시킬 것인가, 아니면 탐색 시간을 주고 적절한 시기에 필요한 정보를 제공할 것인가?

[그림 1-25] 물과 붓으로 사용하는 수성 연필

[그림 1-26] 연필에 대한 고정관념을 깨는 수성 연필로 그린 그림

[그림 1-26]은 어떻게 그려졌을까? 그림에서 작업이 진행된 과정을 추론해 보자.

- 내가 생각하는 연필의 쓰임새와 어떻게 다른가?
- 연필에 대한 나의 고정관념은 무엇인가?
- 연필에 대한 나의 이해는 적절하였는가?

섬세하고 세부적인 표현이 필요한 사람에게 [그림 1-27]과 같은 덩어리 흑연 스틱이 있다면, 그때 사용자에게 일어날 수 있는 생각과 느낌은 어떤 것일까? 이 흑연 스틱은 손가락이 아닌 손바닥으로 잡아야 하는 크기로 손목이 아니라 팔을 사용해야 한다. 사용자에게 선택권이 없다면 세부적 표현에 대한 욕구와 불가능에 대한 곤란과 좌절감을 불러올 수 있다.

[그림 1-27] 덩어리 흑연 스틱

6. 치료적 의미

매체의 선택은 신체적 혹은 심리적 발달에 어떤 영향을 미칠까?

자동차의 세밀한 부품과 기계 구조에 관심이 집중된 아동에게 덩어리 흑연 스틱만 있다면 아동은 어떤 상황에 놓이게 되는가? 지도자가 이 상황에서 그 아동에게 샤프펜슬을 제공한다면 아동은 어떤 느낌을 가지게 될까? 지도자가 섬세하게 고려하지 않는다면 아동은 쉽게 해소되지 않는 욕구에서 오는 좌절감을 경험할 것이다.

8세 아동을 위해서 4B부터 4H까지 다양한 연필을 모두 준비할 필요는 없다. HB나 B 정도의 차이면 적당하다. 7세 아동의 시지각과 결정 능력은 완성되지 않았으며, 이 시기 아동의 발달은 성인과 같지 않다. 그러므로 너무 다양한 선택 상황은 그들의 두뇌를 혼란스럽게 하여 오히려 산만하게 만든다. 발달 과정에 가장 적절한 환경을 제공하는 것이 곧 치료이다.

필요한 매체를 제공할 수 없는 상황이라면, 제공자의 이해와 따뜻한 배려가 현실적인 부족함을 상쇄시킬 수 있다. 그것이 필요한 상황임을 지도자가 눈치 채고 이해해주고 그에 대한 언급과 배려를 한다면 이로부터 얻은 심리적 안정감으로 매체에 대한 부족감을 채울 수 있으며, 그 심리적 안정감을 바탕으로 부족한 부분을 대처하는 창의성을 발휘할 수 있다. 부족한 부분을 경험하고, 그에 대해 불안이 아닌 안정을 경험하고, 부족에 대처할 창의적 적응 능력을 기르는 것이 매체 선택과 경험의 성공적인 과정이다.

통제성 가져오기

연필은 주로 채색 이전에 소묘나 스케치 단계에서 사용된다. 루돌프 슈타이너(Rudolf Steiner)는 소묘가 선, 명암과 관계함으로써 특히 인간의 머리 부분, 사고형 인간에게 영향을 끼친다고 하였다(Mees-Christeller, 1988).

[그림 1-28] 사고형 그리기에 도움이 되는 연필

[그림 1-28]과 [그림 1-29]는 연필의 높은 통제성이 필요한 세밀한 그리기 작업이다. 그림에 많은 이야기가 포함되어 있으며, 사고가 빠른 속도로 움직여 간 것을 볼 수 있다. 손은 사고의 속도를 따라가야 하는데, 이때 빠른 속도로 그리기에 집중할 수 있는 도구가 필요하다. 연필은 단독 매체로, 연필의 높은 통제성은 사용자를 그 상황 안에 머물게 하여 사고적 집중력을 발휘할 수 있도록 돕는다. 이것이 치료에 적용되면 사고력 발달을 적극적으로 도와 발달적 욕구 해소에 적합한 활동이 될 수 있다.

[그림 1-29] 통제성을 유지하며 빠른 사고의 속도를 따를 수 있는 연필

아동에게 먼저 연필로 스케치를 한 후 채색을 하도록 하는 방식의 작업은 교육적인 의미보다 오히려 아동의 성장을 저해하는 활동이 될 수 있다. 연필로 그리는 과정에서 자신의 표현 욕구가 충분히 해소되었는데 또다시 의무적으로 채색을 하는 것은 의미도 없고, 활동 자체가 큰 스트레스로 작용할 수 있다.

통제성 넘어서기

연필의 높은 통제성을 넘어서는 활동은 억압된 감정을 발산시키고 심리적 해방감을 줄 수 있다. 형태가 제한된 그리기가 아닌 마구 칠하기는 의미 있는 확장, 심리적 에너지를 촉진할 수 있다. 이 작업은 계획 단계에서 작업하는 사람의 에너지에 맞게 바탕이 되는 종이의 크기를 조절하는 작업이 선행되어야 할 것이다.

[그림 1-30] 지우개로 그리기

연필의 '쓰기' 역할을 바꿈으로써 사용자는 자신이 가진 사고의 단계를 뛰어넘을 수 있다. [그림 1-30]에서 연필의 역할은 주제를 만드는 것이 아니라 배경을 채우는 것이다. 여기에서 연필은 쓰기 위해서가 아니라 지우기 위한 역할로 사용되었다.

[그림 1-31] 연필로 만든 배경

〈표 1-1〉 각 미술매체의 통제성

젖은 점토	그림 물감	부드러운 점토	오일 파스텔	두꺼운 펠트지	콜라주	단단한 점토	얇은 펠트지	색연필	연필
1	2	3	4	5	6	7	8	9	10
가장 낮게 통제 ←									→ 가장 높게 통제

출처: Landgarten (1987).

Landgarten(1987)에 의하면, 연필은 통제력이 가장 높은 매체이다. 그러나 [그림 1-32]에서 사용된 덩어리 연필은 통제가 아닌 훌륭한 촉진적 매체로 사용되었다.

[그림 1-32] 통제성을 넘어서기

출처: Hansen, H. (2013).

PART 2

지우개

Understanding of Art Materials

수정은 좀 더 완벽하고자 하는 인간의 본능적인 욕구인지도 모른다. 지우개는 수정 도구이다. 지우개를 우리가 알고 있는 수정이 아닌 표현에 사용하면 어떨까? 지우개와 연필의 역할을 바꾼다면? 표현의 주체로서의 지우개란? 역할 바꾸기는 고정관념을 전환할 수 있는 기회이다.

1. 이해의 틀

[그림 2-1] 쓰기와 지우기

지우개는 수정 도구이다. 흑연가루를 점착하여 붙여 내는 방식으로, 주로 연필 수정에 사용된다. 젖은 진흙판에 문자를 쓰던 고대 바빌로니아인들은 글자가 틀리면 진흙을 손가락으로 문질러 고쳤고, 파피루스에 잉크로 쓰던 이집트 사람들은 잉크가 마르기 전에 젖은 헝겊으로 지웠다. 말라 버린 글자를 지우기 위해서는 칼로 긁어내기도 했다. 수정은 좀 더 완벽하고자 하는 인간의 본능적인 욕구인지도 모른다.

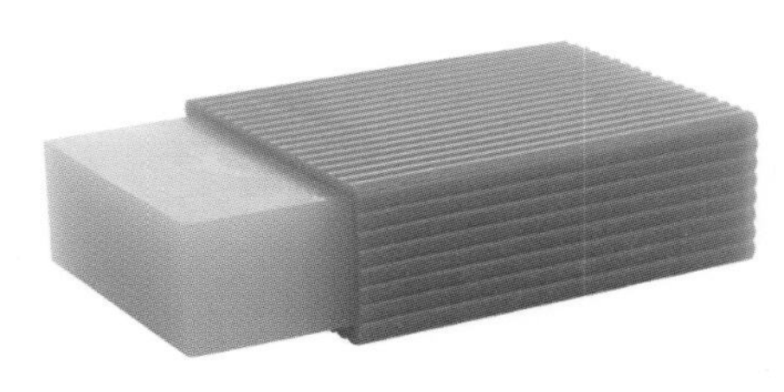
[그림 2-2] 섬세한 부분에 사용하기 유리한 플라스틱 지우개의 딱딱한 질감

지우개의 역사는 그 필요와 상황에 따라 진행되어 왔다. 지우개는 1772년 영국의 화학자 조셉 프리스틀리(Joseph Priestley, 1733~1804)가 발명했다. 우리가 아는 '고무'라는 단어는 'gomme'로 프랑스어에서 왔다. 천연고무로 만들어진 그때의 지우개는 더울 때는 녹고 추울 때는 굳어버리는 불편이 있었다. 이후 고무에 유황을 혼합하여 온도의 영향을 받지 않으면서도 탄성이 증가된 고무지우개가 만들어져서 계절과 온도에 영향을 받지 않게 되었다. 수입이 힘들었던 천연고무의 대안으로 플라스틱 지우개도 만들어졌다.

고무지우개는 플라스틱 지우개에 비해 밀도가 낮고 부드럽다. 종이와 마찰이 적어서 종이의 결이 잘 상하지 않는다. 그래서 고무 함량이 높은 미술용 지우개는 흑연가루를 잘 붙게 해서 흑연 함량이 높은 미술용 연필을 지우는 데 효과적이다. 반면, 플라스틱 지우개는 상대적으로 밀도가 높고 딱딱해서 지울 때 종이와 마찰 강도가 높다. 마찰로 지울 경우 종이의 결을 상하게 하는데, 이때 상한 종이의 결이 흐트러져서 일

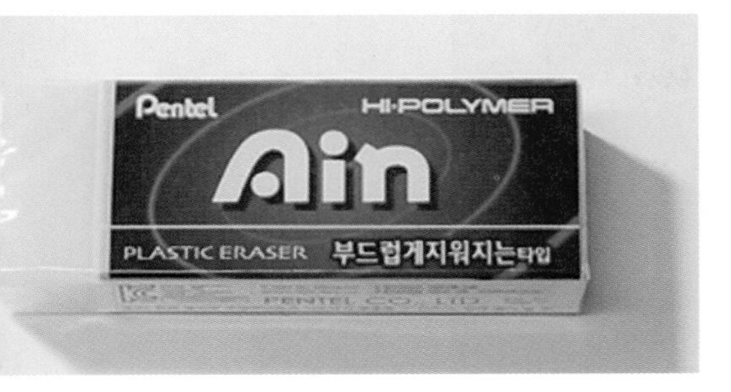

[그림 2-3] 플라스틱 지우개

[그림 2-4] 미술용 고무지우개

어나거나 채색할 때 색이 고르지 않게 칠해지기 때문에 그림을 그릴 때 종이가 상하지 않도록 더 부드럽고 밀도가 낮은 지우개를 사용하는 것이다.

2. 더 이해하기

필기용으로 주로 사용하는 HB 연필에는 단단한 플라스틱 지우개가 적절하고, 흑연 함량이 높은 4B 연필에는 무른 고무지우개가 적절하다. 4B 연필을 사용하는 미술 시간에 쓰기 시간에 사용하던 플라스틱 지우개를 사용하면 4B 연필의 많은 흑연가루를 제대로 흡착하지 못한다. 순탄하지 않은 작업 과정에서 자신이 재료를 통제할 수 없는 당황스러운 경험은 좌절감으로 이어질 수 있다. 앞에서 언급했듯이 좌절감에 대한 돌봄은 아동기의 발달과업에서 매우 중요한 측면이다.

일반적으로 사용자들은 연필의 흔적을 지우개로 문질러서 지운다. 이때 현미경을 통해 **종이의 표면**([그림 2-5] 참조)을 관찰해 보면, 연필의 흔적은 플라스틱처럼 매끄러운 표면을 지나가는 것이 아니라 종이 섬유질의 간격 사이에 흑연가루가 들어가 붙는 원리로 만들어진다. 지우개는 이 간격 사이에 달라붙은 흑연가루를 붙여서 떼어 낸다. 문지르는 것과 떼어 낸다는 인식의 차이는 사용 방법에 영향을 미친다. 더 많은 흑

[그림 2-5] 종이의 단면을 확대한 모습

연가루를 처리하기 위해 더 무르고 흡착성이 좋은 지우개를 사용해야 하는 이유이다.

3. 이해의 틀 넓히기

아동이 경험적 시도를 통해 발달과업을 완성한다고 보면, 다양한 도구를 경험하는 것은 상황에 맞는 적절한 도구를 선별하고 선택할 수 있는 능력을 기르고 또 새로운 사용 방법을 익히면서 사고하고 감각을 확장하는 데 도움이 된다. 시각과 청각, 청각과 지각 등 둘 이상의 감각을 서로 연결하여 통합하기도 한다. 다양한 매체의 경험은 새로운 경험을 통해 창의적인 사고를 획득하도록 하며, 자신의 문제 해결 능력을 확장하는 과정이 될 수 있다.

지우개는 상징적으로 수정한다는 의미를 포함하므로 7세 이전의 아동에게 제공하는 데 주의해야 한다. 자아가 발달하는 중요한 시기인 만큼 이 시기의 아동에게 지우개를 이용한 수정은 타인의 시선을 의식하도록 하여 고유한 자아발달에 영향을 미칠 수 있기 때문이다. 아동은 성장과 발달 과정 중에 있기 때문에 여러 가지 시도를 통한 경험을 거쳐 발달과업을 완성해 나가야 한다. 그래서 아동의 그림 작업에서는 결과보다 과정에 더 중요한 의미가 있다. 따라서 이 시기에 자신의 욕구에 의해서가 아니라 타인의 마음에 들기 위해 수정하는 행위는 지양되어야 할 것이다. 지우개가 없는 연필, 지울 수 없는 사인펜을 제공하는 것은 지우는 행위에 대한 사전 차단 작업이 될 수 있다. 여기서 중요한 것은 '너는 지울 수 없다'는 금지의 의미가 아니라 너의 표현은 수정하지 않아도 그대로 충분히 좋다는 넓은 허용과 인정의 의미가 되어야 한다.

점토형 지우개는 전문 미술작업자들이 주로 사용하는 지우개이다. '반죽하다' '빚어 만들다(kneaded eraser)'란 뜻으로, 일명 '떡 지우개'라고 불린다. 매우 무른 고무 재질로 손으로 주물러서 반죽해 사용해야 하며, 무르고 끈적한 특성 때문에 문질러서 사용할 수 없어 자연스럽게 찍어 내는 방식으로 사용하게 된다. 그래서 지우는 행위 자체가 새로운 경험의 기회를 제공하는 것이다.

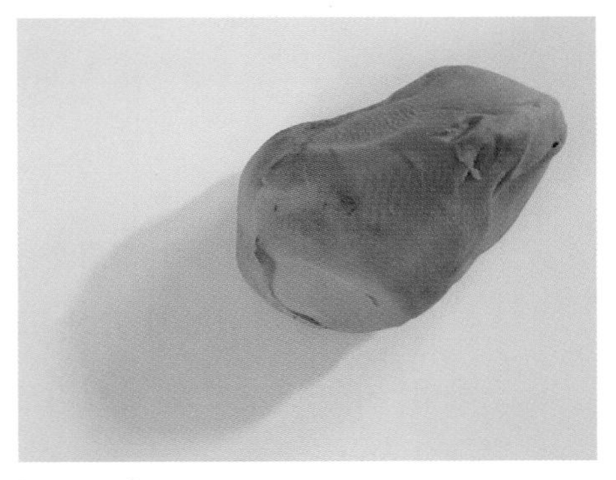

[그림 2-6] 점토형 떡 지우개

전동 지우개는 보통의 지우개 사용 방식과 달리 앞부분의 지우개 심을 전동으로 빠르게 회전시킨다. 지우개 부분이 얇고 진동이 있어서 빠르고 섬세한 수정에 편리하다. 기계의 진동 장치는 유·아동의 호기심을 불러오며 사용 경험을 통해 재미와 긍정적인 자극을 받을 수 있다. 사용에 익숙해지기까지 시간이 필요하므로 재미있게 놀이처럼 사용해 보는 시도가 필요할 것이다.

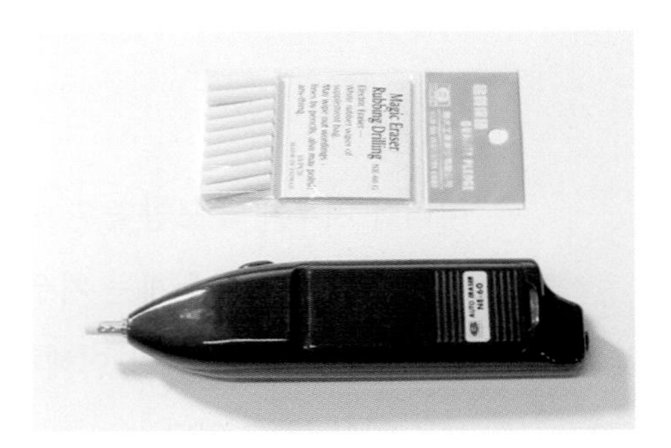

[그림 2-7] 전동 지우개

버튼식 샤프 모양의 지우개([그림 2-8] 참조)를 보면 모양으로 그 쓰임을 추론할 수 있다. 플라스틱이 주재료인 지우개는 플라스틱끼리 닿으면 반응하여 서로 녹으면서 붙기 때문에 다른 필기구와 함께 보관하기에 불편함이 있는데, 샤프식 지우개는 이러한 문제를 보완하였으며, 필통 안에 다른 필기구들과 같은 모양으로 보관할 수 있어 편리하다.

[그림 2-8] 샤프식 지우개

연필 모양의 지우개([그림 2-9] 참조)는 볼펜 등 잉크를 제거하는 지우개로, 종이에 묻은 잉크를 섬세하게 긁어내는 원리이다. 때문에 보통의 지우개에 비해 매우 딱딱하며, 지운 뒤 손으로 문질러서 종이가 상하지 않도록 끝부분에 찌꺼기 제거용 솔이 달려 있다.

[그림 2-9] 깎아 쓰는 연필 모양의 지우개

이러한 지우개의 모양들은 또 다른 표현이 가능하도록 상상력을 자극한다. 연필 모양으로 만들어진 지우개는 지우는 것보다 쓰고 싶다는 충동이 들게 할 수도 있다. 이와 같은 정보를 지도자가 이해하고 수용한다면, 매체와의 만남에서 훨씬 더 많은 가능성을 열어 둘 수 있다.

볼펜과 같이 지울 수 없는 흔적은 수정액으로도 지우게 되는데, 칠해서 덮는 수정액은 지운다는 행위로 본다면 지우개와 같은 맥락의 도구라고 할 수 있다.

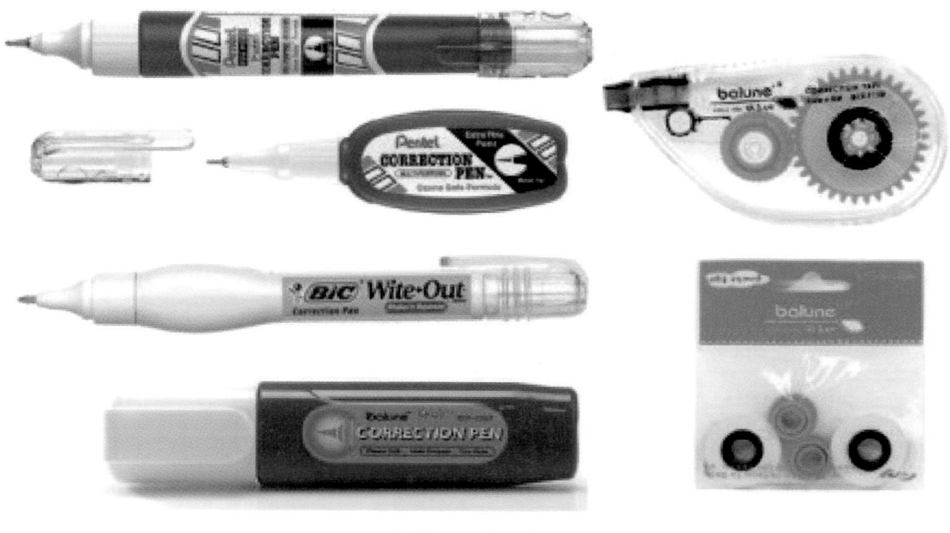

[그림 2-10] 수정액

4. 경험 혹은 기억

매체는 사용자의 기억이나 경험에 따라 다르게 사용될 수 있다. 경험으로부터의 이해란 무엇인가? 지도자의 지우개에 대한 경험은 어떠한가? 만약 지도자가 지우개를 사용하는 특정 방법에 거부감 혹은 고정관념이 있다면 어떤 결과를 가져올 수 있는가? 지우개를 보면 떠오르는 당신의 기억은 어떠한가? 질문에 대한 답은 당신의 경험과 기억을 상기시킬 것이다.

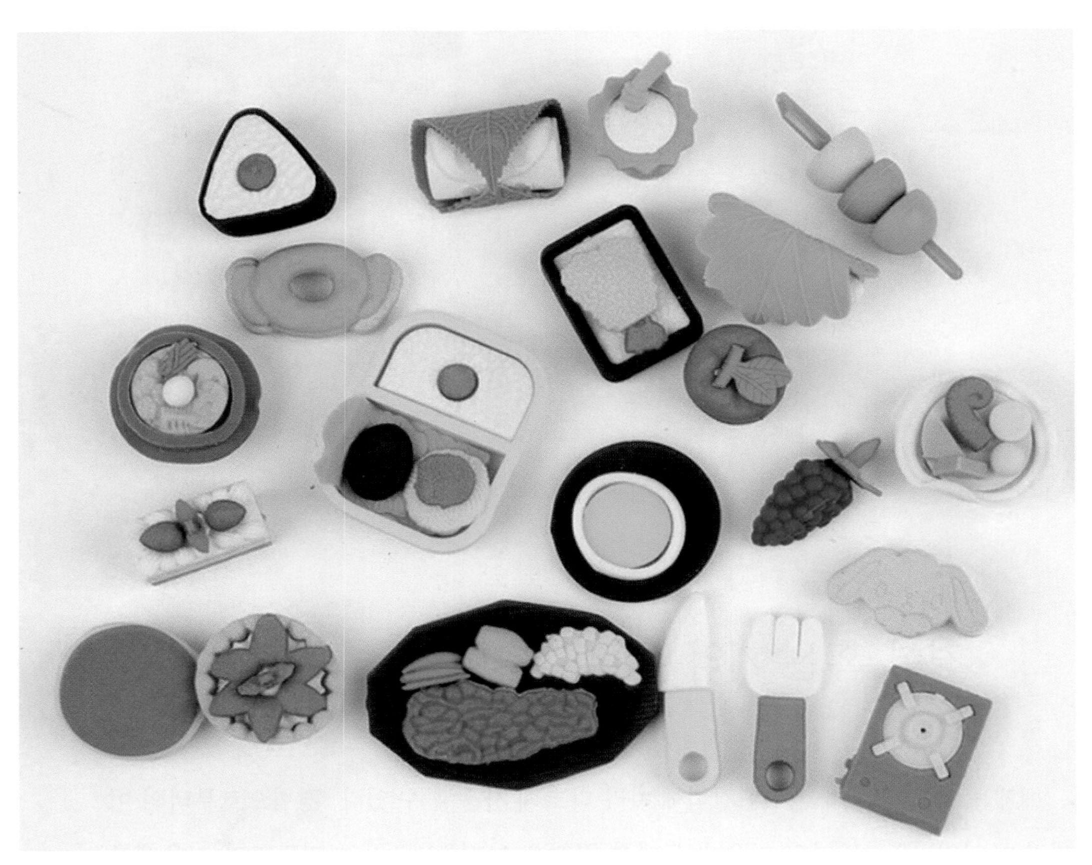

[그림 2-11] 지우고 싶지 않은 미니어처 지우개

아동기에 지우개로 놀이를 한 경험이 지우개를 보는 자신의 태도에 어떤 영향을 미치는지 생각해 보자. 지우개는 학교생활에 꼭 필요한 물건으로 누구에게나 지우개에 대한 여러 가지 기억이 있을 것이다. 지우개의 찌꺼기들을 뭉치던 경험, 지우개를 모아 쌓기 놀이를 하거나 던지기 놀이를 하던 기억, 지우개 따먹기 게임을 하던 기억 등 어떤 기억이라도 지우개를 대할 때 먼저 떠오르는 기억은 자신이 지우개를 대하는 태도에 영향을 미칠 것이다.

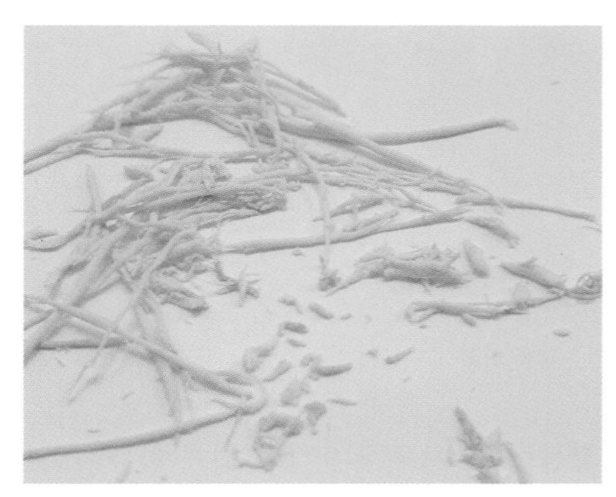

[그림 2-12] 지우개 찌꺼기

[그림 2-13] 지우개 찌꺼기로 만든 인형

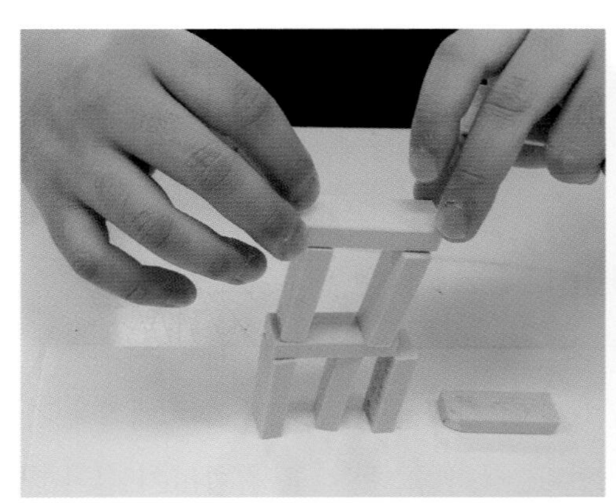

[그림 2-14] 지우개 쌓기 놀이

[그림 2-15] 지우개 따먹기 게임

출처: 영화 〈지우개 따먹기〉 중 한 장면

5. 확장 및 응용

지우개는 지우는 기능 이외에도 미술 작업에서도 다양하게 활용되고 있다.

[그림 2-16] 지우개 스탬프 만들기

지우개로 만든 스탬프는 잘 알려진 미술 활동이다. 지우개는 칼로 쉽게 자를 수 있고 탄력성이 좋아서 찍기 작업에도 용이하다([그림 2-16] 참조).

컬러믹스([그림 2-17] 참조)는 지우개 점토로 불리는데, 작업할 때 점토처럼 먼저 반죽하여 원하는 모양을 만들고 일정 시간 물에 끓이거나 오븐에 구우면 실제 지우개로 사용이 가능하다.

[그림 2-17] 컬러믹스, 요술점토

내가 원하는 모양의 지우개를 직접 만들어 쓰는 것은 흥미로운 자극이 될 수 있으며, 자신이 만든 지우개는 사용자로 하여금 애착을 가지게 한다. 컬러믹스는 색을 혼합하기 쉽기 때문에 색에 대한 좋은 경험이 될 수 있으나 탄성이 강하고 실온에서는 딱딱해지는 경향이 있다. 따라서 손끝의 힘이 부족한 아동들은 반죽이 힘들어 교사의 도움이 필요하다. 이때 밀가루 반죽 기계([그림 2-18] 참조)를 사용하는 것도 좋은 시도인데, 새로운 도구의 사용은 사용자의 흥미를 자극하여 활동 과정을 즐겁게 만든다. 딱딱해서 힘들었던 반죽에 대한 부정적인 느낌도 예방할 수 있다.

[그림 2-18] 수동 반죽 기계

자신이 좋아하는 색으로 좋아하는 모양을 시간과 노력을 들여 만드는 일은 좀 더 적극적인 의미의 심리적 해소라고 볼 수 있다.

[그림 2-19] 컬러믹스로 나의 지우개 만들기

[그림 2-20]에서 지우개는, 지운다는 수정 행위에 사용되기보다는 그린다는 표현 행위에 사용되었다. **매체의 역할 바꾸기**는 고정관념을 전환할 수 있는 기회이다. 연필과 지우개의 역할을 바꾸면 어떻게 될까? 지우개로 그리고 연필로 지운다. 연필을 따라가는 보조 매체가 아닌 표현의 주체로서의 지우개를 생각해 보자.

 질문

- [그림 2-20]은 무엇으로 어떻게 그려졌는가?
- 지우개로 그린 그림을 지우려면 어떻게 해야 할까?
- 우리가 알고 있던 연필은 쓰는 도구인가?
- 우리가 알고 있던 지우개는 지우는 도구인가?

[그림 2-20] 연필과 지우개의 역할 바꾸기

[그림 2-21] 그림에서 연필과 지우개의 역할 상상해 보기

[그림 2-22]에서 사용된 지우개의 모양과 크기를 추론할 수 있는가?

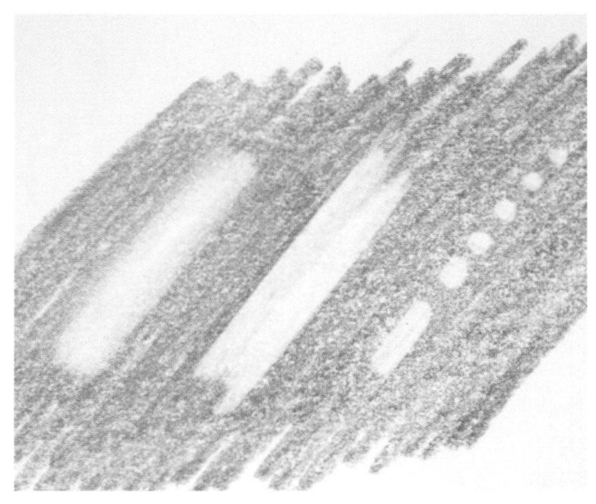

[그림 2-22] 사용된 지우개의 모양과 크기 상상해 보기

지우개와 연필의 역할 바꾸기를 통해 우리의 생각은 변할 수 있는가?
생각의 변화는 어떤 효과를 가져오는가?

앞의 과정을 생각하며 연필과 지우개로 수평적 역할의 작품을 만들어 보자.

6. 치료적 의미

[그림 2-23] 지우는 행위의 심리적 효과

그림 심리 검사에서는 지우는 행위의 심리적 의미를 분석한다.

- **적절한 지우개의 사용**은 그림을 질적으로 향상시킨다. 이것은 사용자의 유연성과 만족스러운 적응을 의미한다.
- **과도한 지우개의 사용**은 불안정, 초조, 자신에 대한 불만, 실재와 대면하기를 꺼림, 스스로 결정하는 것을 두려워하며 조력에 대한 욕구, 신경증, 특히 강박장애로 해석한다.
- 감정의 이완이 어렵고 방어가 심한 사람들의 초반기 작업에서는 수정할 수 있는 연필과 지우개 작업을 하는 것이 좋다. 이들은 지울 수 없다는 사실에 매우 스트레스를 받을 것이기 때문이다.

1장의 '연필' 파트에서 다루었듯이, 자기 자신에 대한 의문보다 성장에 집중해야 하는 시기에는 세상에 자신의 존재를 정착시키는 과정을 진행하는 중이므로 타인의 가치나 시선으로부터 자유롭게 자기중심적으로 살아가는 것이 자연스럽다. 그 시기 동안은 특별한 권리로서 자기중심적인 사고가 허락되고 보호받는다. 이때는 지우개의 사용을 권장하지 않아도 좋다. 자신이 틀렸다는 생각은 올바른 성장을 저해하는 가장 큰 걸림돌이다. 그러므로 지우개가 필수로 제공되는 때는 스스로 사실적인 표현 욕구가 발현되는 시기가 적절하다. 우리는 매우 확고한 사실을 쓰거나 그릴 때 다른 사람의 눈치를 볼 필요가 없다. 그 순간의 당당한 힘과 그 확고한 느낌을 떠올려 보자.

그림 검사에서는 피검자가 그림에 대한 어떤 질문을 해도 검사자는 '원하는 대로 하시면 됩니다'라고 대답한다. 피검자의 사고 시스템에 영향을 주지 않기 위해서이다. 이는 검사가 아닌 일반 작업 과정에서도 마찬가지이다. 지도자가 웃으면서 친절하게 지우고 고쳐 주더라도 결국 사용자에게는 '네가 틀린 부분을 수정해 줄게'라는 의미를 전달하게 된다.

지도자는 보편적인 발달 기준을 근거로 사용자가 지우개에 의존하는지 혹은 지우개의 부재에 대해 불안이 있는지 없는지를 잘 살펴보아야 한다. 도식기 이전에 지우개의 지나친 사용은 바람직하지 않으나, 사실기에 지우개를 많이 사용하는 것은 사실적인 표현에 대한 성장 욕구일 수 있다.

지도자의 매체에 대한 이해가 수업이나 치료에 어떤 영향을 미칠까? 매체는 사용하는 사람의 경험 범위 안에서 사용되기 쉽다. 지도자의 매체에 대한 생각과 태도는 자신이 자각하지 못하는 사이에 사용자에게 틀로 작용할 수 있다. 따라서 지도자는 자신의 매체에 대한 이해를 점검하는 과정을 반드시 거쳐야 한다. 지우개를 칼로 자르는 행위에 매우 거부감이 있는 지도자를 생각해 보자.

지우개를 잘라서 쓰는 행위는 사용자가 매체를 필요한 모양으로 만드는 적극적인 행위로, 자발성, 적극성, 자기효능감, 성취감, 문제 해결 능력, 욕구의 해소 등에 기여할 수 있다. 사용 중 닳거나 무뎌진 지우개는 세밀한 부분을 지우기가 힘들어 사용자에

[그림 2-24] 닳아 무딘 지우개

[그림 2-25] 칼로 잘라 날카롭게 만든 지우개

게 스트레스를 줄 수 있기 때문이다. 이때 무뎌진 지우개를 원하는 크기로 직접 잘라서 쓸 수 있다면 그것은 매우 능동적인 해결이 된다. 또한 사용자 앞에서 지도자가 지우개를 자르는 모습을 보여 주는 것은 긍정적으로 사용자의 모방 행동을 유발할 수 있다. 유능한 지도자라면 이 순간을 치료와 교정에 이용할 수도 있을 것이다. 이 장면은 사용자에게 새로운 경험이 될 수도 있고, 문제 해결에 대한 대안을 획득하는 순간이 될 수도 있다.

 질문

- 지우개를 칼로 자르는 일은 당신에게 매우 불편한 일인가?
- 지우개와 연필의 역할 바꾸기에 대한 당신의 의견은 어떠한가?
- 전동 지우개나 점토형 지우개 같은 색다른 지우개가 당신에게는 너무 생소한가?

치료나 교육 장면에서 지도자는 전지적 시점에서의 관찰이 필요하다. 현장에서는 매우 다양한 상황을 접하게 되는데, 상황을 안전하게 진행하고 목표한 바를 이루려면 다양한 경험과 방법이 필요하다. 지도자가 모든 것을 경험한 사람일 수는 없으므로 모르는 부분이 생겼다면 그 순간에 창의성과 융통성을 발휘하여야 한다. 매체가 다른

[그림 2-26] 심리 상징적 의미의 지우개

방법으로 사용되는 경험은 자신이 가진 준거의 틀을 확장시켜서 창의적인 사람이 되는 방향으로 한 걸음 더 나아갈 수 있게 한다. 그것은 사용자의 성장이며, 지도자의 성장과도 연결된다. 잘 조직된 프로그램 안에서는 사용자와 지도자, 그리고 매체와 상황이 유기체로 모두 함께 성장한다.

PART 3

종이

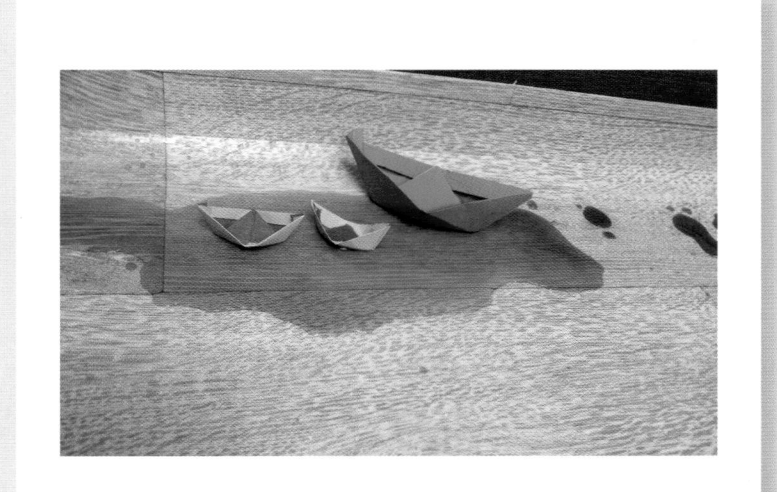

Understanding of Art Materials

고정관념은 어떻게 작용하는가? 종이의 쓰임새는 주로 기록을 저장하는 수단이었으므로 종이라는 단어를 들었을 때 먼저 배경으로서의 종이가 떠오른다면 우리도 그 고정관념 안에 있는 것이다. 종이는 매우 주체적인 매체이며, 3차원적인 표현 재료로서 훌륭한 매체이다.

1. 이해의 틀

종이는 주로 배경의 역할이나 바탕 재료로 인식되며, 일반적으로 글을 쓰거나 그림을 그리거나 인쇄를 하는 데 쓰인다. 식물이 아닌 가죽이나 합성섬유 등으로 만들어진 것은 '종이 모양으로 만들어진 것'일지라도 종이라고 하지 않는다. 따라서 현대의 종이는 순수한 식물의 섬유를 원료로 한 것으로 규정된다.

친수성은 전제되어야 할 종이의 중요한 성질이다. 종이는 주원료인 펄프 섬유를 물에 풀어서 서로 엉기도록 한 것이므로 물에 쉽게 반응한다. 물에서 만들어지고, 물에서 풀어지는 성질에 대한 이해는 종이를 다루는 중요한 관점이다. 근본적인 이해는 문제에 대한 직접적인 해결책이 된다.

[그림 3-1] 표현의 주체가 된 종이

고정관념은 어떻게 작용하는가? 아주 오랜 세월 동안 종이의 쓰임새는 주로 의사소통이나 기록을 저장하는 수단이었으므로 그 쓰임새에 대한 고정관념이 있다. 종이라는 단어를 들었을 때 먼저 그림이나 문자의 배경으로서 종이가 떠오른다면 우리도 그 고정관념 안에 있는 것이다. 그러나 종이는 수동적인 역할이 아닌 주체적인 매체로, 2차원적인 배경이 아니라 점토, 나무 등과 같은 3차원적인 표현 재료가 될 수 있다.

현대에 생산되는 기성품 종이는 쓸모에 따라 다양한 유형으로 생산되어 사용되고 있으며, 일상생활에서 사용되는 종이의 종류는 일일이 언급할 수 없을 만큼 다양하다. 작업의 다양성이라는 측면에서 가능한 많은 유형의 종이를 살펴보는 것은 매우 중요하다.

[그림 3-2] 생활 속 다양한 용도의 종이

시중에는 종이 자체가 작품인 예술적인 제품들이 생산되어 사용되고 있으며, 예술가들은 표현 재료로 [그림 3-3]와 같은 다양한 종이를 사용하기도 한다.

[그림 3-3] 다양한 기성품 종이

미술의 한 장르인 파피에 콜레(Papier Colle)는 종이를 붙인다는 의미의 프랑스어로, 1910~1911년경에 브라크와 피카소가 시작한 큐비즘의 새로운 표현 기법이다. 이들의 새로운 표현 기법은 현대까지 새로운 조형 효과를 나타내는 중요한 수단이 되어 오고 있다.

[그림 3-4] 조르주 브라크의 작품 세계(Georges Braque, 1912~1914)

2. 더 이해하기

공장에서 처음 만들어져서 자르기 전의 종이를 '전지'라고 한다. 전지에서 한 번 자른 상태, 즉 전지가 절반 사이즈의 종이 2장이 되는 크기를 2절이라고 한다. 4절은 두 번 잘라 전지에서 같은 사이즈의 종이가 4장이 만들어지는 크기이다. 우리가 사용하는 2절, 4절, 8절 등 종이의 명칭은 전지에서 만들 수 있는 종이의 매수이다. 명함 크기의 종이는 전지에서 128장이 만들어진 것이다. 그래서 명함은 128절지이다.

8절 크기의 종이를 그림 종이의 대명사로 알고 있는 사람들이 많다. 스케치북이라고 하면 자동적으로 떠오르는 크기가 있다. 때로 몇 절이라는 안내 없이 스케치북이나 도화지를 준비하라고만 하면 8절을 준비할 정도로 8절 종이의 크기는 우리에게 일반화되어 있다.

8절이라는 크기는 사실 규격의 산물이다. 시간을 거슬러 가 보면, 우리가 사용하던 스케치북 사이즈가 거의 8절이었던 이유는 사용하는 책상에 가장 알맞은 크기였기 때문이다. 제도와 환경에 맞추어진 단체주의 문화의 결과라고 볼 수 있을 것이다.

책상의 크기에 맞추어 8절은 일반화되었고, 미술용 종이의 고유명사로 남았다. 아이들은 맞추어진 책상의 8절 안에서만 자신의 표현력을 실현했으며, 자신의 더 큰 아이디어를 종이에 맞추어 잘라 냈다.

고정관념은 상황이나 기질에 따라 섬세하게 적용되어야 하는 매체의 선택에 방해 요소로 작용할 수 있다. 따라서 종이의 선택에 자율성을 가지고 자신의 필요에 따라 자르거나 붙여 사용하는 것은 매우 중요한 권리이다. 지도자는 전지와 8절, 16절, 그리고 128절 크기의 종이를 눈앞에 놓았을 때의 크기의 느낌을 반드시 경험해 보아야 한다.

46전지(1090*788mm)

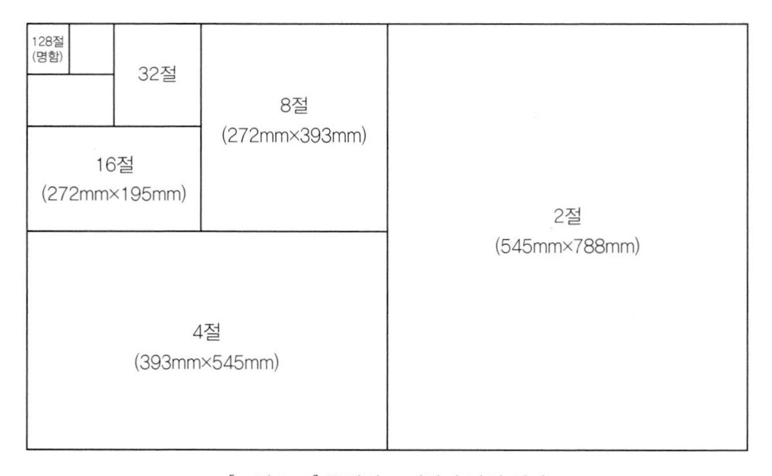

[그림 3-5] 종이의 크기와 숫자의 의미

무게를 나타내는 단위 또한 종이 선택에서 중요한 부분인데, 판매되는 가로 1m × 세로 1m 종이의 무게를 그램으로 표시한 것이다. '모조지 80g/m^2'은 가로 1m × 세로 1m 한 장의 무게가 80g인 모조지를 말한다.

결은 펄프 섬유가 종이로 형성될 때 기계 진행 방향으로 나타나는 섬유의 정렬 상태를 종이의 결이라고 부른다.

[그림 3-6] 넓은 종이에 함께하는 느낌

종이결의 식별 방법

- 종이를 투시했을 때 결이 나타나는 방향
- 물기나 열과 접촉 시 컬(curl)이 일어나는 축의 방향
- 덜 휘어지는 방향이 결의 방향(결 방향이 뻣뻣함이 크기 때문)
- 인장 강도가 큰 방향이 결의 방향
- 쉽게 찢어지는 쪽이 결의 방향
- 확대, 수축이 심한 방향이 결의 반대 방향

※품질이 좋은 수제 종이는 거의 결이 나타나지 않음

종이의 결에 따라 인쇄, 제본, 품질, 생산성 등에 문제가 생기므로 주의가 필요하다. 대부분의 종이는 거친 쪽이 아랫면(wire side)이다. 종이는 식물성 섬유이므로 습도가 높으면 늘어나고 낮으면 수축하는데, 습도에 따른 구부림이 발생되기 때문에 일정한 습도와 온도에서 보관하는 것이 좋다.

종이 분류의 기준

• 코팅의 유무 •

일반적으로 원지에 화학약품, 미세한 돌가루 등으로 도공 처리를 하였으면 도공지, 도공 처리를 하지 않았으면 비도공지로 나누어 부른다. 도공지는 일반적으로 알려진 아트지를 말하며, 비도공지로는 백상지, 신문 용지 등을 들 수 있다.

• 사용 펄프의 종류 •

펄프의 종류와 이를 배합한 정도에 따라 기계펄프로 만들어진 종류와 화학펄프, 또는 기타의 재료를 사용하여 만들어진 펄프로 나눌 수 있다.

• 사용 기능 •

종이가 사용되는 용도에 따라 상당히 다양하게 분류할 수 있다. 크게 신문용지류, 인쇄용지류, 정보용지류, 가정/위생용지류, 포장용지류, 산업용지류, 기능지 등으로 나눈다.

〈표 3-1〉 종이의 종류와 구분

구분	종류
작품용 종이	도화지, 와트만지, 머메이드지, 목탄지, 마분지, 하드보드지, 골판지, 앵그르지, 한지, 색종이 등
생활 속 종이	신문지, 도배지, 포장지, 쇼핑백, 서류 봉투, 사포, 달력, 잡지, 화장지, 키친타월, 냅킨, 박스 등

3. 이해의 틀 넓히기

매체와 사용자의 작업 과정을 활용하는 미술치료에서 매체의 선택은 매우 중요하다. 매체에 대한 초기 반응은 전체 치료 회기의 실마리가 되므로 더욱 중요하다고 할 수 있다. 따라서 일반적인 이해를 넘어서는 다양한 종이의 종류를 경험하는 확장적인 이해 과정은 종이 사용에 필수적인 과정이라고 할 수 있다.

[그림 3-7] 종이 매장

기성 제품으로 판매되는 종이는 그 종류를 헤아릴 수 없을 만큼 다양하다. 경험을 압도하는 많은 종류의 종이가 판매되고 있는 종이 매장에서 우리는 길을 잃을 수도 있다. 다양한 종이는 필요에 따라 크기, 두께, 색, 무늬뿐 아니라 일반적인 기준을 넘어서 제작되기도 한다. 예술가들은 종이에 자신만의 생각과 행위를 더해 새로운 사용 방법으로 결과를 제시한다.

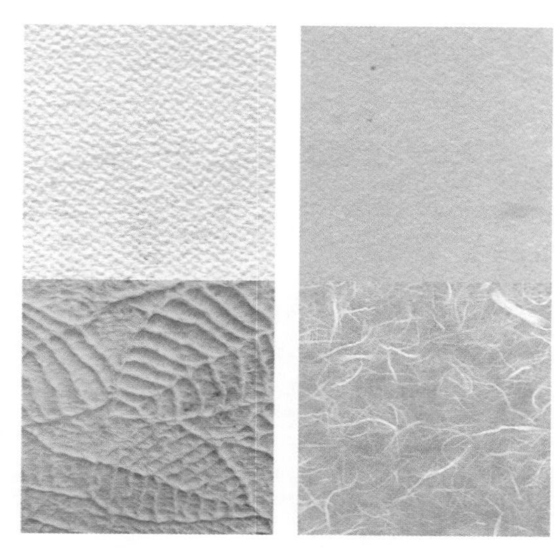

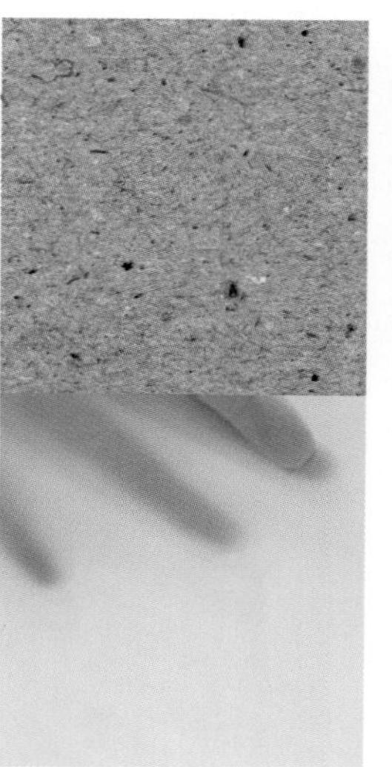

[그림 3-8] 배경의 역할을 넘어서는 다양한 주제의 종이

4. 경험 혹은 기억

종이에 대해 가지고 있는 당신의 기억은 어떤가?

종이에 대한 당신의 경험은 놀이인가, 과제인가?

그 경험이 긍정적인가, 부정적인가?

종이와 관련된 좌절의 기억이 있는가?

[그림 3-9] 종이배 띄우기

해가 지난 커다란 달력의 뒷면은 종이에 대한 오래된 기억이다. 해를 넘긴 달력을 받아 그 위에 좋아하는 그림을 그리고 종이배와 비행기를 접으며 놀았던 기억처럼, 누구에게나 종이 위에 그림을 그리거나 종이를 오려 붙이며 놀던 종이와의 기억이 있을 것이다. 그것은 놀이이자 발달을 촉진하는 행동이 되었다.

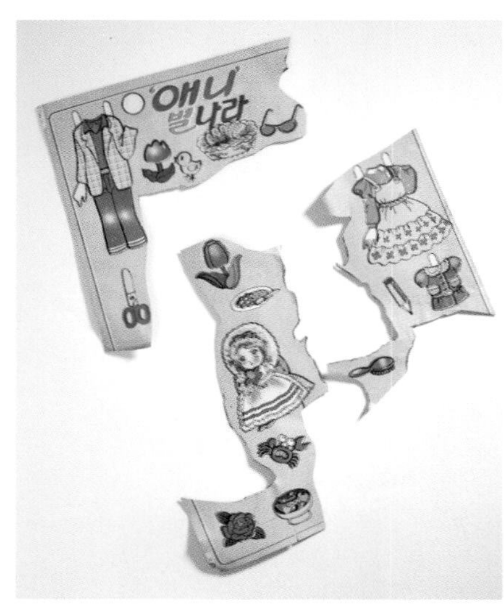

[그림 3-10] 오리는 종이인형

아이들은 **종이인형**과 **종이딱지**를 가지고 놀았다. 작은 종이박스에 보관했던 온갖 종류의 종이인형들은 아동기의 가장 행복한 기억으로 남아 있다. 학교 앞 문구점에는 매일 새로운 종이인형이 나왔고, 새로운 종이인형을 사서 집으로 돌아오는 길의 행복감은 누구나 느껴 본 어린 시절 기억일 것이다.

그 인형을 가지고 친구와 놀았다. 서로의 인형을 비교하고 주고받으며 역할놀이를 하는 즐거움이 컸다. 인형마다 캐릭터를 만들어 자신이 원하는 성격을 가진 사람이 되어 볼 수 있었다.

종이딱지는 남자아이들의 재산이었다. 남자아이들은 인쇄된 딱지를 사서 모으거나 게임으로 획득했다. 정해진 조건에 더 가까운 쪽이 상대방의 딱지를 얻을 수 있었다. 함께하는 친구들과 매일 게임 규칙을 새로 만들었다.

종이인형이 많거나 종이딱지가 많은 친구는 부러움의 대상이 되었다. 그래서 아이들에게 그것들은 보물과도 같았다.

가위로 손이 아프도록 오리고 또 오려서 만들었던 인형이나 딱지가 찢어지면 다른 종이를 덧대어 풀로 붙이거나 테이프를 붙이기도 하면서 보물들을 유지하기 위한 해결책을 찾았다. 이후에 플라스틱 인형을 가지게 되었을 때에도 종이인형은 소중한 보물로 꽤 오랫동안 남아 있었다. 플라스틱 입체인형보다 종이인형

[그림 3-11] 종이인형과 종이딱지
출처: 유나 편집부(2020).

은 더욱 다양한 상상 놀이가 가능했다.

종이에 유난히 정서적인 기억이 많이 남아 있는 것은 구하기 쉽고 다루기 쉬운 종이의 특징으로 유·아동기의 친숙하고 안전한 매체였기 때문일 것이다. 종이로 된 인형이나 딱지 같은 장난감은 쉽게 사고, 어른들의 도움 없이도 자르고, 아이들끼리 가지고 놀 수 있었다. 이때만큼은 종이의 단점인 '약함'은 다루기 쉽다는 장점이 된 것이다.

아이들은 종이를 가지고 놀며 집중력, 소근육 발달, 도구 사용 능력, 그리고 문제 해결 능력, 사회성까지 자연스럽게 키웠다. 그 과정의 행복감을 통해 정서적인 안정감까지 얻을 수 있었다. 연령과 성별에 맞는 적절한 놀이는 성인으로 성장이 완성되기까지 발달 시기에 매우 중요하고도 적절하며 자연스러운 행위이다. 그 과정을 온전히 겪을 수 있다는 것은 큰 행운일 것이다. 경험은 자신의 일부가 되고, 또 소통을 위한 기술이 되기도 한다. 이것은 분명히 심리치료 과정과도 연결되어 있다. 또한 지도자들은 자신의 기억과 경험을 현재의 작업 장면에서 사용자들과 공유하게 된다.

〈표 3-2〉 종이 활동의 의의

종이 오리기	집중력과 다양한 운동 능력 향상(시지각과 손의 협응 능력 등)
쉬운 성형	안정감, 충족감, 자존감 향상
다양한 변형	창의적 능력 향상, 다양한 소근육 사용 및 발달에 도움
보강을 위한 방법 시도	문제 해결 능력과 도구 사용 능력 향상
놀이	정서적 욕구 충족 및 사회성 향상
낮은 현실성(2차원)	상상력으로 보강하기 쉬움

5. 확장 및 응용

종이는 다루기 쉬워 자르기, 찢기, 뭉치기, 말기, 물에 녹이기, 접기 등 다양한 시도를 할 수 있으며, 실제 크기로 작업하면 일반적인 경험을 넘어서는 실제감을 경험할 수 있다. 예를 들어, 종이로 천과 비슷한 느낌으로 몸에 맞는 옷을 만들어 보는 활동은 바느질이 아닌 풀이나 테이프로 연결이 가능해 천으로 옷 만들기보다 부담 없이 쉽게 시도가 가능하지만, 모양과 경험은 실제 옷을 입는 느낌과 비슷할 것이다([그림 3-14] 참조).

다양한 종이 성형 방법

자르기

찢어 붙이기

뭉치기

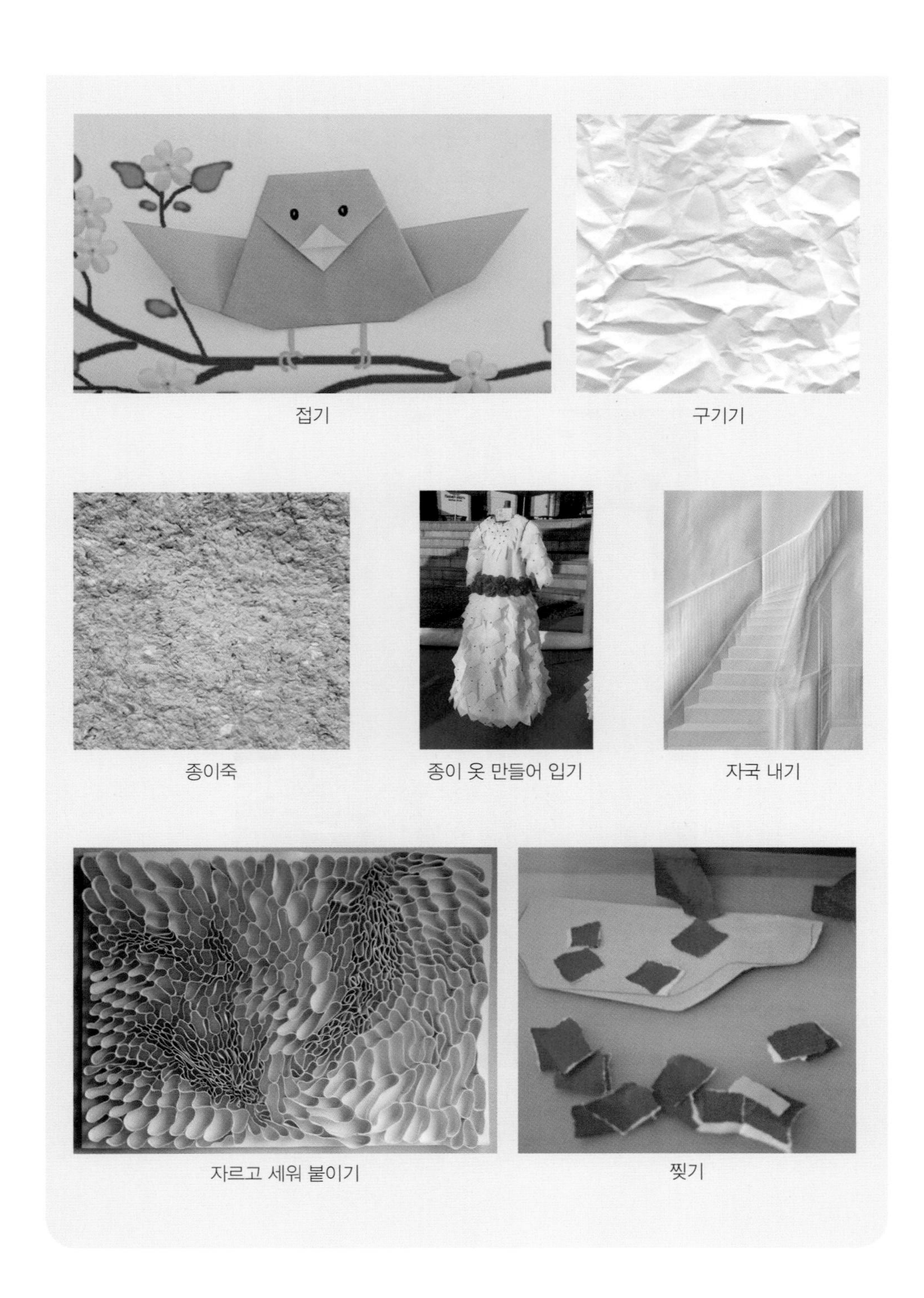

접기

구기기

종이죽

종이 옷 만들어 입기

자국 내기

자르고 세워 붙이기

찢기

커진 화면의 느낌

평소 사용하는 종이보다 커진 종이는 어떤 느낌일까? 커진 화면이 사용자의 호기심을 자극하는가? 사용자는 커진 종이에 낯설고 두려움을 느끼는가? 그 순간의 느낌을 잘 살펴보아야 한다.

커다란 종이에 그릴 때 사용자의 근육은 작은 종이에 그릴 때와 차이가 있는가?

사용자는 에너지를 해소하는가, 혹은 불안해하는가?

[그림 3-12] 실제 크기의 인체 표현

종이의 크기에 따라 우리가 사용하는 몸의 범위와 근육의 종류도 달라진다. 이것은 욕구의 해소와도 관계가 있다. 팔을 뻗어 큰 종이에 작업할 때 틀을 벗어나는 느낌이 있을 것이다. 손이 아니라 팔 전체를 사용하는 것은 시각의 범위를 넓히며, 사고를 자극하고, 신체적으로는 마치 운동하는 것과 같은 효과를 줄 수 있다.

[그림 3-13] 심리적 · 신체적 해소 활동이 되는 대근육 활동

[그림 3-14] 종이 옷 패션 쇼

화지 모양의 변화

동그란 모양의 종이와 일반적인 사각 모양의 종이를 대할 때의 느낌은 어떻게 다른지 생각해 보자.

평소에 사용하던 사각 모양의 종이와 다른 다양한 모양의 종이를 제공받았을 때 사용자의 작업 내용은 달라지는가?

[그림 3-15] 광고판(다양한 모양의 종이)

[그림 3-16] 표지판(표지판 모양의 종이)

[그림 3-17] 입고 싶은 운동복(옷 모양의 종이)

[그림 3-18] 빙글빙글 돌리는 종이 그림판

[그림 3-19] 잠자는 공주의 성(성 모양의 종이)

[그림 3-20] 동물 옷가게 간판(옷 모양의 종이)

[그림 3-21] 폭발하는 우주

[그림 3-22] 쿠키 모양의 종이

[그림 3-23] 내 휴대 전화(휴대 전화 모양의 종이)

[그림 3-24] 도자기와 도자기 모양의 화지에 흙물감으로 그리기

주제와 연결되는 형태의 종이를 제공하였을 때, 사용자는 선택의 갈등을 줄이고 짧은 시간에 주제에 더욱 집중할 수 있다.

[그림 3-24]와 같이 도자기 모양의 화지를 제공하면 대상에 집중해서 원하는 부분을 확대하는 효과를 주어 도자기의 모양, 도자기가 놓인 배경 등에 대한 추가적 사고 없이 바로 원하는 도자기에 집중할 수 있다.

전통 도자기에 그려진 그림의 주제는 시대에 따른 다양한 이야기를 담고 있는데, 만약 작업에서 도자기 그림에 대한 주제를 계획하였다면 도자기 모양의 화지를 제공하는 것은 사용자가 그림의 주제 속으로 가장 집중적으로 접근하는 방법이 될 수 있다.

6. 치료적 의미

종이 회사에서 제작되는 종이는 최대한 버려지는 종이가 없도록 규격에 맞추어 잘라진다. 제작사에 따라 약간의 규격 차이는 있지만 사각 틀로 잘라진 모두 같은 모양이다(〈표 3-1〉 참조). 사용자들은 당연하게 기성품 종이를 사용한다. 그렇다면 종이의 크기, 종류, 색, 모양을 작업에 고려하는 것은 치료나 교육에서 어떤 의미가 있을까? 대부분의 작업에서 종이는 시작점이 되며, 전체 작업의 배경으로 선택되어 작업의 다음 단계에 많은 영향을 미칠 수 있다. 종이를 작업 테이블에 놓는 것이 작업의 시작인 것이다. 이때 제공하는 종이의 종류와 크기는 그 작업에서 사고나 시지각적 범위를 결정하므로 작업에서 종이의 일반적인 크기를 바꾸어 제공하는 것만으로도 지도자가 사용자에게 깊이 공감하는 돌봄이 될 수 있다. 지도자가 사용자의 상황과 필요를 적절하게 인지할 때 심리적인 오류나 에너지 낭비를 줄일 수 있다.

부담감

작업을 시작할 때 사용자들은 자신의 앞에 놓인 백지에 종종 당황스러운 반응을 보인다. 이러한 반응은 성인으로 갈수록 더 빈번해지는 경향을 보이는데, 그것은 부담감의 표현일 때가 많다. 미술 활동, 특히 그리기에 대한 부담감의 표현은 미술치료에서 흔한 장면이다.

그림 활동에 대한 부담에서 생기는 이러한 좌절감은 아동기의 입체발달이 시작되는 시기에 시작될 가능성이 높다. 이 시기의 아동은 사실적인 표현에 눈을 뜨며, 중첩 표현이 가능해지는 등 시각적으로 괄목할 만한 발달을 겪게 되지만 표현 능력과 완전히 연결되지 않아 보이는 것과 표현 능력 간의 차이가 크기 때문이다. 매 순간 스스로 좌절감을 경험하기 쉬운 조건에 있는 것이다. 이러한 어려움에 대한 이해는 매우 중요하다.

모든 아동의 성장 속도는 같지 않으며, 발달은 한 시기에 완성되는 것이 아니라 꾸

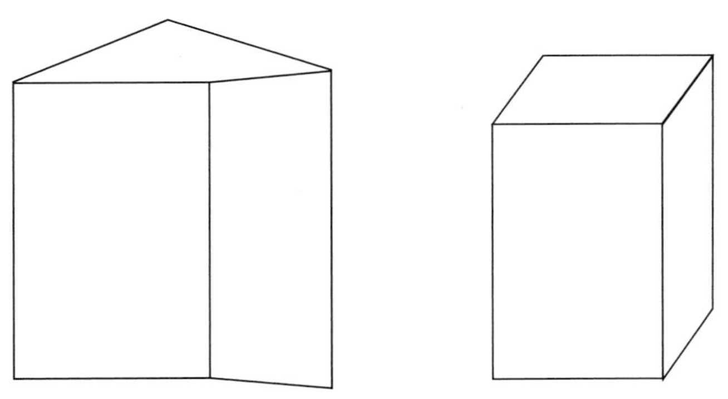

[그림 3-25] 미완적 입체 표현(왼쪽)과 완전한 입체 표현(오른쪽)

준한 연속선상에서 점차적으로 완성되어 간다. 아동미술의 발달 단계에서 개인적인 차이는 있지만 입체감이 발달하는 시기를 일반적으로 10세 전후로 본다. 빅터 로웬펠드(Victor Rowenfeld)에 의하면, 형태와 공간의 가능성을 탐색하기 시작하는 연령은 또래 집단기인 9~11세이다.

특히 평면에서 입체의 시기로 가는 입체적 발달 시기에는 시각적 관점이 달라지기 시작하며, 외면으로 드러나지 않더라도 내면에서는 엄청난 변화를 겪게 된다. 이 커다란 변화의 시기에 적절한 안내와 자기 실험을 통해 긍정적으로 적응하는 경우의 변화는 신나는 모험이 되어 자신의 능력이 될 것이다. 하지만 이러한 적절한 적응의 과정을 거치지 못했다면 그림에 대해 특히 부담을 느끼게 된다. 이때 느낀 부정적인 감정은 성인이 되어도 회복되기가 힘들다.

어떤 시도를 하면서 한 번도 좌절감을 경험하지 않은 사람은 없을 것이다. 다만, 그 좌절의 경험이 얼마나 강렬했으며 좌절의 느낌이 제대로 처리가 되었는가 하는 것에서 각인의 정도는 달라진다. '나는 그림을 못 그린다'는 표현이 언제부터 시작되었는지 더듬어 가 보자.

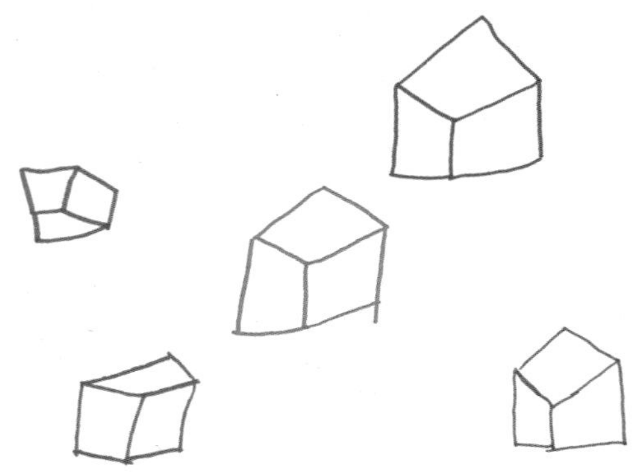

[그림 3-26] 아동의 입체 표현 시도 과정

사람들은 유아의 그리기를 평가 대상으로 보

지는 않는다. 마치 걸음마를 할 때 받는 환호처럼 도식기 이전의 유아들은 매체를 손으로 잡기만 해도, 그리고 그저 흔적을 남기는 것만으로도 환호를 받는다. 따라서 이때는 스스로 못 그린다는 개념이 생길 수가 없다. 못 그린다는 개념은 그것이 스스로 하는 것이든, 타인에 의한 것이든 평가가 시작되는 시점에서 획득된 것이다. 이 시점에 대한 이해는 사용자들의 미술 작업에 대한 태도를 바꾸는 열쇠가 될 수 있다.

미술 작업은 매우 통합적인 처리 과정을 필요로 하는데, 이때 아동은 주어진 주제를 '표현'한다는 과제 이외에도 먼저 도구를 다루어야 하며 동시에 교사와 관계, 자신과 집단원과의 비교, 관계 처리 등 사회적 행위를 포함한 집단의 분위기에도 적응해야 한다. 이 과정은 단계적으로 처리되는 것이 아니라 동시에 통합적으로 처리된다. 이 과정 중 어떤 부분에서도 미술 작업에 대한 아동의 좌절은 시작될 수 있다. 지도자는 이 통합 과정을 잘 이해하고 특히 문제가 되는 부분에 바르게 접근해야 할 것이다.

좌절감의 시작이 입체발달이 시작되는 시기에 더욱 집중된다는 것은 아동의 전 생애를 통해서 볼 때 매우 중요한 관점이다. [그림 3-25]의 왼쪽 그림과 같이 입체발달이 완성되지 않은 아동의 시지각은 3면을 볼 수 있지만 보고 지각한 대로 표현할 수 있는 능력이 완성되지 않았다. 아동이 아파트를 그린다면 앞쪽을 평면으로 표현할 수 있지만 3면이 만나는 입체 표현은 매우 어려운 주제가 될 수 있다. 그래서 발달 이전에 입체 형태를 암기하듯 표현하는 것은 교육적 의미가 없으며 오히려 잘못된 형태를 각인시키는 위험이 있기도 하다. 지도자들은 이러한 부분을 고려해야 할 것이다. 특히, 그리기에 부정적인 반응을 보이는 아동이라면 입체발달 시기 전후를 점검해 보는 것이 문제 해결에 도움이 된다.

한 사람의 어떤 문제는 그것이 오래 방치되면서 다른 문제들에 오염되고 변형되어 심각하게 여겨질 수도 있지만 의외의 부분에서 해결점을 찾을 수도 있다. 예를 들어, "그리기 싫어요. 못 그려요"라고 말하는 아이의 부담감을 지도자가 느꼈다면 우선 첫 번째 시도로 원래 제공된 종이의 크기를 반 이상으로 줄여 보자. 그 아동을 위한 화지로 작은 **포스트잇**을 제공한다면 그 장면에서 아마도 아동기에 쌓인 심리적인 부담감들이 사라지는 경험을 하게 될지도 모른다. 반대로 작은 규칙들에 얽매여 있던 아동이라면 두 배 넓은 종이를 제공할 수도 있을 것이다.

[그림 3-27] 다양한 크기, 색의 포스트잇

긍정적 자극과 사고의 재구성

익숙한 것에 적절한 자극을 주면 이 자극은 기존 체계에 혼란을 야기하여 자신이 가지고 있던 기존의 사고체계를 분리한다. 이 분리에 의한 혼란을 해결하기 위해 사람들은 자신의 경험을 사용하여 새로운 경험을 통합한다. 이 과정을 거쳐 새로운 패턴이 만들어지는데 이 과정은 성장과 관련된다.

배경이 되는 종이를 백지가 아닌 색지로 바꾸는 것만으로도 긍정적인 자극 효과를 거둘 수 있다. 다양한 색상으로 사용자의 발달을 자극하고 사용자가 색상을 고려하는 동안 새로운 아이디어가 생성된다. 또한 색채 자체로 인한 치료 효과, 자발적 선택이라는 측면에서의 심리적 성장 효과도 볼 수 있다. 하얀색 종이에 당연하게 사용되던 크레파스, 색연필 등의 색깔 매체는 화지를 검은색 종이로 바꾸었을 때 하얀색 화지와 같은 느낌을 얻을 수 없다. 모든 활동은 변화의 상황에서 성공적으로 적응하는 안전한 경험이 되어야 한다.

[그림 3-28]은 우리가 자동적으로 떠올리는 하얀색 종이 위에 검은색 펜으로 그린 그림과 검은색 종이 위에 흰색 펜으로 그린 것이다. 배경 종이의 변화에 따라 작업에 많은 변화가 따른다. 지도자는 사용자가 변화를 대하는 순간에서 결정하고 행동으로 옮기기까지 작용하는 사고 체계에 대해 생각하고 경험해 보아야 한다.

[그림 3-28] 흰색 종이에 검은색 흔적과 검은색 종이에 흰색 흔적

사용자가 자신의 활동에 맞는 화지를 선택하기 위해서는 경험적 지식과 결정 능력이 필요한데, 지식과 능력을 가지기 위해서는 자신의 결정이 허용된 경험이 필요하다. 지도자가 당연히 백지만 제공한다는 것은 사용자의 성장 기회를 허용하지 않는 것이다. 만약 종이를 사용하는 미술 작업에서 작업 전에 종이의 색깔과 크기와 모양을 고려하는 과정이 없다면 사용자는 자신의 사고체계가 점검되고 재구성되는 경험의 기회를 갖지 못하게 될 것이다. 〈표 3-3〉은 다르게 구성된 두 장면의 그리기 작업이다. 두 장면을 각각의 스토리로 이미지화해 보기 바란다.

〈표 3-3〉 지도자의 목표에 따른 진행과 결과의 차이

1. 고정된 작업 상황	2. 가변적 작업 상황
도착 인사 후 이야기 나누기 사물함에서 자기의 스케치북 꺼내 오기 오늘의 주제를 지도자로부터 받기 연필로 모사 혹은 스케치하기 주제 색칠하기(색연필, 크레파스) 배경 칠하기(수채물감) 결과에 대한 점검 및 평가하기	도착 인사 후 이야기 나누기 활동 주제에 대해 이야기 나누기 상황에 맞게 주제 결정하기 매체 선택에 대해 이야기 나누기 주제에 따라 배경 색깔, 종이의 종류 선택하기 색에 따라 채색 매체 선택하기 필요하다면 배경을 칠하거나 그냥 두기 과정에 대한 이야기 나누기

미술 작업 시 8절지를 제공받고, 거기에 연필로 스케치를 하고, 크레파스나 색연필 등의 채색 도구로 채색한 다음 물감으로 배경을 칠하는 장면이 미술시간마다 같은 과정으로 진행된다면 그것은 정말 한 사람의 성장을 지연시키는 일일 것이다.

〈표 3-3〉의 **고정된 작업 상황**에서 지도자는 '우리는 지금 배우고 습득하는 중이므로 견뎌야 돼'라는 태도를 유지한다. 사용자는 자발적이지 않은 작업이므로 그 시간을 견뎌야 하고, 견디게 할 **보상**이 필요하다. 결국 사용자에게는 작업이 목표가 아니라 보상이 목표가 되기 쉽다. 지도자나 사용자 모두에게 그 시간은 넘어가야 할 힘든 시간이 된다.

가변적 작업 상황에서는 결과와 과정이 열려 있으므로 스스로 결정하여 과정을 변경할 수 있다. 자발적 결정 자체가 보상이 되므로 다른 보상 없이도 욕구가 충족되며, 억지로 시간을 견딜 필요가 없다. 가변적 작업 상황에서는 싫거나 어려운 부분이 생긴다면 자신을 틀에 맞추어 가는 것이 아니라 이야기하고 원인을 찾고 다른 방법을 시도할 것이다.

지도자는 사람들의 성장의 현장에 함께하는 사람이다. 익숙한 것은 안정감을 준다. 익숙함을 통한 안정감은 필요하지만 고착된 사고는 성장을 막고 퇴행을 조장할 수 있다. 배경 종이의 색을 바꾸어 제공하는 한 예는 새로운 조건을 주는 것이다. 새로운 조건에서 사용자는 익숙하지 않은 변화에 혼란스러움을 느끼지만 그 장애물을 넘기 위한 방법을 찾게 된다. 이것은 성장을 위한 의미 있는 시도가 된다. 이때 검은색 종이 옆에 준비된 흰색 펜은 사용자의 시도를 적절하게 돕는 행위이다.

자발적 도식 만들기

찢기, 자르기, 접기, 붙이기, 뚫기, 휘기, 말기, 구기기, 뜯어 내기 등 종이는 특별한 도구 없이도 성형하기가 쉽다. 생활 속에서 구하기도 쉽다. 그래서 종이를 주제로 한 과제는 부담이 적고 성공 경험을 가지기에 좋다.

[그림 3-29]는 5~7세까지의 아동들에게 자르기, 말기, 구기기, 찢기 등 여러 가지

의 종이 성형 방법을 경험하도록 한 뒤 교사가 특정 방법을 지도하지 않고 '달팽이'라는 과제만 주자 아동들이 만든 각각 다른 모양의 달팽이이다. 다양한 형태의 종이를 준비해 주고 그들의 필요를 주의 깊게 듣고 충족시켜 주었다. 작업 중에 종이 성형의 경험을 상기하도록 하고 아동들이 하는 어떤 시도이든 환영하였다. 각 아동의 다양성을 인정하며 제작 과정의 고유성에 의미를 가지도록 한 결과, 종이의 성질과 달팽이의 형태가 적절하게 어울리는 결과물이 만들어졌다. 자발적인 도식을 만드는 과정은 한 사람의 주체성의 확립과 관계되며, 이는 그 사람의 전 생애에 걸쳐 영향을 미친다.

현대미술의 거장 앙리 마티스(Henri Matisse, 1869~1954)의 '종이 오리기(Paper Cut Outs)' 작업([그림 3-30] 참조)은 결핍으로부터 생기는 새로운 상황과 그의 경험들이 만나 이루어졌다. 그는 노년에 병으로 쇠약해진 몸 때문에 붓을 잡지 못해 그림을 그릴 수가 없었는데, 그리는 일이 힘들게 되자 색칠된 종이를 오려 붙이는 방법으로 그림을 제작하였다.

새로운 시도로 기존의 작업과 전혀 다른 새로운 형식이 탄생하였고, 오히려 세부적인 요소가 생략된 이 시도들로 그는 현대미술의 창시자로 불리게 되었다. 우리가 아

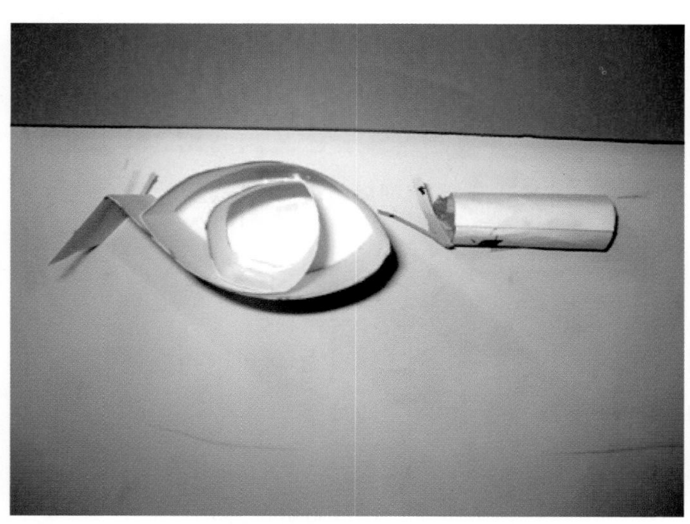

[그림 3-29] 유아의 자발적 종이 다루기_달팽이

[그림 3-30] 앙리 마티스의 〈달팽이〉(1953)

[그림 3-31] 종이로 만든 아름다운 곡선 경험

는 달팽이의 형상은 마티스의 화폭 위에서 평면으로 새롭게 펼쳐져서 관람자들에게 그 의미를 묻고 있다.

곤란과 부정적 인식 획득

종이의 결은 나무 섬유가 얽혀 만들어졌기 때문에 연마된 유리나 플라스틱과 같이 매끄럽지 않다. 또한 종이는 용도에 따라 조금씩 다른 제작 과정을 거치므로 가공 방법에 따라 표면 상태의 차이가 크다.

[그림 3-32]는 일반적으로 사용되는 종이의 결을 확대한 것이다. 이 표면을 지나가는 연필의 상황을 떠올려 보자. 울퉁불퉁한 길 위를 달리는 자동차가 연상될 것이다. 만약 결이 상대적으로 더 거친 한지 위에 얇은 샤프펜슬로 그림을 그려야 한다면 그리는 일 자체가 스트레스가 될 것이다.

섬세한 드로잉 작업을 할 때는 드로잉 선이 연결되지 않아서 사고의 흐름이 끊기지 않도록 표면이 더 매끈한 종이가 필요하다. 샤프펜슬에는 상대적으로 결이 고운 A4 용지가 좋으며, 4B 연필, 붓, 크레파스 등 비교적 굵고 무른 매체를 사용할 때는 좀 더 결이 거친 미술용 도화지가 적합하다. 얇은 연필이나 펜의 경우, 종이에 닿는 촉 부분이

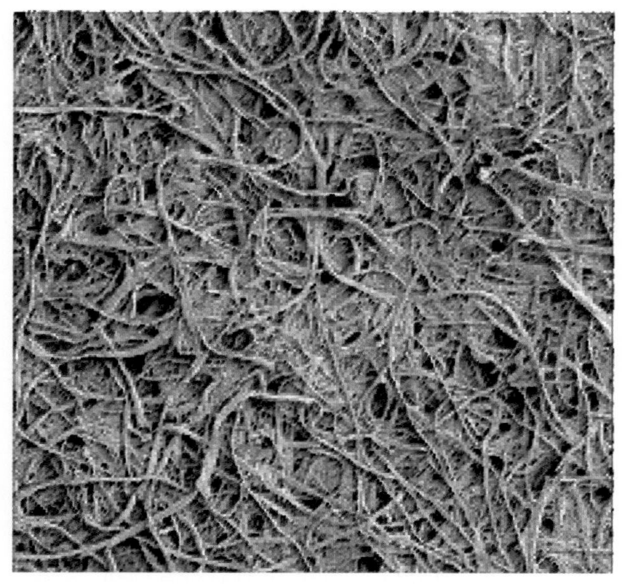
[그림 3-32] 확대된 종이의 결

종이의 거친 표면에 걸리면 부러지거나 잉크가 번져서 단정한 선을 망칠 수 있다. 그 느낌은 사용자를 긴장하게 한다. 곤란이 사고를 부정적인 반응으로 멈추게 하는 것이다. 부정적인 반응은 성장의 중요한 포인트를 놓치게 할 수 있다.

그래서 치료나 교육 중에는 매체의 변화에 따라 종이의 선택을 더욱 섬세하게 고려하여야 한다. 그러나 제공 장면에서는 사용자가 눈치 채지 않도록 그 고려가 자연스러워야 할 것이다. 이 부분은 제공하는 사람, 즉 지도자의 과제이기 때문이다.

[그림 3-33] 얇은 펜의 섬세한 표현을 방해하지 않는 종이 선택

순차적, 그리고 선택적 사고

미술 활동에서 작업이나 사고의 순서를 바꾸는 것은 어떤 의미일까?

익숙한 8절 크기의 종이에 '숲속의 동물들'이라는 주제를 표현하는 그리기 활동을 생각해 보자.

'숲'은 여러 가지 소재가 포함된 매우 종합적인 주제이다. 사용자는 먼저 8절 도화지를 보며 주제에 대해 생각할 것이다. 그다음은 어떤 것들을 어디에 그릴 것인지 위치를 생각하고 하나씩 차례로 그려 나갈 것이다. 그러나 각각의 활동이 아닌 모든 것이 동시에 통합적으로 처리되며 하나의 화면에 표현된다. 한 화면에 '숲'이라는 주제, 형식적 표현, 내용을 생각하며 그와 동시에 위치를 결정하고, 손으로는 그림을 그리는 등 사용자의 모든 기능이 한꺼번에 동원된다.

발달장애 아이들이나 발달이 완성되지 않은 유・아동들은 이러한 통합적인 사고를 하는 데 어려움이 있고, 사고와 행동의 연결이 어려울 때가 많다. 이와 같은 통합된 한 장의 장면을 특정 단계로 나누어 제시하기에 종이는 매우 적절한 매체이다.

제공된 종이를 잘라 한 장에 표현되는 하나의 통합 주제를 4단계로 나누어 제시함으로써 순차를 경험하게 할 수 있다. 다음은 그 구체적인 과정이다.

1	1단계로 128절 명함 크기의 종이에 동물 한 마리, 혹은 나무 한 그루와 같은 분리된 한 주제만 그리게 한다.
2	2단계로 그 종이 뒤에 더 큰 32절 크기의 종이를 붙여 준다. 그때 1단계에서 생각하지 못했던 32절 만큼의 배경 공간이 생긴다. 그리는 사람은 커진 공간만큼 사고를 확장할 것이다.
3	2단계를 마치면 16절 크기의 종이를 덧대어 준다. 새로 생긴 공간에 그림을 첨가하거나 연장할 수 있다.
4	3단계가 끝나면 8절 크기의 종이를 덧대어 준다.
5	지금까지의 단계를 모두 합친 결과물을 완성한다.

단계별로 배경이 새로 생기고 넓어지며, 이에 따라 시각과 생각의 범위도 순차적으로 점점 넓어질 것이다. 이때 다음 종이를 보여 주거나 전체 과정을 미리 알려 주어서는 안 된다. 전체를 한 번에 보지 않도록 하기 위해서이다. 순차적으로 사고를 분리하여 한 단계에 선택적으로 집중하도록 함으로써 복잡한 사고 과정을 분리하여 경험하기 위한 의도적 작업이다. 종이를 잘라서 제공하는 것은 다음 과정에 방해받지 않는 완전한 분리를 위해서이며, 이 작업으로 얻을 수 있는 효과는 다음과 같다.

1. 통합된 상황을 분리하여 각 상황을 부분으로 집중하여 볼 수 있게 한다.
2. 예상치 못한 상황을 제공함으로써 익숙한 사고 패턴을 바꾸고 사고를 자극한다.
3. 순차적 작업을 통해 스스로 과정을 볼 수 있다.
4. 작업을 나누고, 축소하고, 집중하므로 안정감과 성공 경험을 얻기 쉽다.

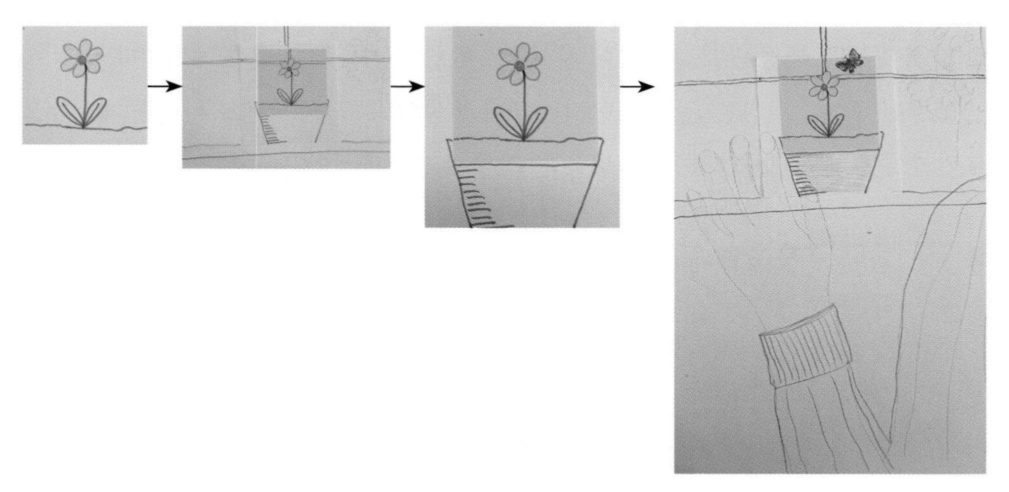

[그림 3-34] 종이 크기로 순차적 사고 연습_익숙함 깨트리기

8절 종이에 주제를 표현하는 것은 쉬운 일이 아니다. 한 화면에 한 주제를 그리는 것은 동시에 구도, 주제, 색, 공간 등을 통합적으로 표현해야 하는 방법으로 발달이 완성되기 전 통합 단계에 있는 아동에게 어려울 수 있다. 일반 아동뿐 아니라 자폐 스펙

트럼 장애(Autism Spectrum Disorder: ASD), 학습장애(Learning Disorder: LD), 주의력결핍 과다행동장애(Attention Deficit Hyperactivity Disorder: ADHD) 아동들에게는 더욱 어려움이 있다. 이 아동기에 진단되는 장애들과 관련된 아동들은 처리 과정 혹은 속도 등의 불균형적인 문제로 인해 사고, 행동, 정서 등의 자연스러운 통합이 어렵다. 한 화면의 주제를 그리는 것에 편안하게 접근하고 완성한다는 것은 이 모든 것이 안정되게 통합되고 있다는 뜻이며 반대로 특정 부분에 어려움을 겪는다는 것은 그와 관련된 부분에 문제를 시사한다. [그림 3-34]는 바로 이런 문제에 대안이 될 수 있는 프로그램으로, 사용자에게 아주 작은 종이부터 순차적으로 제시하는 것이다. 아주 작은 화면을 제공하는 것은 부담을 줄이고 아이디어를 집중시키는 효과를 제공한다. 조금 더 큰 다음 단계 크기의 종이를 먼저 그린 작은 종이 뒤에 붙이게 함으로써 먼저 그린 그림 뒤로 빈 공간이 만들어지는데, 이때 사용자는 이 빈 공간에 먼저 그린 그림에 덧붙여 표현할 수 있다. 이것을 [그림 3-34]과 같이 4단계로 8절 그림 한 장이 되게 만드는 것이다. 이것은 순차와 선택적 집중을 장려한다. 순차와 선택적 집중은 속도를 조절하고 과정을 각각 한 단계씩 나눔으로써 곤란을 해결할 기회를 제공하며, 사고와 행동 패턴의 재구성을 돕는다. 이것은 마치 슬로비디오를 보는 것과 같은 방법으로, 시간 차이를 두고 그 과정을 전부 느리게 따로 경험해 보도록 함으로써 사용자가 부족한 부분을 스스로 처리하고 수용할 수 있는 시간 간격을 만든다. 이는 교정이나 발달을 위한 교육 및 치료의 목표와도 일치한다.

화지의 모양을 주제에 맞추어 바꾸어 주는 것도 비슷한 예이다. 예를 들어, '옷 디자인하기' 활동에서 제공되는 종이에 옷을 그리는 디자인 활동은 지도자가 제공하는 옷 모양으로 자른 종이 위에 디자인 작업을 하는 것과는 차이가 크다. 지도자가 잘라 제공하는 옷 모양 화지는 사용자가 옷의 모양이나 크기에 신경 쓸 필요 없이 옷의 색이나 무늬, 옷감의 짜임 등 세부 단계를 바로 표현할 수 있다. 지도자는 사용자를 원하는 적절한 시점으로 데려갈 수 있다.

즐거움과 정서적 만족감

종이는 일상에서 접하기 쉬운 만큼 안정감을 주기에 좋은 매체이다. 치료회기에서는 내담자의 퇴행을 조장하여야 하는 경우가 있는데 이는 긴장감이 높은 사람의 사고와 행동 체계를 느슨하게 만들기 위해서이다. 치료에서 이완 · 퇴행 작업에 주로 사용되는 것은 통제감이 낮은 물이나 모래, 젖은 점토 등이다. 높이와 공간을 고려하는 3차원 작업에 비하면 종이 위에 하는 평면 2차원 작업에서 사용자는 보다 긴장감을 줄일 수 있다. 고려해야 할 사항이 적기 때문이다. 외향적인 아동은 3차원 입체 작업을 선호하며 내향적인 아동은 2차원 평면 작업을 선호한다는 것도 같은 맥락일 수 있다. 인쇄

[그림 3-35] 칠하기와 오리기

된 도안에 채색을 하는 컬러링 북은 휴식과 안정을 위한 자발적인 퇴행의 선택이다. 성장뿐 아니라 퇴행도 삶의 중요한 요소이다.

또한 종이에 그려진 그림을 잘라 내어 2차 재구성 활동을 할 수도 있다. 그림 속의 사람은 오리기를 통해 원래 배경에서 분리되어 이동이 가능하게 된다. 이것은 해소, 해결과 연관된다. 즉, 움직일 수 없는 '곤란'이 오려 내는 작업으로 '해소'되는 것이다.

종이에 그려진 주제를 오려 내는 재구성 활동은 1차에서 그림으로 해결하기 힘들었던 공간 표현이나 중첩의 문제를 해결한다. 오려진 그림들을 움직여 원하는 위치로 옮겨서 재구성이 가능하므로 발달이 지체되거나 완성되지 않은 유·아동의 발달을 돕는 좋은 활동이 될 수 있다. 또한 원하는 것을 얼마든지 그리고 오려 내어 만들 수 있다는 것은 만족감과 자부심을 충족시킬 수 있다. 아이들은 특별한 도움 없이 그리고 칠하고 오리는 것이 가능하며, 이 작업은 발달에 적절한 근육을 사용하며 자연스럽게 사용자가 활동에 집중하도록 돕는다. 친구와 함께하는 종이 놀이는 사회성을 키워 주며, 긍정적인 정서 작용을 도울 것이다.

다루기 쉽고 친근한 종이의 이런 특성들은 유·아동이나 노인, 장애인들과의 작업에 적용하기에도 좋고, 다른 매체와 함께 사용하기에도 좋다. 종이는 결과적인 만족감을 위한 완성도를 높이기 편리한 매체이다.

치료실의 한 장면

원래 계획했던 물감 작업에는 관심이 없고 실수로 바닥에 쏟아진 물에 더 관심을 가지며 호수 같다고 한 아이의 표현에 대한 답으로 지도자는 작은 색종이로 배를 접어 띄워 주었다. 물이 쏟아진 바닥은 아이의 상상에 의해 호수가 되었고, 지도자의 경험이 더해져 호수에 뜬 종이배라는 예쁜 장면이 되었다([그림3-36] 참조). 지도자와 아동 모두에게 만족스러운 소통이었다.

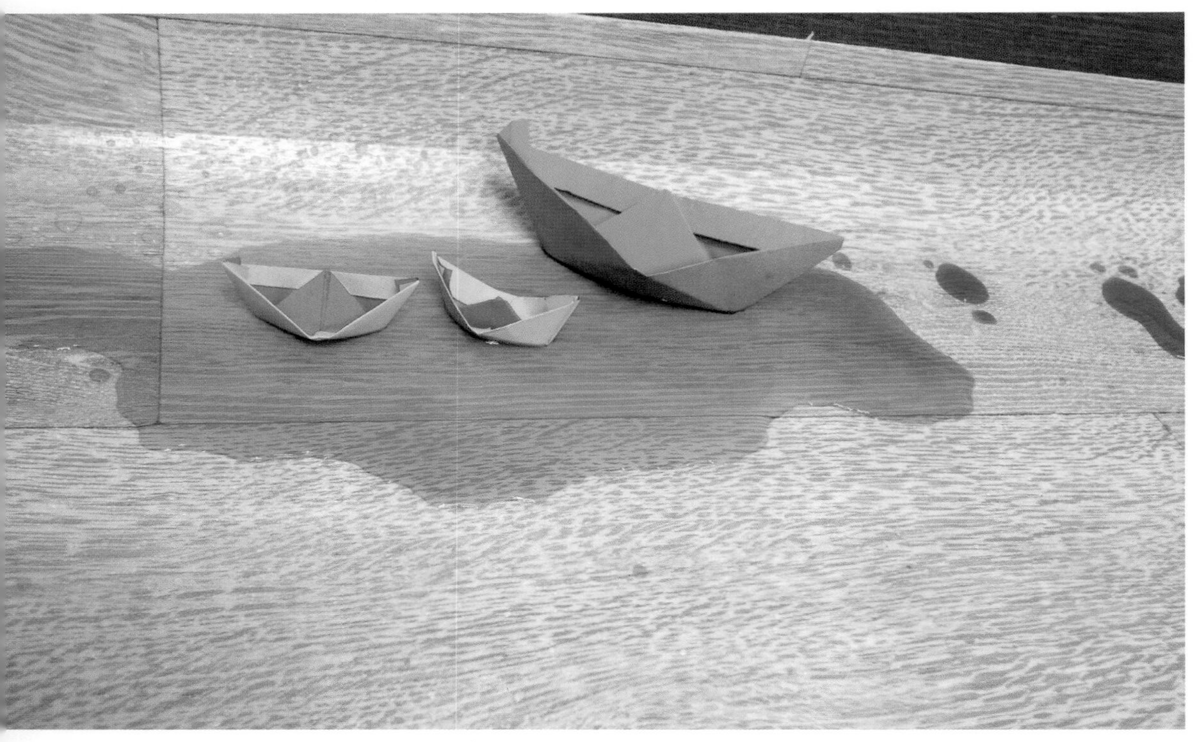

[그림 3-36] 쏟아진 물로 시도된 종이배 접기의 기억

종이 탐색

[그림 3-37] 종이가 만든 공간 탐색

[그림 3-38] 종이가 만든 공간이 주는 의미

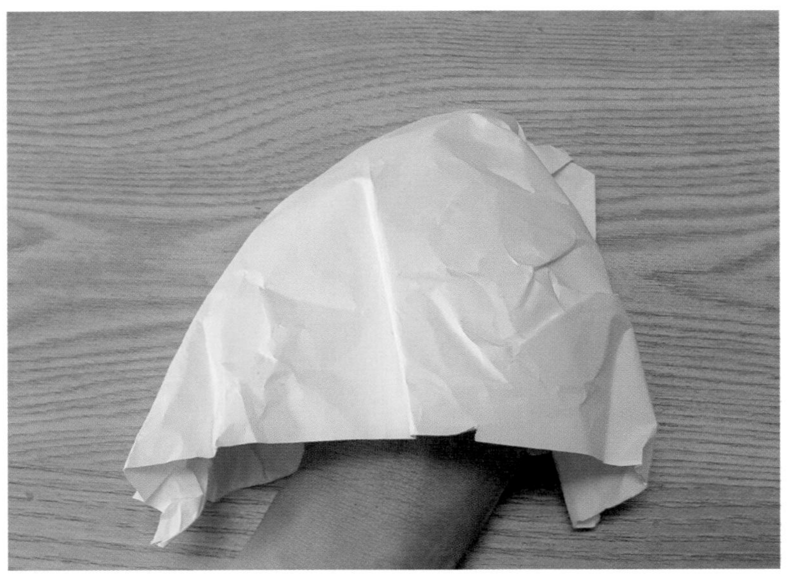

[그림 3-39] 주먹 감싸기로 만든 작은 공간 동굴

[그림 3-40] 공간의 의미가 창조한 몸 전체를 감싸서 만든 종이 동굴

PART 4

점토

Understanding of Art Materials

점토는 유연성과 응집력으로 현실과 실체의 느낌을 전달한다. 영혼의 가장 깊은 곳을 건드리면서 금지되거나 억압된 정서가 표현될 수 있다.

1. 이해의 틀

점토는 부드럽고 찰진 흙으로, 덩어리 상태로 있기 때문에 3차원의 입체작품을 만들기에 매우 적합한 소재이다. 점토는 인류의 발생과 더불어 고대에서 현대까지 인간의 생활이나 정서에 밀착되어 중요한 사회적 기능을 하고 있으며, 인류 문화의 발달과 함께 성장해 온 가장 오래된 예술매체 중 하나이다. 덩어리이며 무르고 부드러워서 유 · 아동이나 노인들에게도 접근성이 높고, 다른 매체와 함께 사용하여 여러 가지 파생되는 활동을 할 수 있다.

현대에는 흙뿐만 아니라 많은 종류의 인공점토가 서로 다른 성분으로 생산되고 있다. 인공점토는 구성되는 주성분에 따라 크게 흙, 종이, 기름, 수지, 밀가루, 나무 등으로 나눌 수 있다.

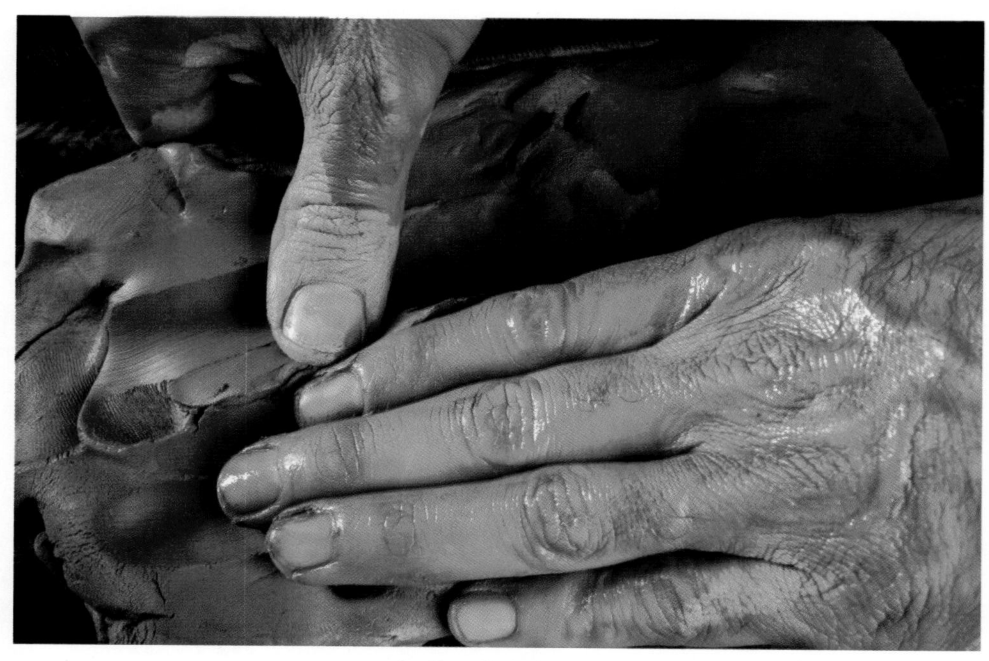

[그림 4-1] 점토의 느낌

2. 더 이해하기

일반적으로 매체들은 포장이나 용기에 그 성분을 안내하고 있어 매체의 명칭을 통해 그 특징을 유추할 수도 있다. 포장이나 용기, 명칭을 통해 매체에 대해 미리 유추하는 것은 매체의 역사와 만든 사람의 의도, 그리고 매체의 기본 성질을 포함하여 알아가는 것으로 넓은 범위의 매체에 대한 정보를 얻고, 지금까지 매체를 사용하던 방식을 새로운 눈으로 볼 수 있게 한다. 매체에 대한 기본적인 정보는 가장 변하지 않는 핵심적인 요소를 바탕으로 새로운 사고를 만들어 창의적으로 그 매체를 사용할 수 있게 돕는다. 특징, 제조자의 의도, 역사 등을 고려하여 매체의 이름 등 기본 정보가 결정되기 때문이다.

흙점토는 주로 작은 알갱이로 이루어진 퇴적물로, 부드럽고 찰지다. 무엇보다 자연 소재로, 우리가 아는 가장 자연과 가까운 매체이다. 다양한 색은 없지만 흙에 포함된 성분이 달라 성분에 따라 구웠을 때 매우 다른 성질의 도자기가 되기도 한다.

종이점토는 지점토, 종이죽류의 점토인데, 굽거나 열을 가할 필요 없이 자연 상태에서 굳히거나 건조시키면 된다. 종이의 성질로 매우 가볍다. 종이의 성분인 섬유질, 접착제를 첨가해 접착력이 좋으며, 마르면 강도가 좋은 편이나 물에 들어가면 풀어지는 종이 섬유의 특징으로 물에 약하고 늘어나지 않으며 잘 끊어진다.

유토는 마르거나 갈라지지 않으며, 공기 중에 장시간 두어도 굳지 않아 반복하여 사용할 수 있다. 입자가 곱고 매끄러워서 복잡하고 세밀한 작업이 가능하다. 최근에는 고무 성분이 아닌 쌀과 전분을 혼합한 곡물 원료의 유성 점토도 많이 생산되고 있다. 유성이므로 물에 녹일 수 없다.

수지점토는 기존 점토들의 불편성을 해소하기 위해 수지를 원료로 만든 합성 제품으로, 부드럽고 가벼우며, 색상이 밝고 선명하다. 작품을 만들고 나면 마르면서 거의 갈라지지 않으며, 실온에서 자연 건조된다. 고탄성 재료, 고밀도 입자로 구성되어 있어서 촉감이 대단히 부드럽고 말랑말랑하다. 접착제를 사용하지 않아도 서로 잘 붙고, 보관 시 잘 변질되지 않는다. 물에 삶거나 오븐에 구우면 지우개가 되기도 하는 특성을 가진 요술점토,[1] 아이클레이 등이 여기에 속한다.

3. 이해의 틀 넓히기

옛날에는 점토의 종류가 다양하지 않았고, 점성이 있는 입자가 작은 흙을 자연에서 채취하여 사용하였다. 그러나 현대에는 점토의 의미가 확대되어 밀가루, 기름, 수지, 나무 등의 재료를 활용한 매우 다양한 점토가 사용되고 있다.

나무점토는 톱밥을 뭉쳐서 접착 물질을 혼합하여 점토의 성질을 가지도록 만들었기 때문에 나무와 점토의 성질을 동시에 가지며, 굳은 후에는 나무처럼 깎거나 조각할 수 있다. 그래서 나무점토로 흑연심을 감싸 연필을 만들 수 있고, 건조 후 실제로 깎아서 사용할 수 있는 연필이 된다. 나무점토로 연필을 만드는 활동은 매체의 특성상 매

[그림 4-2] 나무점토와 활용

1) 이 책의 2장 '지우개'에 소개하였다.

우 자연스러운 연결이다([그림 4-2] 참조).

금속점토는 금속 분말과 바인더를 결합하여 만든 점토로, 원하는 모양을 빚은 다음에 열로 구워 주면 금속 공예품이 나오게 된다. 대표적으로 은점토, 동점토, 금점토가 있다.

[그림 4-3] 은점토와 작품
출처: Cooksongold 홈페이지.

금속점토는 모양을 성형하기 어려운 금속의 단단한 성질을 전 단계로 되돌려서 우리가 가진 기존 금속의 성질에 대한 고정관념을 깨고, 구부리기, 자르기, 무늬 넣기가 가능해서 특별한 기술이 필요한 금속 성형의 높은 턱을 넘어서게 했다. 열처리 후에는 금속 제품의 특징인 반영구성을 가지지만 만드는 과정은 특별한 기술 없이 점토와 비슷한 맥락으로 접근하면 된다([그림 4-3] 참조).

밀가루점토는 식용인 밀가루로 사용자가 직접 만들 수 있다. 직접 제작하므로 화학물질이 포함되지 않게 제작할 수 있다. 사용자가 밀가루가 반죽되는 과정을 직접 체험하게 할 수도 있다. 탄성 때문에 성형이 어려우므로 섬세한 작업은 지양해야 한다. 건조 시간이 빨라 사용에 유의해야 하는데, 이때 식용 오일을 약간 섞으면 너무 빠른 건조를 막을 수 있다. 식용색소나 채소 물을 사용하여 색을 만들 수도 있다. 전체 제작 과정이나 색 만들기 등이 특별한 경험이 될 수 있어 제작 과정 자체를 수업이나 프로그램으로 계획할 수 있다.

모래점토는 모래와 점토의 특성을 결합한 매체이다. 모래점토는 모래 작업이 필요한 사용자들에게 모래와 비슷한 효과를 주며 점성이 있어 모래보다 다루기가 쉽다.

모래는 알갱이로 특징지으며, 점성이 없어서 점토처럼 붙이기나 안정적인 쌓기에 사용할 수 없다. 그러나 물에 젖은 모래는 물이 마르기 전까지 그 형태를 유지할 수 있으며, 쌓아 올리는 입체 작업도 가능하다. 이러한 모래의 특징을 반영하여 만들어진 모래점토는 모래의 촉감을 가지면서도 모래의 건조함을 보완하여 활동 시 모래와 흡사한 느낌과 감정을 전해 준다. 여전히 흩어지는 모래의 특징을 가지고 있기 때문에 통제성이 낮으며 심리적 퇴행을 유발한다. 따라서 지도자는 의도적인 퇴행을 유도하여 사용자를 이완시킬 수 있다.

실내에서 모래놀이를 하기에는 많은 불편이 따른다. 모래의 낮은 통제성은 진행자나 참여자 모두에게 작업을 꺼리는 이유가 될 수 있다. 그래서 실내에서 모래 작업을 할 때 모래 상자나 미술 매트 같은 틀이 필요하다([그림 4-4] 참조).

[그림 4-4] 모래의 성질을 가지고 점토처럼 사용이 가능한 모래점토
출처: 스노우키즈 홈페이지.

폼클레이는 스티로폼 알갱이가 포함된 수지점토이다. 이 점토의 핵심은 알갱이이다. 이 알갱이는 점토의 성질을 튼튼하게 만든다. 점토 안에 포함된 스티로폼 알갱이는 점토의 형태를 유지하여 덩어리를 만들기 쉽도록 돕는다.

점토의 무게와 점성 때문에 점토로 입체를 만들어 세우기가 쉽지 않고, 점토의 수분이 마르고 난 후에는 부러지기가 쉬워 때로 좌절감의 원인이 되기도 한다. 점토의 약한 부분을 보완하기 위해서 나무나 철 등의 뼈대를 사용하게 되는데, 폼클레이의 알갱이는 이런 뼈대와 같이 형태가 유지되도록 돕는 역할을 한다.

[그림 4-5] 알갱이의 촉감 폼플레이

또한 알갱이는 치료에서 매우 중요한 부분인 촉감 자극의 역할을 한다. 점토를 만졌을 때 손의 감각에 전달되는 몇 가지 촉감은 사용자의 산만한 사고를 잠시 정지시키고, 그 구분되는 자극들의 감각에 반응하도록 한다. 점토의 느낌 안에서 손끝에 느껴지는 자극을 즐기며 따라갈 수 있다([그림 4-5] 참조).

점핑클레이는 접착력이 매우 좋아 붙이기 쉽고, 마르면서 거의 갈라지지 않는다. 합성 플라스틱으로 건조 후 가볍고, 통통 튀는 성질을 띤다. 그래서 공처럼 튀는 물건을 만들 수 있다. 다른 점토에 비해 가볍기 때문에 성형이 쉬워 노인이나 어린이들도 쉽게 사용할 수 있다. 특히 선명한 발색으로 경쾌한 느낌을 주고, 색상 호환이 뛰어나 색 혼합 시 원하는 색을 쉽게 얻을 수 있다([그림 4-6] 참조).

[그림 4-6] 점핑클레이와 활용

폴리머클레이는 폴리염화비닐(PVC) 기반의 점토이다. 굳히기 위해서 오븐으로 가열하는 과정을 거치기 때문에 오븐점토라고도 부른다. 다른 점토들처럼 손이나 도구를 사용하여 원하는 작업을 만든 뒤 오븐에서 135° 정도로 가열하면 단단한 플라스틱 재질의 작품을 얻을 수 있다.

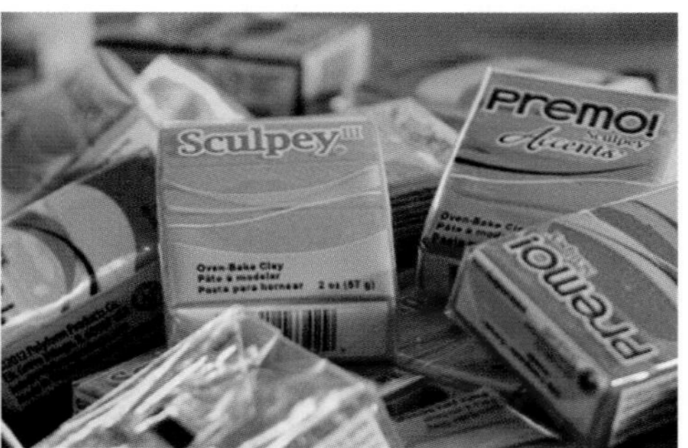

[그림 4-7] 폴리머클레이와 정교한 사용

폴리머클레이는 굽기 전까지는 수정이 가능하다. 밀봉 없이 실온에 두어도 굳지 않기 때문에 시간의 영향을 받지 않는다. 굽는 과정을 통해 플라스틱처럼 물에 강하고 단단한 물질이 되기 때문에 폴리머클레이로 액세서리 등의 물건을 만들어 사용하는 것이 가능하다. 완성도를 높이는 작업이 필요한 사용자들에게 적절히 사용할 수 있다([그림 4-7] 참조).

크림도우는 일반 점토의 상태와 다르게 크림의 농도로 만들어져서 크림처럼 짜기 형태로 사용할 수 있다. 점토에 부정적인 반응이 있는 사용자들에게는 안정적으로 점토를 느껴 볼 수 있는 대안이 될 수 있다. 또한 변화를 싫어하거나 새로운 시도가 어려운 아동이나 새로운 자극이 필요한 사용자들에게, 그리고 단계적 매체 사용이 필요한 상황에 좋은 효과를 줄 수 있다([그림 4-8] 참조).

[그림 4-8] 생크림 같은 느낌의 크림도우

출처: 도너랜드 홈페이지.

솝 클레이와 **쿠키 클레이**는 다양성의 측면에서 반가운 매체이다. **솝 클레이**는 비누를 만드는 복잡한 과정을 생략하고 점토 활동으로 간편하게 원하는 모양의 비누를 만들어 사용할 수 있는 제품이다. 자신이 사용할 비누를 직접 만

[그림 4-9] 솝 클레이

출처: 꼬메빔보 홈페이지.

들어서 사용하는 경험을 할 수 있고, 숍 클레이가 가지는 새로운 매체 감각을 경험할 수도 있다([그림 4-9] 참조).

쿠키 클레이는 쿠키를 만들도록 반죽된 도우를 점토 형태로 판매하는 제품인데, 점토처럼 쿠키를 만든 후 오븐이나 에어프라이어에 구워서 먹을 수 있도록 만들어졌다. 질감이나 제작 과정은 밀가루 점토와 흡사하지만 먹을 수 있다는 것이 큰 차이를 만든다. 먹어야 하므로 과정의 청결함이 필수일 것이다.

미술 작업에서는 시각 이외에 청각, 후각, 촉각 등 4가지의 감각을 자극하는 작업이 가능하지만 맛, 즉 미각을 경험하는 것은 힘든 일로 느껴지는데, **쿠키 도우를 활용**한 작업은 충분히 미술적이면서 미각을 포함하는 오감 활용 작업이 될 수 있다.

쿠키 클레이는 쿠키를 만들고 굽는 과정에 포함된 모양, 색, 냄새, 촉감, 소리, 맛으로 정서적 위로가 필요한 사람이나 섭식 문제가 있는 사용자들에게도 적용하기 좋을

[그림 4-10] 쿠키 클레이

출처: 이홈베이킹 홈페이지.

것이다. 숍 클레이와 쿠키 클레이는 바로 작업에 들어갈 수 있도록 시판되는 반제품으로, 필요에 따라 적절하게 진행한다면 짧은 시간에 완성도 높은 효과를 얻기에 좋은 제품이다.

[그림 4-11] 다양한 점토의 사용

4. 경험 혹은 기억

[그림 4-12] 어떤 점토 경험
출처: 도너랜드 홈페이지.

점토 활동에서의 경험은 낯설음과 선호도 확인, 오감을 활용한 탐색, 실패의 경험과 재시도를 통한 문제해결 능력 향상의 드라마를 만들 수 있다.

자신이 아주 오래전 점토를 사용했던 경험을 떠올려 보자. 그 경험이 손 안에서 부드러우며 촉촉한 점토를 느끼는 유쾌한 경험인지 혹은 질척하고 끈적한 불쾌한 기억인지 떠올려 보자. 점토에 대한 어떤 기억이 떠오르는가?

점토 활동에서 즐거운 혹은 좌절된 기억이 있는가?

유 · 아동기에는 3차원적 입체 사고가 완성되지 않았기 때문에 점토의 입체감을 온전히 다루기가 어렵다. 그렇기 때문에 유 · 아동기의 초기 점토 작업은 입체로 세우는 것([그림 4-12] 참조)이 아닌 종이 위의 그림처럼 평면적인 작업이 된다([그림 4-13] 참조). 입체 발달이 완성되지 않은 아동은 세운다는 생각을 할 수 없거나, 세우고 싶지만 세울 수가 없다. 그래서 음식과 쿠키 만들기는 전도식기 아동이 좋아하는 소재이며, 발달 단계에 맞는 적절한 시도이다. 같은 이유로 서 있는 동물이 아닌 애벌레나 뱀 등 세우지 않아도 되는 소재들은 유 · 아동이 큰 갈등 없이 만들 수 있어서 쉽게 선택되는 소재이다.

[그림 4-13] 반입체 사람

[그림 4-14]는 아동이 만든 자동차이다. 3차원이

[그림 4-14] 아동이 만든 평면 자동차

아닌 평면으로 제작되었으며, 아동은 이것에 대해 실제감이 없다고 생각하지 않는다.

놀이처럼 접한 점토 활동은 유 · 아동에게 매우 다루기 쉬운 매체로 생각될 수 있지만 사실 점토는 작품을 완성하기에 매우 까다로운 매체이다. 붙이기, 세우기, 말리기 등에 대한 특정 지식과 적절한 보조 재료에 대한 정보도 필요하다. 만약 지도자가 점토 작업에서 점토만 제공하였을 때의 작업과 이쑤시개나 단추 등 적절한 부재료를 점토와 함께 제공하였을 때 작업([그림 4-17] 참조)의 진행 과정은 매우 달라질 것이다. [그림 4-16]과 같이 점토 작품이 마르면서 수분이 빠져나가 갈라지고 떨어져서 실망한 경험이 있다면, 다음에 다시 찰흙을 사용할 때 그 매체를 꺼리게 될 것이다. 적절한 부재료의 사용은 수분에 의해 수축되고 모양이 유지되지 않는 점토의 단점을 보완하며 작업의 과정을 도와 곤란을 줄인다. 점토 작업에서 지도자가 적절한 부재료를 제공하는 것은 점토에 대한 아동의 부정적 경험을 줄이고 점토 매체를 통제하는 방법을 익히도록 돕는다. 점토는 당신이 사용하고 싶은 매체인가? 그렇지 않다면 그것은 어떤 문제에서 비롯되었는가?

[그림 4-15] 공간이 아닌 세부 묘사에 집중한 유아의 반입체 점토 작업

[그림 4-16] 건조 후 갈라진 점토

[그림 4-17] 적절한 개입과 문제의 해결_이쑤시개와 점토

5. 확장 및 응용

점토는 과정을 더욱 사실적이고 구체적으로 현상화한다. [그림 4-18]은 대화처럼 주고받은 2인 점토 작업물이다. 점토의 색을 다르게 하여 두 사람의 작업을 구분했다.

집단 작업에서는 상호작용에서의 모방, 인정, 공감대 형성, 거부와 갈등의 상황, 물어보기, 알려 주기 같은 다양한 교류 현상이 일어난다.

[그림 4-18]은 이러한 과정에서 일어나는 여러 가지 현상을 흐름으로 보여 주고 있다. 사진에서 작업의 진행 과정을 읽을 수 있다. 이 점토 작업으로 한 사람의 시도에 따른 다른 한 사람의 반응은 어땠는지—갈등적인지, 상호협력적이었는지—알 수 있다. 만약 각각 자신의 세계만 고집하여 완전히 다른 두 개의 주제가 나왔다면 상호 교류는 이루어지지 않은 것이다.

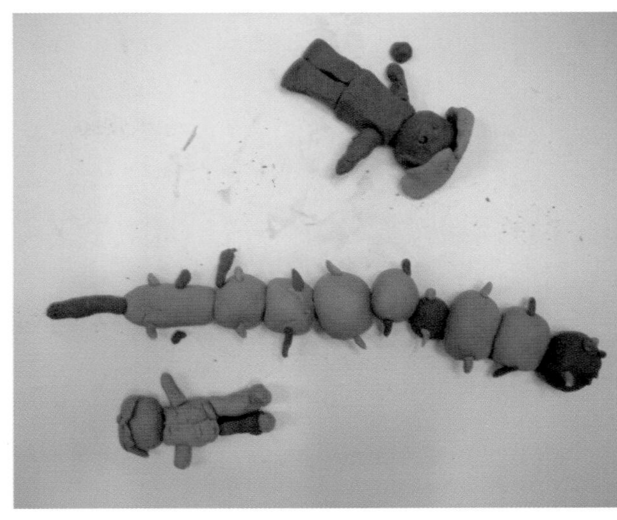

[그림 4-18] 2인 교류 작업물

[그림 4-19]는 각 개인의 작업이자 집단 작업이기도 하다. 4~5인의 그룹 작업으로, 각 개인의 고유성을 유지하면서도 집단의 역동으로 매

[그림 4-19] 집단에 소속되기와 집단에서 자신의 고유성 발견하기

[그림 4-20] 색 점토 놀이

우 큰 시너지 효과를 볼 수 있다. 개인의 작업을 완성한 뒤 모두의 의견을 모아 하나의 상차림이 되어 가는 과정은 집단에 속하는 과정이면서 집단 안에서 자신의 고유성을 확인하고 보여 줄 수 있는 경험이다.

지도자가 이 모든 점토의 특성과 사용자의 발달 단계를 이해하고 있다면, 일어날 수 있는 문제를 예상하고 해결을 위한 방법을 준비하여 점토 작업을 성공적으로 이끌 수 있다.

점토는 **유연성**과 **응집력**으로 현실과 실체의 느낌을 전달한다. 많은 양의 점토를 손 안에 가득 잡는 것은 손의 모든 감각을 느끼는 것이다. 혹은 맨발과 몸으로도 흙의 감각을 느끼도록 할 수 있다. [그림 4-22]와 같은 온몸 활동은 유토나 플라스틱 점토가 아닌 자연 재료인 찰흙으로 가능한 활동이다.

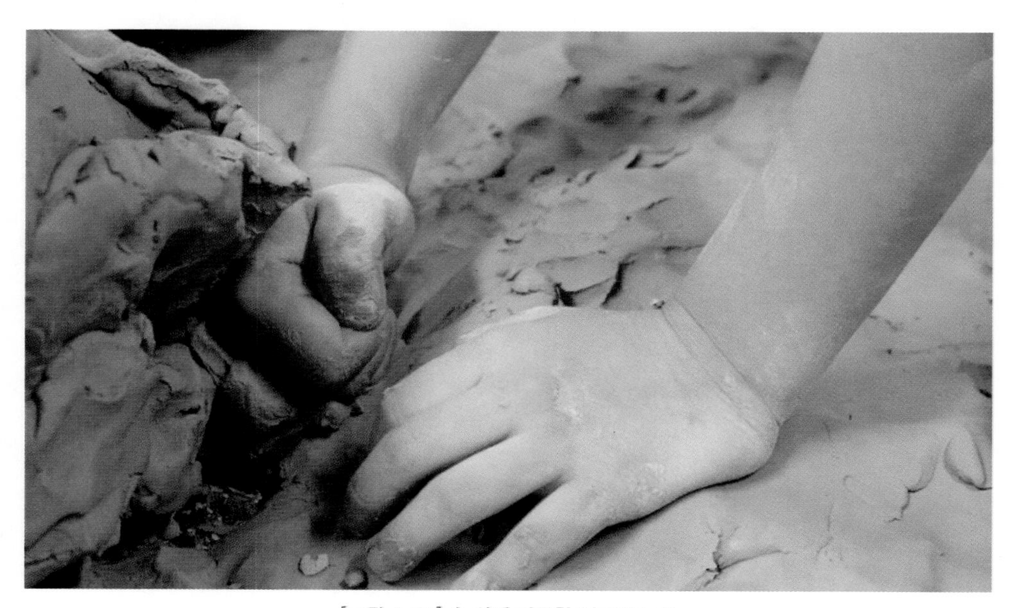

[그림 4-21] 손 안에 가득한 점토의 느낌

[그림 4-22] 온몸으로 느끼는 점토의 현실과 실제감

[그림 4-23] 평소와 다른 감각 사용하기

도자기용 점토로는 일상용품이나 장식품을 만들 수 있는데, 실물 제작 작업은 더욱 현실적이면서도 흥미로운 접근이 될 수 있다. 점토를 이용한 도자기 제작은 여러 가지 의미가 있다. 우리가 매일 사용하는 그릇이나 컵의 제작 과정을 경험하고 또한 내가 만든 점토 작품이 직접 사용할 수 있는 그릇이 되는 과정을 경험하는 것은 그릇에

[그림 4-24] 점토로 만든 실생활 용품

묽은 점토 다루기

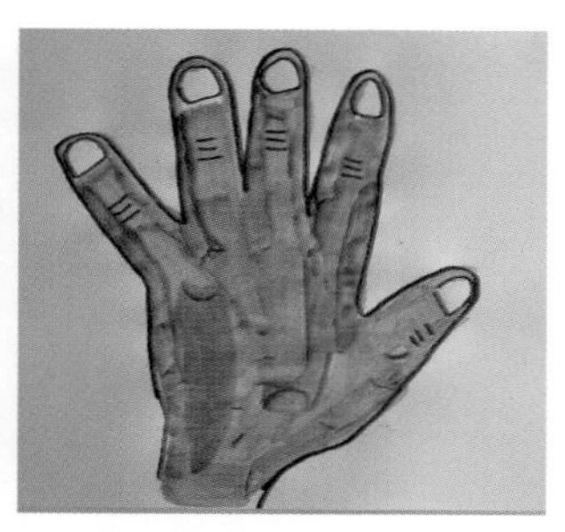

통제된 묽은 점토

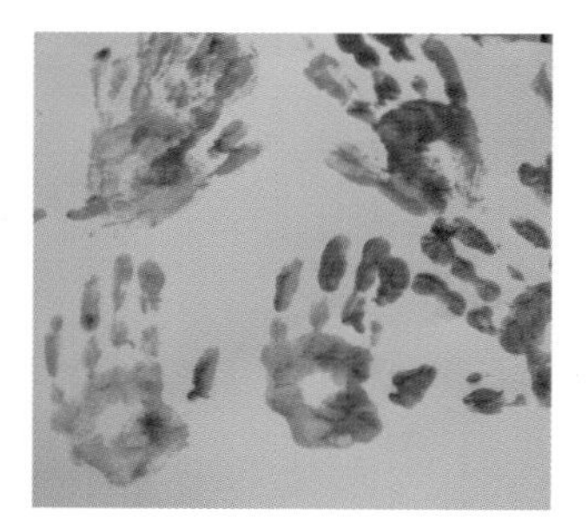

묽은 점토로 찍기

[그림 4-25] 묽은 점토의 통제성 경험

물이 추가될수록 점토의 통제성은 더 낮아진다. 통제성이 낮아진 묽은 점토는 입체 제작에 사용하기 힘들다. 그러므로 점토의 적절한 농도 조절은 점토 활동에 중요한 부분이다. 선으로 그린 손 모양 안에 묽은 점토를 칠하는 활동은 낮은 통제성을 조절하는 경험이다. 묽은 점토로는 입체 제작보다 칠하기나 찍기가 좋은 활동이 될 것이다.

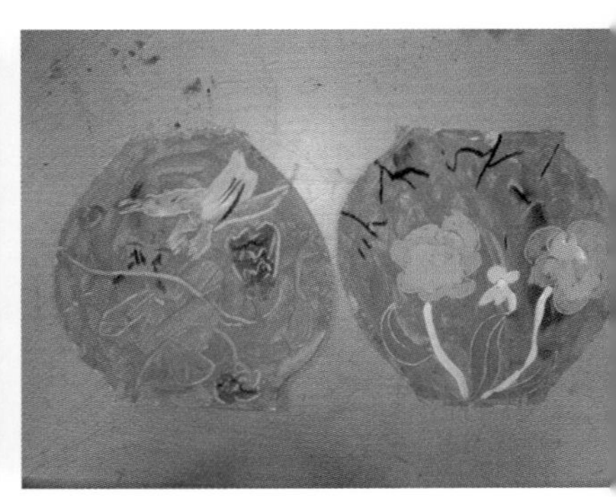

[그림 4-26] 고분벽화와 흙물감으로 그리기

대한 태도를 바꾸는 새로운 경험이다. 더불어 불을 사용한 점토의 변화 과정은 사용자들에게 매우 인상적인 경험이 될 것이다.

잘 짜여진 프로그램은 치료나 교육 등의 어떤 활동이라도 그 효과를 증대시킨다. [그림 4-26]과 같이 도자기 모양으로 자른 화지와 흙물감을 이질감 없이 어울리는 주제로 묶을 수 있을까? 흙에 물을 섞으면 너무 무른 상태가 되어 입체 작품을 만들 수 없지만 흙물 그리기 혹은 찍기 매체로 활용할 수 있다. 묽은 정도에 차이를 두면 여러 종류의 다른 느낌의 흙물감을 만들 수 있다. 이는 점토의 인식을 바꾸는 또다른 경험이 될 수 있다. 흙의 느낌을 가지고 있지만 덩어리감이 없어지면서 내가 알던 점토와는 전혀 다른 매체가 된다. 입체적인 흙이 평면 작업 매체로 변하는 과정이다.

[그림 4-27]은 흙으로 만든 도자기에 다르게 접근하는 활동이 될 수 있다. 3차원이 아닌 평면으로 도자기 모양과 무늬, 그리고 흙이라는 좁은 범위의 경험을 만든다. 사용 방법에 따라 매체는 문제를 해결하기도 하고 곤란을 유발하기도 한다. 매체와 프로그램의 합과 그 합의 적절성은 매우 중요하다. 그것이 치료나 교육적인 목표의 성패를 결정할 수 있기 때문이다.

자연물과 점토를 함께 사용하는 것은 매우 자연스럽다([그림 4-28] 참조). 두 가지 매체 모두 자연으로부터 얻은 것이기 때문에 이질감이 없다. 이질감이 없는 매체들의 혼합은 억지스럽지 않고 작품의 과정부터 결과까지 자연스럽게 좋은 결과물로 이

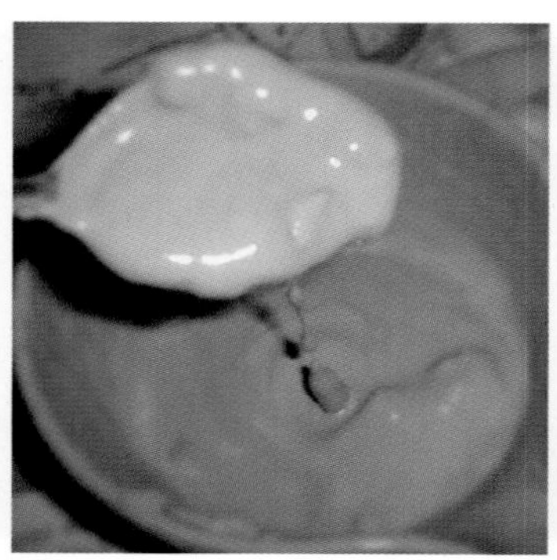

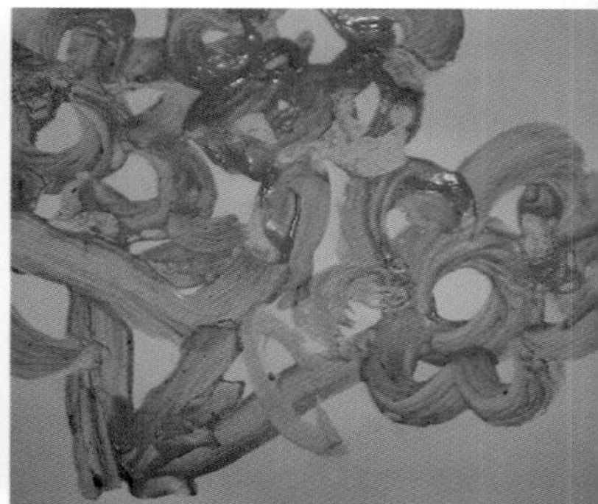

[그림 4-27] 흙물감과 흙물감 응용 그리기

어질 수 있다. 서로 잘 어울리지 않는 매체들을 결합하였을 때 작업은 진행 과정도 어렵지만, 그 결과도 만족스럽지 못할 것이다. 서로 잘 어울리는 매체를 사용하는 것은 치료와 교육의 기본이다.

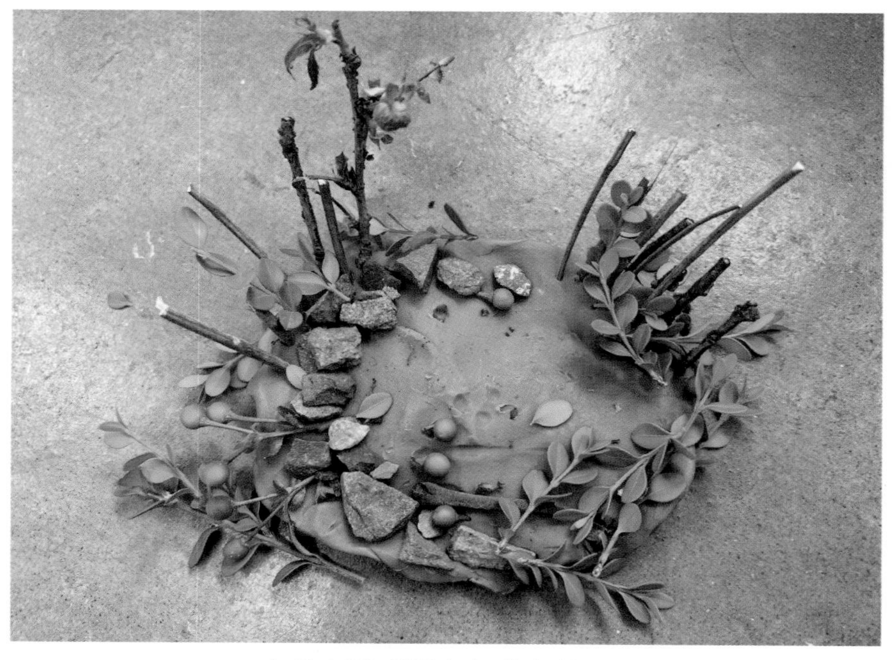

[그림 4-28] 자연물과 점토 함께 사용하기

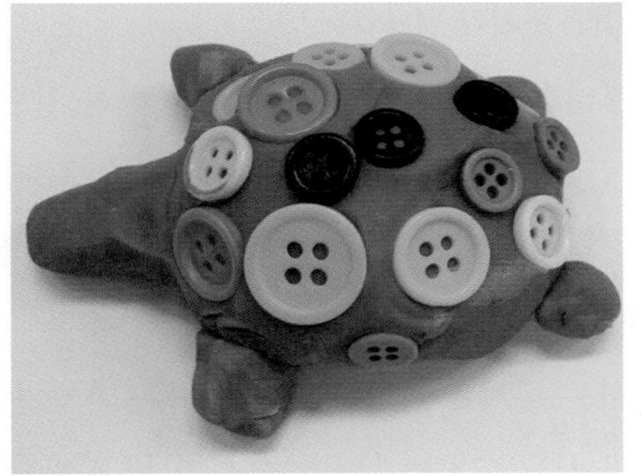
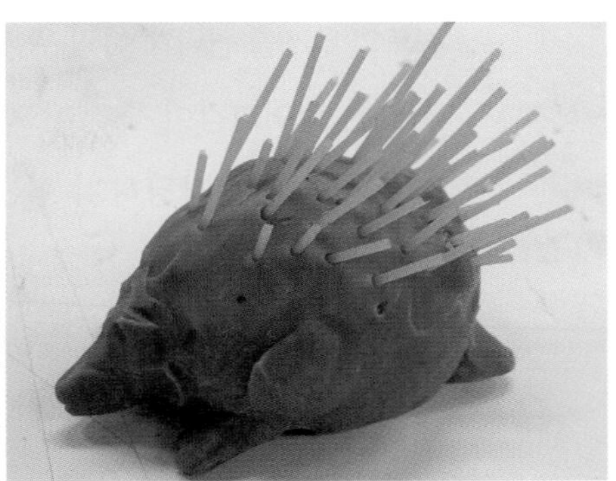

[그림 4-29] 점토와 함께 쓰는 매체의 어울림과 적절성 생각하기

[그림 4-29]에서 점토의 묵직한 느낌과 반짝이는 색색의 플라스틱 비즈들이 이질적이지만 왕관이라는 주제에 적절히 어울린다. 거북의 등이 된 플라스틱 단추는 거북의 딱딱한 등 느낌과 잘 맞다. 얇고 투명한 파스타로 만든 고슴도치의 가시가 현실감이 있다. 이 가시를 모두 몸통 부분과 같은 점토로 만든다면 어땠을까? 적절하고 어울리며 시너지가 되는 매체를 함께 사용하는 것이 매체의 궁합이다.

점토의 단점을 보완할 수 있는 매체를 적어 보자.

점토의 무게를 견디게 하기 위해 어떤 조치가 필요할까?

점토는 덩어리감이 특징이고 형태를 만들기에 쉽지만, 사용하는 양이 많아질수록 스스로의 무게를 감당하기 힘든 단점이 있다. 큰 작품을 만들 때는 무게를 지탱할 수 있는 장치가 필요하다. 무게 때문에 부러지거나 끊어지기 쉬우므로 수염이나 머리카락 같은 가늘고 얇은 것을 표현하기가 어렵다.

점토를 덩어리로 세우기 위해서는 무게를 견디게 해야 한다는 과제가 있다. 여기서는 지도자의 역할이 중요하다. 먼저, 지도자는 사용자들의 입체적 발달 과정을 이해하고 사용자들이 겪는 곤란에 대한 구체적인 해결 방안을 가지고 있어야 한다. 그리고 그들이 그 방법을 자신의 것으로 만들 수 있도록 도와야 한다.

사용자들이 공간 개념이 생기면서 작품을 세우고 싶어 하는 단계에 있다면 바로 그 단계에 맞는 도움이 있어야 한다. 일방적 주입에 의한 침범과 간섭이 아닌 적절한 도움이어야 한다. 사용자에게 이쑤시개나 나무젓가락 등 보조 재료를 함께 제공한다면, 사용자들은 별다른 가르침이 없이도 제공된 이쑤시개나 나무젓가락을 적절히 사용할 수 있다. 이것은 지도자의 준비이며 구체적 설명이 아닌 미리 보조 재료들을 세팅해 두는 것만으로도 전문적인 실행이 된다. 또한 사용 과정에서 적절한 순간을 포착할 수 있는 지도자의 예민함이 필요하다.

[그림 4-30] 점토 동물의 이빨, 수염, 무늬로 사용된 매체: 이쑤시개, 스팽글

[그림 4-30]의 동물 제작 작업에서 적절하지 않은 부분이 있는가? 이빨과 발톱으로 사용된 이쑤시개는 무른 점토에 끼우기 쉽고, 이빨과 발톱의 사실감도 잘 살렸다. 표범의 무늬로 사용된 스팽글은 점토에 붙이기 쉽고, 표범의 무늬로 이질감 없이 수용된다.

만약 동물의 이빨과 발톱을 강조하여 만들고 싶은 욕구가 있는 사용자가 모두 점토로만 작업해야 하는 상황이라면, 점토 성형의 모든 어려움을 제작 시 그대로 다 경험해야 할 것이다.

매체 사용에서 어떤 곤란을 만나면 그것을 극복하기 위한 시도가 필요하다. 함께 사용하는 매체들은 점토 사용의 곤란을 극복하기 위한 다양한 시도라고 할 수 있다.

치료에서 점토 작업은 작품의 예술성이나 완성도를 높이기보다는 과정에서 성장이나 교정을 목표로 한다. 그렇기 때문에 작업 과정에서 생길 수 있는 곤란의 순간에 대한 배려를 항상 염두에 두어야 한다.

[그림 4-31] 해결_점토로 만든 의자 (점토 덩어리와 이쑤시개)

매체의 곤란을 극복하기 위해서 그 매체의 단점을 보완할 다른 재료와 함께 사용해 보기를 권한다. [그림 4-31]은 가장 적절한 곳에 혼합 매체를 사용하여 점토를 보완하였다. [그림 4-32]와 [그림 4-33]은 점토가 온 원래의 자리인 자연에 놓음으로써 그 본질을 상기시킨다. 의도와 과정이 자연스러우며 미적이다. 사용의 어려움을 극복하는 방법과 매체의 곤란을 넘어서는 과정은 실제 사용자가 생활에서 경험하는 어려움을 극복하는 순간을 모의 경험하는 것과 같다. 성공의 경험이 모여 습관과 경향이 된다고 할 수 있을 것이다.

[그림 4-32] 점토 버섯

[그림 4-33] 점토로 만든 감의 모양과 무게

6. 치료적 의미

점토의 치료적 의미라고 함은 감각과 입체 작업에서 기인할 것이다. 만지는 대로 형태가 변하면서 의식 세계가 자연스럽게 표현되는 것은 점토만이 가지는 특성이다.

점토로 무언가를 만드는 과정은 점토에 대해 이해하고 조심스럽게 마주하며 그것을 다루는 일이다. 그 과정은 곧 치료가 될 수 있다.

점토 작품의 완성 과정은 감각으로 느끼고, 적절한 점성으로 반죽을 하여 빚고, 필요한 다른 재료들을 첨가하는 창조의 과정이다. Henley(2002)는 점토의 치료적 효과에 대해 영혼의 가장 깊은 곳을 건드리면서 금지되거나 억압된 정서가 점토를 통해 표현되는 경우가 많다고 하였다. 만지는 순간부터 시작되는 점토 작업은 그 감각을 상기시키며 안정 속에서 적절한 활동으로 이끈다면 무엇보다 치료와 교육의 목표에 효과적인 매체라고 할 수 있다.

[그림 4-34] 성장을 유도하는 실물, 크기, 입체 작업

점토의 치유적 효과

- **이완 및 퇴행**을 촉진한다. 점토의 부드러운 촉감은 이완에 관여하며, 심리적 · 신체적 긴장감을 완화하여 즐거움과 친근감을 줄 수 있다. 뜯고, 주무르고, 던지는 등 점토를 조작하는 과정에서 자연스럽게 내적 긴장을 해소할 수 있고 부정적인 감정이 배출되기도 한다. 이를 통해 건설적으로 퇴행을 유발시킬 수도 있다.
- **정서적 안정감**을 가져온다. 흙을 만질 때 손 안에 가득 느껴지는 촉감은 마치 사람의 몸에 기대고, 몸을 만지는 듯한 안정감을 준다. 점토 활동과 관련된 연구들은 점토 활동이 불안 완화에 효과가 있는 것으로 보고하고 있다.
- **통합적 발달**을 돕는다. 점토의 점성과 무게감은 다양한 근육을 사용하도록 하며, 또한 근육의 힘을 키워 줄 수 있다. 두 손으로 주무르거나 뜯는 행위를 하다 보면 연결된 모든 감각이 자연스럽게 자극을 받게 된다. 세밀한 부분을 만들기 위해서는 손가락을 정교하게 사용해야 하기 때문에 소근육이 발달되면서 두뇌 활동을 도울 수 있다.

• **입체발달** 과정을 돕는다. 자신의 도식이 완성되기 전의 유・아동기에는 가로와 세로, 길이와 넓이의 개념을 비교적 자세히 가지지만 높이와 공간의 개념은 덜 발달되어 있다. 입체화가 진행되지 않았기 때문이다. 미술적 발달 단계에서 10세 이전의 아동은 입체적인 사고를 발달시켜 나가는 과정에 있다고 보는데, 이러한 발달적인 문제의 해결에 점토의 덩어리감은 도움을 줄 수 있다. 입체물 제작은 평면 작업보다 다차원적인 보완으로 발달에 도움을 준다. 또한 점토의 덩어리감은 사용자가 자연스럽게 입체를 제작하도록 이끈다.

[그림 4-35] 입체발달 돕기_평면 그림을 점토로 제작하기

- 점토는 **유기적**이고 **통합적인** 사고를 도울 수 있다. 점토는 다른 매체에 비해 신체와 접촉 면적이 넓기 때문에 그 감각은 더 체험적이다. 더 많은 감각으로 물질을 인식하여 유기적 사고를 돕는다. 또한 손 근육의 사용과 함께 미술 매체로서 조형 감각 능력을 길러 줄 수 있다. 점토의 입체감은 실제감으로 장난감처럼 놀이하기에 좋다.

〈점토 놀이〉

① '누가 더 길게 만들까?'–같은 양의 점토를 각각 나누어 주고 주어진 시간이 되면 누가 더 길게 만들었는지 점토의 길이를 잰다.

② '새알 더 많이 만들기'–같은 크기의 빈 그릇을 각각 나누어 주고 주어진 시간이 되면 누가 새알을 더 많이 만들었는지 가린다.

③ 보물 찾기–점토 덩어리 안에 숨겨둔 구슬 찾기 게임

게임은 짧은 시간에 유 · 아동의 집중력을 유도할 수 있는 좋은 방법이다. 점토로 구체적인 물성을 느낄 수 있어서 더 현실감을 느낄 수 있다. 참여자들은 게임을 위한 구체적인 방법을 스스로 찾는다. 이 과정에서 점토는 신체적 · 조형적 발달뿐 아니라 사회성을 발달시키는 데 도움을 준다. 지도자가 발달 단계를 자연스러운 과정으로 이해하고 있다면 점토라는 매체에 대한 안정적인 진행이 가능할 것이다.

- 점토는 **자존감**을 향상시키기에 좋은 매체가 될 수 있다. 점토 작업은 마르기 전에는 처음부터 다시 시작하거나 버릴 필요 없이 잘못된 곳을 부분 수정하는 것이 쉽기 때문에 좌절이나 위축감 없이 작업할 수 있다. 유 · 아동의 점토 활동의 목적은 완성에 두는 것이 아니라 완성에 대한 부담 없이 점토의 기본적인 특징을 이해하고 보조 도구와 함께 다룰 수 있게 함으로써 점토 활동 자체를 즐길 수 있도록 도와주는 것이라고 할 수 있다.

• 점토는 창의적인 경험과 사고를 돕는다. 원하는 형태로 자유롭게 변형이 가능한 점토의 가소성은 물, 톱밥, 모래 등의 혼합물과 함께 재료의 상태 자체를 변형할 수도 있으며, 납작하게 하기, 붙이기, 찢기, 덩어리로 만들기 등 소성 방법이 다양하고 자유롭다. 이처럼 다양한 변형이 가능하여 자신만의 방법으로 표현하기에 매우 좋은 매체이다. 장애 아동의 경우에는 창의성 향상보다는 모방 작업을 유도함으로써 지연된 발달을 도울 수 있다. 찰흙의 덩어리감은 실제감을 더 잘 느낄 수 있기 때문에 모방 욕구를 자극한다. 소조 활동 연구(김성민, 2009; 김지나, 2001; 정정순, 2003)에서는 자폐아동들이 자발적인 모방에 적극적으로 참여하려는 의지를 나타냈으며, 사회적 행동 향상, 저항의 감소, 심리적 안정 등의 공통된 연구 결과를 보고하였다.

[그림 4-36] 평면 사람과 서 있는 입체 사람

생각해 보기

이 활동에서 점토는 가장 적절한 시도였을까?

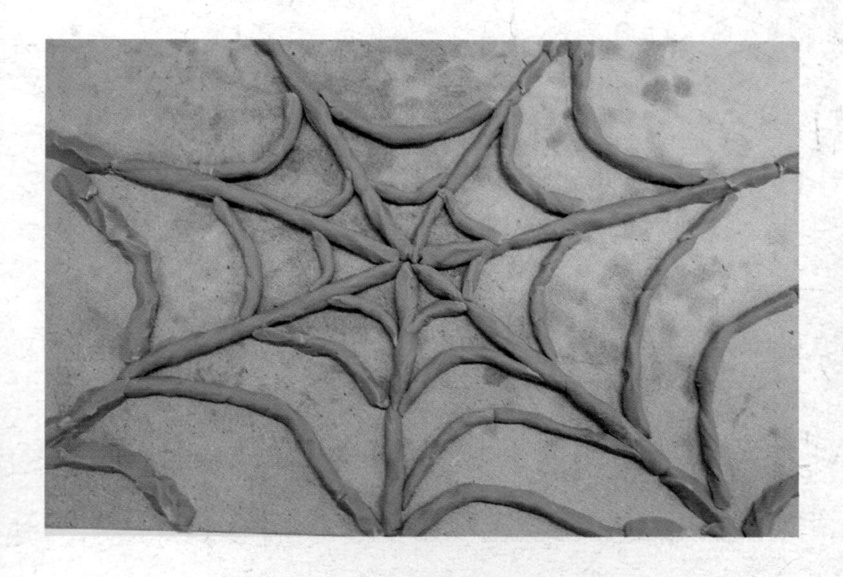

PART 5

색연필

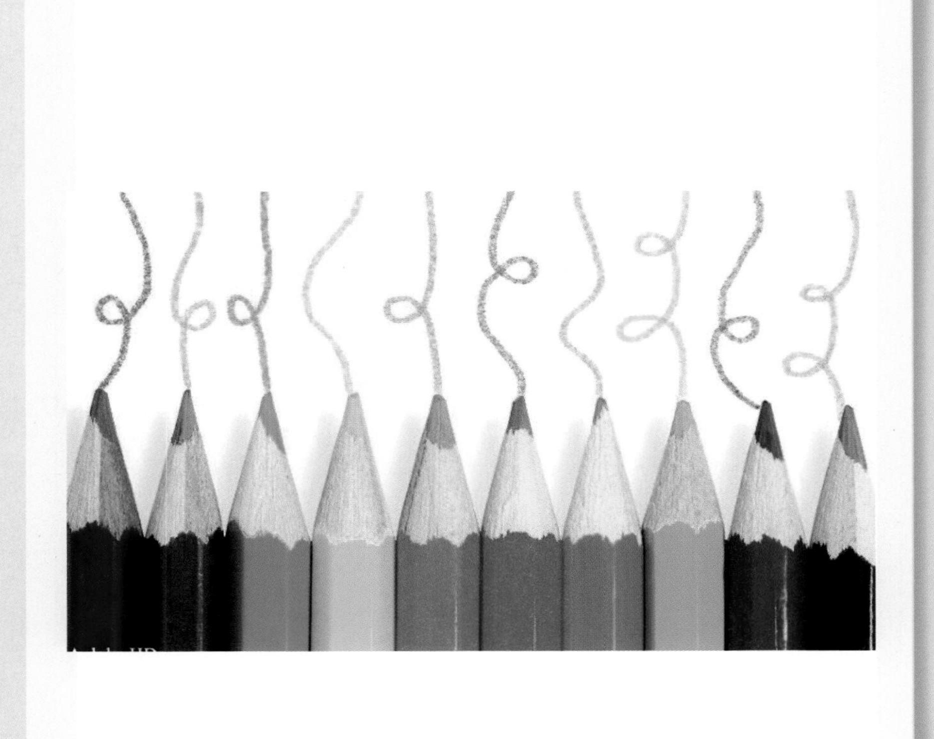

Understanding of Art Materials

색연필과 같이 사용자에게 익숙한 매체는 탐색 과정을 생략하고 바로 표현 과정을 적용시킬 수 있다. 작업에서 익숙한 매체를 사용하는 것은 매체에 대한 흥미를 줄어들게 할 수 있지만 긴장감 없이 편안하게 작업에 접근할 수 있으며, 매체를 탐색하는 시간을 줄이고 주제 표현에 더 집중할 수 있게 한다.

1. 이해의 틀

부드럽고 다양한 색감이 특징인 **색연필**은 크레파스처럼 파라핀과 색가루를 원료로 하지만, 모양이나 강도에 있어서는 연필과 더 가깝다. 크레파스 종류보다 심이 가늘고 단단하며, 연필처럼 뾰족하게 깎아서 사용할 수도 있기 때문에 세밀한 표현이 가능하다.

시판되는 색연필의 형태는 성분과 사용 방법에 따라 다음과 같이 세 종류로 나뉜다.

- **연필식 색연필**: 연필처럼 나무로 만들어져서 칼이나 기계로 깎아서 사용한다.
  연필처럼 가늘게 깎을 수 있어 세밀한 표현이 가능하다.

- **종이 색연필**: 심이 짧아지면 종이를 풀어 가며 사용하도록 만들어졌다.
  연필식보다 심이 두꺼워서 아주 세밀한 표현은 어렵다.
  샤프식 색연필보다 무른 편이어서 색이 더 선명하고 사용감이 부드럽다.

- **샤프식 색연필**: 플라스틱 안에 스프링 장치가 된 플라스틱 안의 심을 올려서 사용한다. 종이 색연필과 비슷하게 심이 두꺼워서 아주 세밀한 표현은 힘들다.
  종이 색연필보다 왁스 성분이 많아서 단단하고 손에 잘 묻지 않는다는 차이점이 있다.

연필식 색연필

종이 색연필

샤프식 색연필

[그림 5-1] 일반적인 세 종류의 색연필 제품

또한 색연필은 성질에 따라 **유성 색연필**과 **수성 색연필**로 나뉜다.

- **유성 색연필**: 안료, 파라핀, 밀랍 등을 열로 녹인 후 골고루 혼합하여 고형화시킨 것으로, 유성의 성질을 가지며 물과 기름의 반발 원리를 이용한 배수 표현이 가능하다.

- **수성 색연필**: 안료에 유화제, 글리세린, 아라비아고무 등을 혼합하여 고형화시켜서 만든다. 파라핀 기름을 뺀 **수성 색연필**은 색이 유성보다 연하고 수정하기에 쉬우며, 물을 만나면 안료의 일부가 물에 녹아서 색이 섞인다. 이러한 수성의 성질을 이용하여 번지기나 흘리기 같은 수채 기법을 표현할 수 있다.

[그림 5-2] 색연필 그림_『눈사람 아저씨』(레이먼드 브릭스, 2010, 마루벌)

Abt(2005)는 색연필 그림은 색채가 있지만 딱딱하고 불안정해 보이며 건조해 보이는 한편, 이 매체는 매우 섬세하고 집약적으로 공을 들이게 하며 분화된 그림이 되게 할 수 있다고 하였다. 성분, 성질 등으로 색연필의 특징을 종합해 봤을 때, 선묘와 채색에 모두 적절하며 연필처럼 통제력이 높고 오일 함량이 적어 딱딱하고 건조한 느낌을 주기도 하지만, 오일 함량이 적기 때문에 광택이 적어 채색 시 부드러운 느낌을 주므로 감정을 다루어 주는 매체로 사용되기도 한다.

2. 더 이해하기

색연필은 연필이나 사인펜보다 사용감이 부드럽고, 색깔을 구별하여 사용할 수 있어서 처음 연필을 잡는 아동들이 곡선이나 직선을 그리는 연습을 하는 데 사용하기에 좋다([그림 5-4] 참조).

또한 색연필의 부드러운 색과 사용감은 심리적으로 안정감을 줄 수 있다. 연필보다 대체로 굵은 심으로 만들어 사용면에 닿는 부분이 넓어 마찰력이 강해져서 연필을 사용할 때보다 좀 더 힘을 주어 사용해야 하기 때문에 소근육을 좀 더 사용할 수 있다. 굵고 미끄러지지 않는 사용감은 간접적으로 민감하고 섬세한 부분까지 묘사하도록 압박하지 않아서 비교적 편안하게 작업할 수 있다.

[그림 5-3] 샤프식 색연필의 심

종이 색연필과 샤프식 색연필의 심은 길고 강도가 약한 편이라서 색연필을 사용할

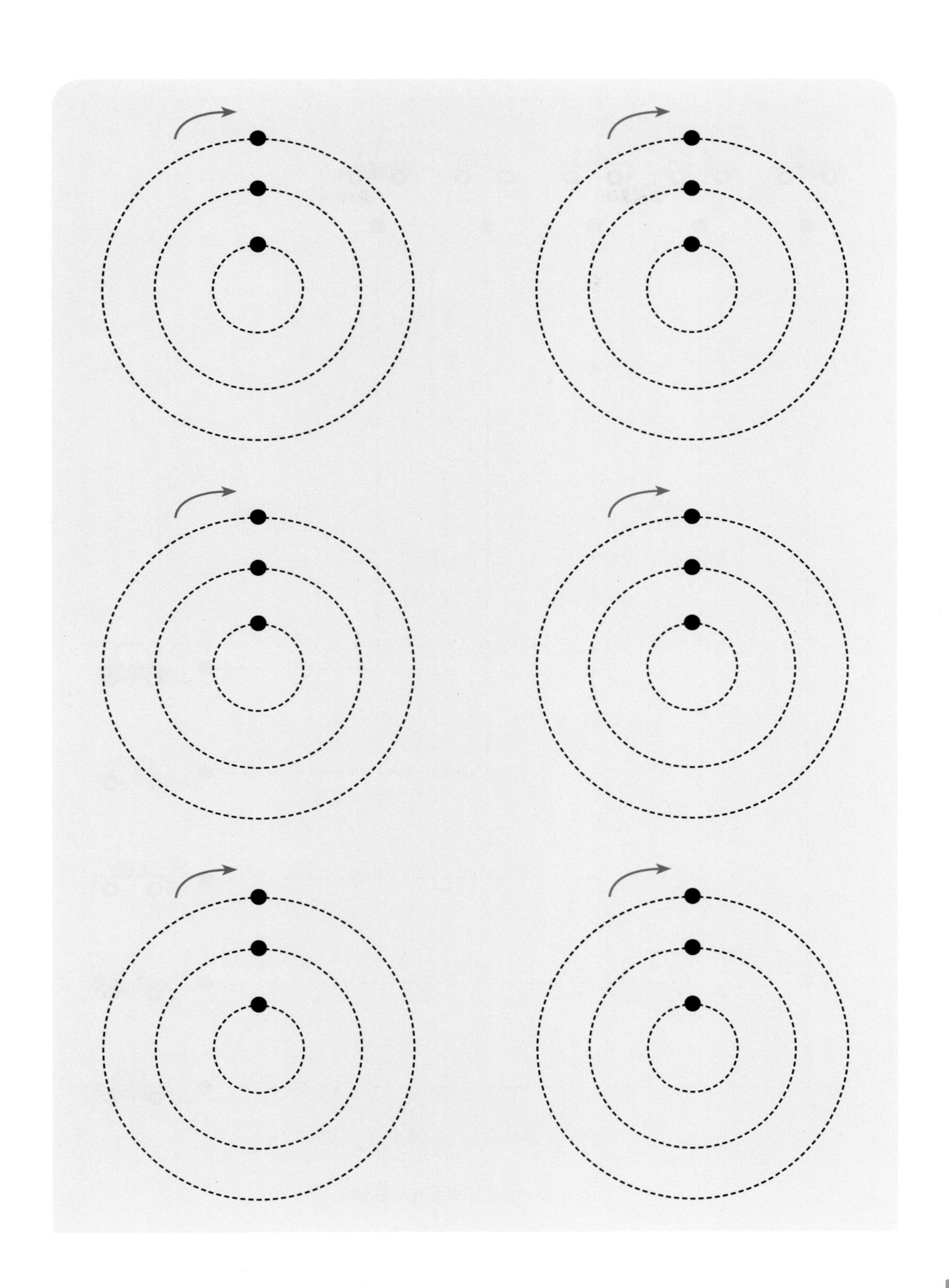

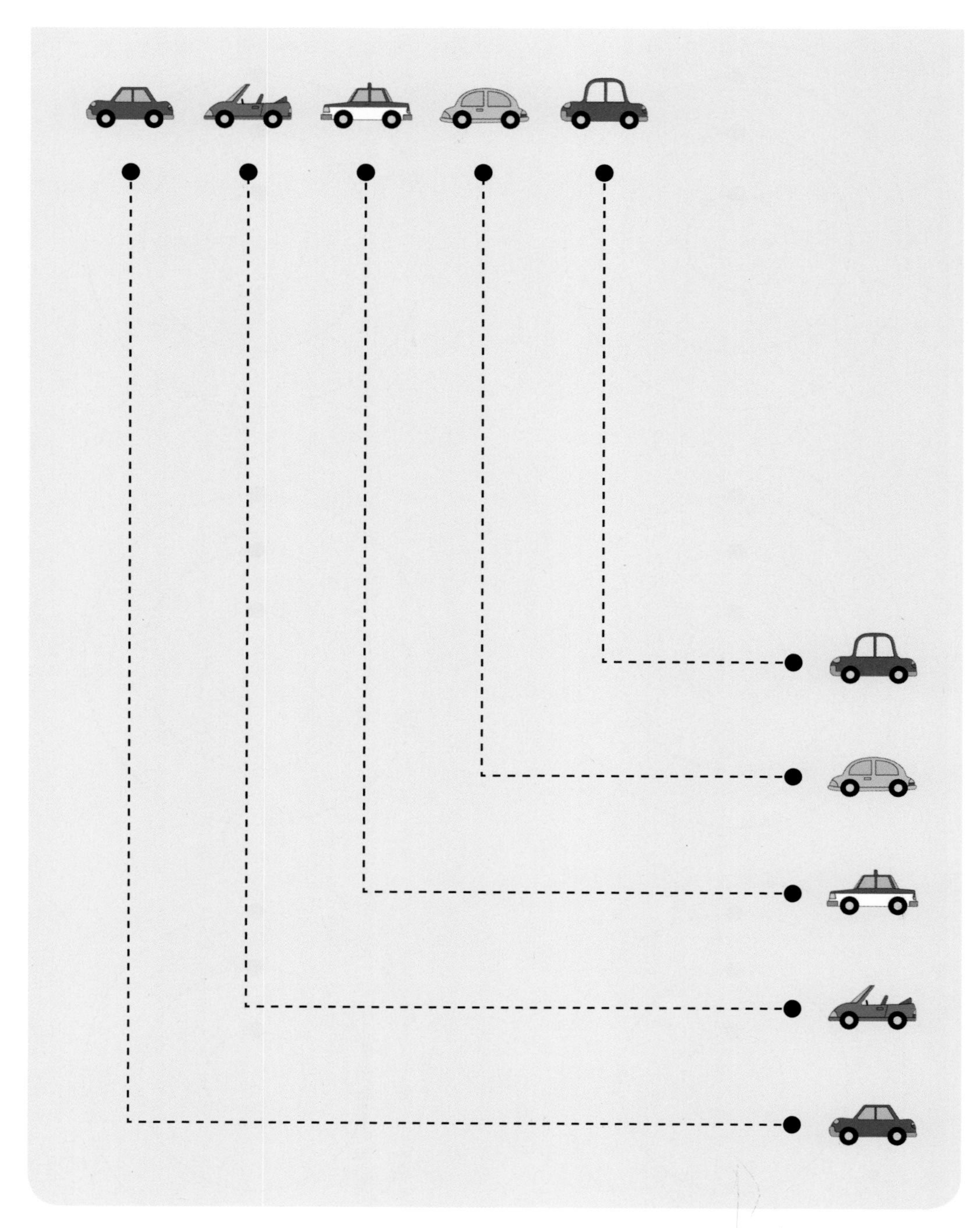

[그림 5-4] 선을 긋는 연습 용지(학습지)

때 호기심이 자극된 아이들이 종이 색연필의 종이를 한 번에 모두 풀어 버리거나 샤프식 색연필의 심을 끝까지 돌려 심을 길게 빼내어 부러뜨리는 경우가 종종 있다. 이 때문에 지도자가 아동에게 부정적 피드백을 주는 경우가 사용 장면에서 발생할 수 있다. 이 상황은 사용자와 지도자 모두에게 스트레스로 작용하는데, 사용자와 지도자 양측 모두를 돌보는 차원에서 이에 대한 지도자의 태도 결정이 필요하다. 예기치 않은 스트레스에 대응하기 위해 사용 전에 아동의 호기심을 해소할 수 있는 작업이 선행된다면 가능할 것이다. 예를 들어, 샤프식 색연필의 경우 '엄지손톱 길이만큼만 빼 보기' '누가 가장 짧게 뺄 수 있을까'와 같은 사전 게임은 아동이 샤프식 색연필에 익숙해지는 시간도 되고 치료사와 라포를 형성할 수 있으며 작업에 대한 흥미를 유발할 수도 있을 것이다.

시중에는 색연필을 사용하는 연령대와 필요성을 고려한 다양한 제품이 판매되고 있다. 일반적인 색연필은 막대 형태로, 연필 모양이다. 그런데 연필을 쥘 수 있을 만큼의 소근육이 발달되지 않은 사용자의 경우에 얇은 색연필을 잡는 것에서부터 어려움이 있을 수 있다. [그림 5-5]는 이러한 점을 고려하여 개발된 색연필로, 주먹으로 잡기 좋게 둥근 모양으로 만들어졌다.

[그림 5-5] 둥근 모양의 색연필

여러 가지 색으로 구성된 색연필 세트는 많은 색 때문에 부피가 크고 무거워서 휴대하기 힘든 문제가 있을 수 있다. 여러 색을 한 자루에 담아 간편하게 휴대할 수 있는 블록식 끼우기 색연필([그림 5-6] 참조)은 이러한 부분을 고려한 제품이다.

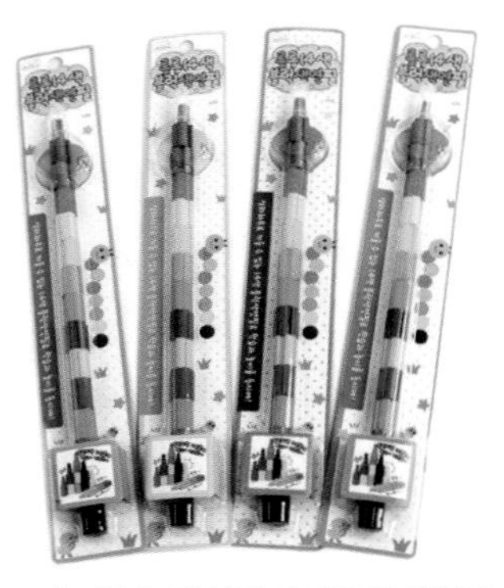
[그림 5-6] 블록식 끼우기 색연필

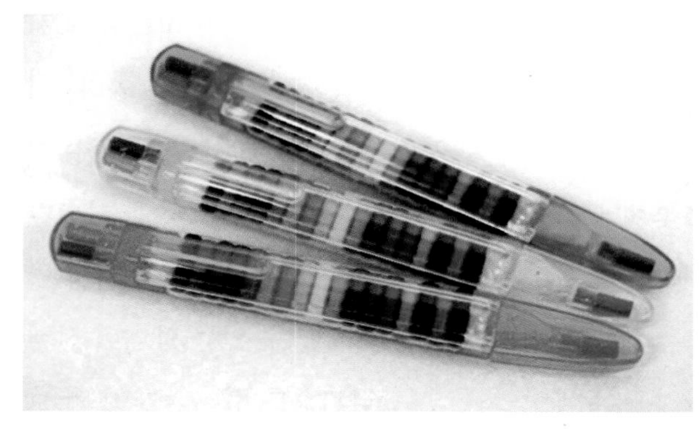

[그림 5-7] 심을 갈아 끼우는 색연필

판매되는 다양한 형태의 색연필들은 사용자들의 욕구를 충족하고 불편을 해소하기 위해 개발된 제품들이므로 가격과 모양, 성분 등에 따라 선택하여 사용하면 작업에서 갈등을 최소화할 대안이 될 것이다.

시중에는 500색의 색연필도 판매되고 있는데 너무 많은 색은 매우 주의를 기울이지 않으면 각 색의 차이를 구분하기가 힘들다.

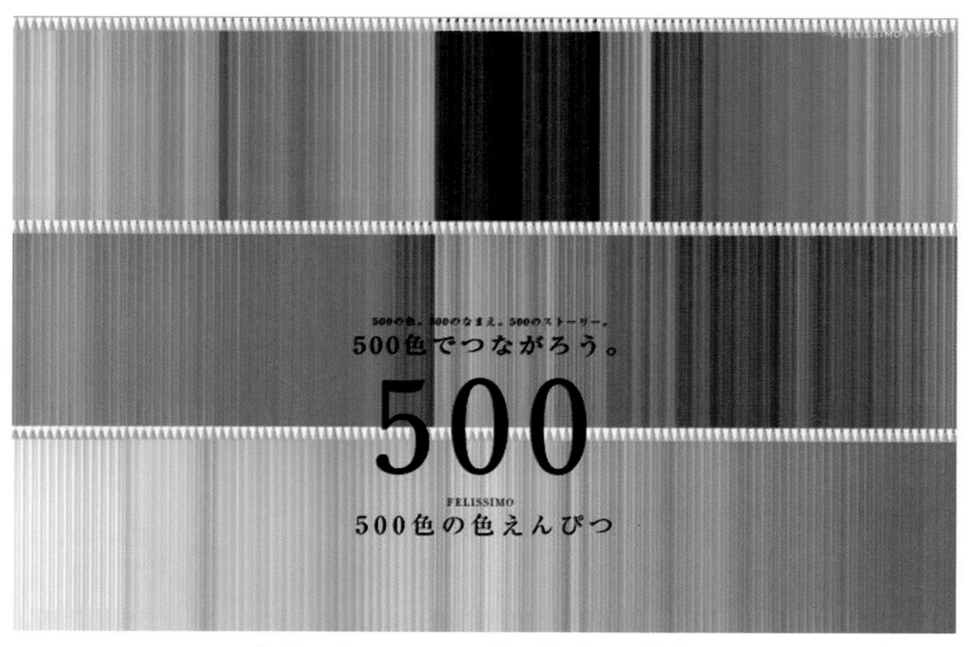

[그림 5-8] Tokyo Seeds_너무 많은 색으로 인한 혼돈

출처: FELLISSIMO 홈페이지.

발달 단계에 따른 색의 의미

미술 활동의 중요한 목표 중 하나는 예민한 분별력을 기를 수 있는 기회를 제공하는 것이다. 나뭇잎이 모두 같은 초록색이 아니라 모두 다른 초록색이라는 것을 미술 활동을 통해 알게 하는 것이다.

비슷한 계열색을 구별하는 것은 예민한 분별력과 관계가 있다. 그러나 시각적 발달이 완성되지 않은 유·아동, 혹은 발달 문제를 가진 사용자들에게 너무 많은 색은 오히려 혼란함을 준다.

로웬펠드는 아동의 미술 발달 단계에서 색의 발달에 대해 구분하였는데, 2~4세의 난화기에 색의 역할은 그저 흰색 바탕 도화지와 색으로 그린 자신의 표현을 구별할 수 있게 하는 것이다. 그러므로 난화기에 색은 도화지와 선명하게 대비를 이루는 것이 중요하다. 하얀색 도화지 위의 검은색, 초록색 칠판 위의 하얀색 분필이 그 예이다. 난화기 이후 시기인 이름을 붙이는 난화기(명명기)에도 자신의 그림에 이름을 붙이기는 하지만 그 그림에 특별한 내용이 표현되기보다 움직임에 의한 흔적에 더 가깝다. 이 시기의 미술 활동의 목표는 선과 형태를 창조하는 기회를 주고, 근육 운동과 손과 눈 등의 협응 능력을 발달시키며, 환경과 그림이 관계를 맺도록 하는 것이므로 색은 여전히 배경과 자신의 흔적을 구별하기 위해 필요하며, 따라서 선명함이 중요하다.

[그림 5-9] 신생아용 흑백 모빌
신생아의 시각 발달은 6개월이 지나야 일반인과 비슷한 입체시가 된다.

발달 단계에 따라 색의 영향과 사용 목적이 다르므로 3~5색, 8색, 12색 등으로 발달 단계에 따라 색의 수는 적절히 고려되어야 할 것이다. 사인펜, 색연필 등 시판되는 색의 매체가 보통 12색인데, 발달적 시점으로 볼 때 도식기 이전의 아동에게 12가지 이상의 색은 혼란을 줄 수 있으므로 12색 세트는 그 수가 적절하다고 할 수 있다.

시각 발달이 막 시작되는 신생아를 위한 흑백 모빌은 신생아의 시지각 발달 정도를 반영한 것이다. 선명한 흑백의 색은 신생아들의 시지각 발달을 자극한다. 자극은 발달을 촉진시킨다. 그래서 적절한 자극은 발달에서 매우 중요하다.

3. 이해의 틀 넓히기

[그림 5-10] 다양한 색의 사용 욕구가 생기는 시기의 아동을 위한 특별한 색

색상이 많으면 우선 사용자들의 흥미를 유발할 수 있지만 사용에는 스트레스를 준다. 시지각이 완전히 발달되지 않은 아동이 색을 인지하는 데에는 한계가 있기 때문이다.

2~4세의 난화기 유아에게 그리기는 근육 운동의 지각적 경험이기 때문에 색 경험은 중요하지 않으며, 한 가지 색으로도 충분하다.

난화기 말기는 의미에 따라 색을 구별하여 사용하기 시작할 시기이므로 3~5가지 정도의 굵은 채색 매체를 제공하는 것이 적절하다.

4~7세 무렵인 전도식기의 아동은 색의 사용을 즐거워하기 시작하므로 지금까지보다 더 많은 색을 경험해 볼 수 있는 기회를 제공하는 것이 좋다.

자신의 그림에서 대상에 맞는 상징적 색을 사용하고, 다양한 색을 통해 경험과 생각

[그림 5-11] 호기심을 자극하고 표현 욕구를 만족시키는 여러 가지 색

을 표현할 수 있는 7~9세의 도식기 아동들은 사실적 표현을 시작하므로 24색, 36색 등 사용자에게 적절한 색의 수를 갖추어야 한다.

사실적 표현 양상이 강해지는 9~11세경의 또래 집단기에는 **사실성**을 표현하고 싶은 욕구로 인해 더욱 구체적인 색에 대한 요구가 생길 수 있으므로 요구를 충족할 다양한 색이 포함된 매체를 준비하여야 한다.

합리적인 표현에 대한 관심이 커지는 11~13세의 의사실기에는 정서적인 반응을 색으로 표현할 수 있고, 색의 변화 효과도 표현할 수 있으므로 더 많은 종류의 색을 제공하여도 좋다. 정서를 표현하기 위한 특별한 색도 좋은 매개체가 된다([그림 5-11] 참조). 일반적인 발달 단계뿐 아니라 개인적인 발달을 고려하여 색이 준비되어야 함은 물론이다.

미술 시간에 종종 밝혀지는 색약 문제는 많은 색을 쓸 일이 없는 유아기에는 쉽게 드러나지 않기도 한다. 태어날 때부터 보아 오던 색이 다른 사람이 보는 색과 다르다는 것을 스스로 알 수 없기 때문이다. 때로 그들의 색약 증상은 개성적인 색 사용으로 보이기도 한다. 그래서 색약 증상은 유치원에서 색을 선택하는 활동 시간 중에 교사가 알게 되거나 더 나중에 초등학교에 가서야 알려지기도 한다.

우리가 일반적으로 사용하는 매체의 몸통에 인쇄된 빨강, 파랑, 초록 등의 색 이름만으로는 이름을 알 수 있을 뿐 색과 색의 관계를 이해할 수는 없다. VIARCO사의 색약용 색연필은 5개의 기호(╲, ◣, ◥, ▢, ▪)를 색연필 끝에 표시하여 색과 색의 관계에 대해 이해하고 사용하도록 만들어졌다.

초록색은 파랑을 나타내는 ◣와 노랑을 나타내는 ╲가 혼합되어 ◣╲가 된다. 색을 보는 것이 아니라 글자로 읽어야 하는 색각이상의 경우에는 색을 고르는 시간이 매우 곤욕일 것이다. 그러나 사회적으로 색각이상에 대한 배려는 거의 없다. 작은 시도는 큰 변화를 만든다. 이 색연필에는 특별한 장치가 있는 것이 아니라 만든 사람의 소수자인 색각이상자들을 배려하는 마음이 담겨 있다. 그들은 이 기호의 합으로 색을 문자로 기억하는 것이 아니라 색의 성질을 추론할 수 있다.

[그림 5-12] 색약용 색연필에 표시된 기호

[그림 5-13] VIARCO사의 색연필 색의 혼합 기호

4. 경험 혹은 기억

색연필은 어릴 때부터 우리에게 친숙한 도구이다. 어릴 때 색연필 통에 들어 있는 예쁜 색은 그림과 학습의 도구이면서 소유물, 선물, 수집품의 의미를 주었다. 새로 산 색연필은 예쁜 색이 가지런히 상자에 담겨 사용자들의 소유 욕구를 만족시키며 뚜껑을 열 때마다 아이들을 행복하게 했다. 어른이 된 지금도 온갖 색이 들어 있는 색연필 상자를 여는 것은 선물 상자를 여는 것 같은 즐거움을 가져다준다.

[그림 5-14] 예쁜 색연필

돌리면 나오는 색연필 심이 신기해서 끝까지 돌리다가 부러뜨리고, 종이 색연필의 실을 잡아당겨 종이를 풀었다가 심을 부러뜨린 기억은 누구나 가진 색연필에 대한 흔한 기억일 것이다.

색칠공부

어릴 때 색칠 공부 노트를 사면 색연필로 몇 시간이고 색칠을 하던 기억이 있을 것이다. 그때 인기 있는 캐릭터나 예쁜 도안이 그려진 색칠 공부 노트와 색연필은 따로 뗄 수 없는 기억이다.

크레파스는 세밀하게 그려진 도안을 칠하기에 너무 굵어서 알맞지 않았고, 또 무르기 때문에 채색을 하면 번지고 묻어나오기 쉬워 그림을 지저분하게 망쳐서 색칠 공부 노트의 예쁜 그림을 멋지게 칠하기에 적절하지 않았다.

그러나 색연필은 다양하고 부드러운 색감으로 캐릭터를 살아나게 했다. 섬세하게 인쇄된 주인공을 기분에 따라 색을 바꿔 가며 다양하게 칠할 수 있는 즐거움은 색연필만이 줄 수 있는 즐거움이었다.

[그림 5-15] 색칠하고 싶어지는 도안

빨간 색연필

선생님이 시험지를 채점할 때 사용하던 빨간색 색연필에 관한 기억도 있다. 흑백 프린트된 시험지 위에 칠해진 선명한 빨간색 색연필은 연필 답안에 대한 수정하기 힘든 명확한 표시가 되었다. 빨간색 색연필은 선생님과 시험지를 떠올리게 한다.

[그림 5-16] 빨간색 색연필

5. 확장 및 응용

[그림 5-17] 색연필 재생하기

오일파스텔과 같이 오일과 왁스 성분이 포함된 색연필은 녹여서 새로운 모양으로 재탄생시킬 수 있다. 매체의 특성을 알 수 있게 하고, 제작 과정을 경험할 뿐 아니라 창의적인 모양으로 매체를 재탄생시키고 재활용까지 가능한 매우 좋은 활동 방법이다.

색연필은 아동의 기초 작업이나 다른 미술 재료의 보조 재료로 인식되기 쉬우나 완성도 높은 작품 제작이 가능한 재료이다. 채색 후 부드러움과 온화함을 주는 고유의 느낌은 작품의 주제에 맞게 충분히 활용될 수 있다. 영국 작가 레이먼드

[그림 5-18] 쿠키 틀에 넣어 녹여 만든 재활용 색연필

[그림 5-19] 환상적인 꿈을 표현한 색연필의 느낌_애니메이션 〈눈사람(The Snowman)〉

브릭스(Raymond Briggs)의 동화가 원작인 애니메이션 〈눈사람(The Snowman)〉(Dianne Jackson 감독)은 색연필 특유의 따뜻하고 부드러운 느낌을 잘 살린 작품이다. 작가는 모든 그림을 색연필로 수작업하였다고 하는데, 영화의 모든 장면을 색연필 필체가 그대로 보이도록 그려, 보는 사람들에게 이 영화가 사실이 아니라 꿈이라는 느낌을 가지게 한다. 작가는 어른이 된 현재를 실제 영상으로 찍고, 어린 시절의 모든 기억 장면을 색연필로 표현해 현실과 상상 장면을 구별하는 데 적절하게 사용하였다. 〈눈사람〉([그림 5-19] 참조)의 색연필 색감은 아련한 꿈과 상상적 감성을 자극하는 역할을 한다.

"각 재료의 특징은 독특한 행동을 유발한다"(Giriott, 1961).

[그림 5-20] 에스터 로이(Ester Roi)의 색연필 작품

출처: Ester Roi 홈페이지.

기법과 매체 실험을 하는 미술 작가들의 경우에는 재료가 가진 고유한 성질의 반대가 되는 이미지를 만드는 시도를 하기도 한다. 매체가 가지는 고정관념은 창의적 작업의 방해 요소가 될 수도 있다. 작가들은 고정관념을 넘어 더 자유롭게 매체를 사용하고자 한다. 에스터 로이(Ester roi)의 색연필 그림은 일반적인 색연필의 느낌과 매우 다르다. 이 작가는 온열 판 위에서 색연필을 녹여 가며 그림을 그리는데, 이러한 이유로 로이의 그림은 오일파스텔이나 유화물감을 사용한 것처럼 빛이 난다. 매체의 특징을 살리는 것이 아닌 특징에 변화를 주는 작업은 자극을 통해 우리에게 매체에 대한 새로운 아이디어를 가지도록 이끈다.

개인의 고유함을 표현하는 것은 미술의 가장 중요한 부분 중 하나이다. 작가들은 자신만의 방법으로 매체를 사용하여 자신의 고유성을 표현한다. 지도자가 매체를 설정하는 방법에 따라 사용자는 매체를 완전히 다르게 사용할 수 있다. 제공자인 지도자나 치료사는 매체의 기본 특성에 대한 일반적 이해와 함께 매체를 다르게 사용하는 방법에 대해서도 폭넓게 허용할 준비가 되어야 할 것이다.

6. 치료적 의미

색연필과 같이 사용자에게 익숙한 매체는 탐색 과정을 생략하고 바로 표현 과정을 적용시킬 수 있다. 익숙한 매체를 사용하는 것은 매체에 대한 흥미를 줄어들게 할 수 있지만 사용자는 사용에 대한 긴장감 없이 편안하게 접근할 수 있다. 그래서 익숙한 매체로 작업하는 것은 매체를 탐색하는 시간을 줄이고 주제 표현에 집중할 수 있게 한다.

새로운 매체의 경우, 사용자는 매체에 대한 정보나 사용 경험이 없으므로 주제를 표현하는 것보다 매체를 탐색하는 시간으로 작업을 계획하는 것이 더 효과적일 수 있다. 탐색을 하다 보면 주제를 표현하기에 주어진 시간이 부족할 것이고, 매체 탐색과 주제 표현에 모두 집중하기도 힘들 것이다. 매체에 따라 탐색 회기와 주제를 표현하는 회기를 나누는 것이 필요하다.

새로운 매체를 매 회기마다 제공하는 경우 사용자는 안정감을 얻기 힘들고, 결국 흥미를 잃게 될 것이며, 익숙한 매체를 매 회기 제공하는 경우 또한 자극 없는 무료함으로 작업에 흥미를 잃게 될 수 있다. 흥미와 안정을 적절히 고려한 매체 계획이 필요할 것이다.

매체의 선택이나 사용 방법은 사용자의 상태를 반영하는데, 부드러운 색감이 특징인 색연필을 사용할 때 일반적이지 않은 방법과 느낌으로 사용한다면 그 내용을 살펴 사용자의 상태를 파악할 수 있다. 예를 들어, 색연필의 부드러운 느낌을 참지 못하고 지나치게 눌러서 진하게 색을 칠한다면 완벽함을 지향하거나 강박적인 성향 혹은 불안과 같은 문제가 있는지에 대해 살펴볼 수 있다.

색연필은 연필을 잡고 사용할 수 있는 정도의 발달 과정을 거쳤거나 손을 사용하는 데 문제가 없는 상태라면 유아부터 노인까지 친근하게 사용할 수 있는 매체이다. 유・아동의 학습 활동에도 가장 우선 사용되는 재료이면서 사용하기에 편리하여 유

[그림 5-21] 부드럽게 사용한 경우와 강하게 눌러 사용한 색연필의 색

[그림 5-22] 유아부터 노인까지

치원이나 학교에서도 선호도가 높다.

노인에게도 색연필은 연필처럼 친근한 재료로서 사용 방법에 대한 설명이 따로 필요 없고 쉽게 다룰 수 있어 원하는 결과물을 얻을 수 있다. 크레파스보다 손에 잘 묻지 않는다는 특징도 사용자의 편의를 돕는다. 결벽이나 강박, 그리고 감각적 문제를 가

[그림 5-23] 색 발달 문제와 상태에 대한 고려
사실적인 표현 욕구가 생기는 시기에는 색에 대한 욕구가 적을 수 있다.

진 사용자도 큰 부담이나 장애 없이 사용할 수 있어서 미술치료 시간에도 사용 빈도가 높고 널리 사용된다. 또한 부드럽고 아름다운 색감과 사용감은 매체 경험에서 안정감을 가지도록 도와주는 치료 요소이기도 하다.

로웬펠드 등 아동 미술학자들에 의하면, 아동이 사실적 표현을 처음 시도하는 전도식기에는 대상을 선으로 그리는 것에 더 많은 관심과 흥미를 가지므로 색과 표현 대상과의 사이에 관계가 매우 적다고 하였다.

전도식기 이후에 계속적인 시도를 통해 비로소 도화지 위에서 색의 조화와 자신을 통합한다. 즉, 자신이 좋아하는 색을 선택하고 즐기는 과정을 통해 자신을 만들어 가는 것이다.

[그림 5-24] 아름다운 색과 그에 따르는 성취감

색연필이 색채 매체임을 전제한다면 색연필이 전도식기의 사용자에게 어떤 매체로 인식될 것인지를 깊이 고려해 보아야 한다. 색연필 작업이 스스로 인식하고 결정하는 도식과 색을 조화시키는 과정을 경험하는 첫 번째 자아통합 활동이 될 수도 있는 것이다.

"그림은 색채가 있어서 정서적인 배경으로 유도한다. 그것은 여전히 잘 통제된다. 이것은 어떤 정서적인 것의 조심스러운 표현을 나타내기도 하지만 색채로 공언하기

[그림 5-25] 감정을 표현한 색연필의 색_슬픔

와 동시에 정서를 통제하려는 양가감정을 나타낼 수도 있다"(Abt, 2005).

색연필은 통제력이 높은 매체이지만 색과 강도를 조절하여 정서적인 표현이 가능하다. 색연필의 통제성은 우리가 위험하다고 느낄 수 있는 감정들(정서적인)을 잘 통제하여 표현하도록 도울 수 있다. 이 활동은 마구 날뛰는 정서를 색연필의 단단함이 만드는 유지된 틀을 따라가며 가다듬고 침착하게 만들 수 있을 것이다.

색연필은 풍부한 색으로 표현의 영역을 넓히면서도 적절한 통제력을 유지하여 우리를 전의식 부근으로 고요하게 가라앉을 수 있게 돕는다.

사인펜

Understanding of Art Materials

사인펜은 통제력이 높은 매체로 분리된다. 사인펜의 높은 통제를 무력화하고 촉진을 위한 매체로 사용할 때 그것은 치료적 의미를 가진다. 매체의 단점으로부터 자유로워지고 또한 장점을 긍정적으로 받아들인다는 것은 그 자체로서 성장을 의미한다.

1. 이해의 틀

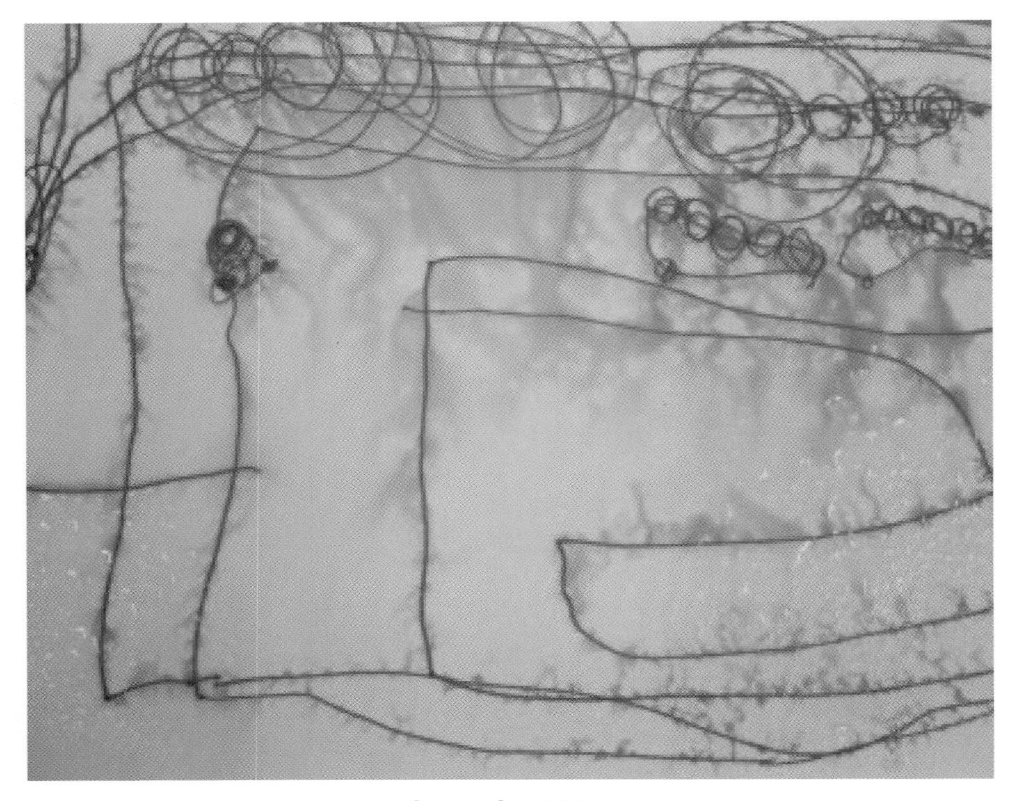

[그림 6-1] 사인펜과 물

물에 번진 사인펜 그림이 처음 그림과 다른 이미지가 되었다. 물에 번지는 사인펜의 고유한 특성이 사용자의 에너지와 만나 새로운 느낌을 만들고 있다. 사인펜의 특성을 잘 이해하고 다룰 수 있다면, 물에 번지는 것은 사용하기에 꺼려지는 특성이 아니라 멋진 시도가 된다. 이 시도의 성공은 불가능한 상황의 극복은 물론 사용자가 새로운 기능을 획득하는 작지만 큰 경험이 될 것이다.

사인펜의 특성은 다양한 색과 수성 잉크, 그리고 높은 통제성으로 정의할 수 있다. 사인펜은 먼저 섬세한 선과 색으로 인식된다. 촉이 가늘고 쓸 때 면에 닿는 느낌이 단단하기 때문에 연필과 함께 통제력이 높은 매체로 분리된다. 그래서 일반적으로 넓은 면을 채색하는 것보다 선묘에 적합한 매체로 인식한다. 사인펜의 높은 통제성은 다양한 색을 통해 완화될 수 있다. [그림 6-2]는 한 가지 색의 사인펜 소묘로, 극대화된 사인펜의 통제성을 보여 주고 있다.

[그림 6-2] 사인펜 선묘

[그림 6-3]은 우리가 알고 있는 일반적인 12색 사인펜이다. 학령기에 가장 흔히 접할 수 있는 대표적 매체로, 미술용 · 필기용으로 사용된다.

[그림 6-3] 12색 사인펜

도식기 이후의 아이들은 작업 과정에서 사인펜을 사용하기 싫어하는 경우가 종종 있는데, 그들은 사인펜의 잉크가 땀이나 물기에 쉽게 번지는 것에 매우 예민하게 반응한다. 사인펜이 번지는 것에서 자신의 도식이 망가지는 느낌을 받기 때문이다. 도식이 형성된 후 자기 도식을 더욱 완전하게 만들어 가는 과정 중에 있는 아이들은 틀리는 것이나 의도한 대로 되지 않는 것에 더욱 심한 좌절감을 느낀다. 또한 자아의식이 강해지는 과정에서 사인펜의 통제성에 불편한 느낌을 받을 수도 있다.

[그림 6-4] 선묘로 작업한 아동의 사인펜 그림

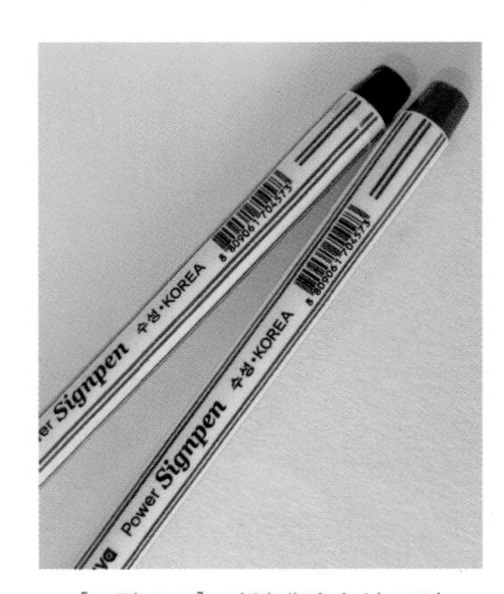

[그림 6-5] 사인펜의 수성 표시

수성(水性)은 사인펜의 중요한 특징이다. 다양한 색의 수성 잉크는 사인펜의 고유한 느낌을 만든다. 사인펜은 물에 매우 쉽게 반응한다. 자신이 그린 그림이 예상하지 못한 상황에서 물에 번지는 경험은 부정적인 기억으로 남을 수 있다.

물은 통제력이 낮다. 사인펜의 친수성(親水性)은 물의 낮은 통제력에 **지배**를 받는다. 통제력을 잃게 되는 상황에서는 강박적 성향이나 보통 이상의 신중함, 완벽주의 성향이 있거나 그런 좌절감을 느낀 경험이 있는 사람은 더 부정적인 반응을 보이기도 한다.

사인펜의 몸통에 인쇄된 **수성**(水性) 표시([그림 6-5] 참조)는 너무 익숙해서 사용자들이 쉽게 간과하는 부분이다. 기본적으로 수성이라는 성질에 대한 이해가 없을 때 우리는 사인펜 사용 시 물에 의해 통제할 수 없는 상황을 맞이하게 된다. 그러므로 매체의 성질에 대한 고려는 적극적이어야 한다. 이는 매체의 사용 범위를 넓히고 기본 성질로부터 오는 문제에 대한 대안을 미리 생각할 수 있게 한다.

"사인펜의 딱딱한 촉은 통제성을 높이고, 얇은 촉은 넓은 면을 채색하기보다는 선묘에 좋다. 선명하고 다양한 색상 표현이 가능하다." 이와 같이 사인펜을 기본적으로 정의한 뒤에 다음 질문에 대해 생각하고 마지막 빈칸에 직접 표현해 보자.

넓은 면을 사인펜으로 채색할 때는 어떤 방법이 좋을까?

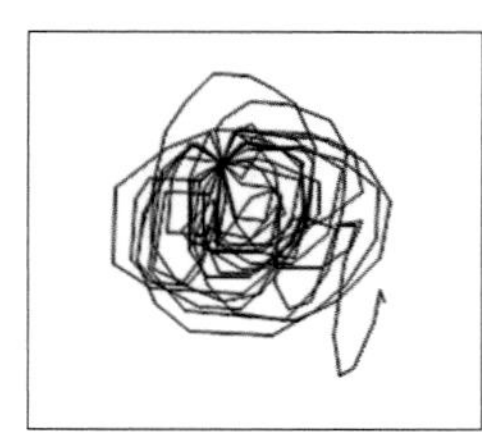
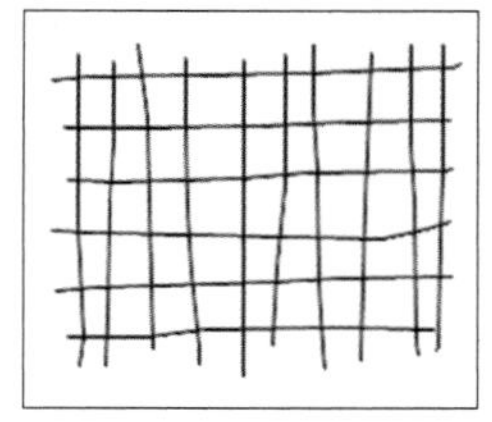
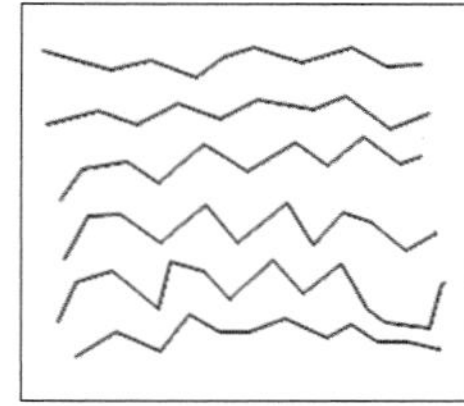
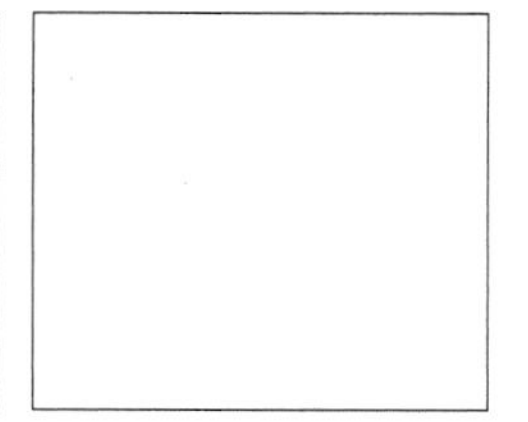

2. 더 이해하기

사인펜은 잉크가 들어 있는 **색 펠트**와 원통형의 **플라스틱 몸통**, **뚜껑**으로 구성되어 있다. 펠트심은 나일론이나 폴리에스테르의 섬유를 굳혀서 만든 것이다.

[그림 6-6]과 같이 물리적인 분리를 시도해 보는 것은 매체를 이해하는 데 더 많은 도움이 된다.

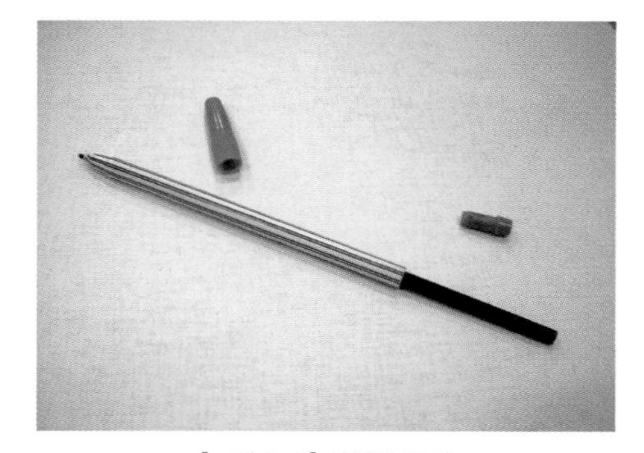
[그림 6-6] 사인펜 구성

[그림 6-7] 분리된 펜에서 나온 새로운 아이디어

[그림 6-7]은 매체를 분해한 뒤에 물리적으로 재구성한 예이다. 이 그림에서 우리는 매체의 분리, 분해 경험 과정과 그 이해를 바탕으로 새로운 사고가 재구성되는 과정을 분명히 볼 수 있다. 매체를 접할 때는 다양한 방법의 더욱 적극적인 계획이 필요하다.

OMR 카드에 마킹용으로 사용하는 컴퓨터용 수성 사인펜이 있다. 1970년도에 문구회사인 모나미에서 개발했는데, 일반 검은색 사인펜과 비슷한 검은색이지만 성분에 근본적인 차이가 있다. 컴퓨터용 사인펜은 탄소 성분으로만 되어 있어서 색을 분리해 보면 모노톤의 회색만 관찰이 된다. 탄소 성분이므로 오히려 연필과 가까운 성분이다. 그래서 TOEIC 시험에서는 마킹용으로 B, 2B 연필을 사용하기도 한다. 일반 수성 사인펜은 여러 가지 색의 잉크를 혼합해 만들어지므로 물에 분리해 보면 갈색, 파란색, 붉은색, 초록색 등 다양한 색으로 분리가 된다([그림 6-9] 참조).

[그림 6-8] 마킹용의 컴퓨터용 사인펜

초등학교 과학 시간에 했던 사인펜의 색 분리 실험을 기억할 것이다. [그림 6-9]에서 물에 분리된 사인펜의 색은 매우 미적인 이미지를 만들고 있다. 여러분에게 이 실험은 과학적인 목표의 행위 혹은 미적인 경험 중 어떤 것으로 기억되는가?

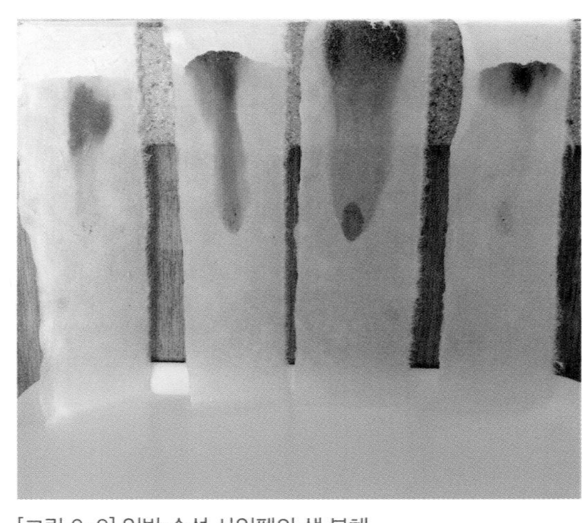

[그림 6-9] 일반 수성 사인펜의 색 분해

사인펜은 선묘가 가능하고 여러 가지 색으로 구성되어 사실적인 그리기 욕구를 충족할 수 있다. 그래서 사인펜은 글과 그림을 색으로 표현하는 데 무리가 없는 다기능 매체이다. 종이에 사인펜으로 그리기는 매우 일반적인 방법이지만, 물을 잘 흡수하는 종이에 사인펜을 사용할 때는 두 매체의 특성에 적응해야만 한다. 두 개의 친수성 매체라는 측면에서 지도자가 좀 더 고려해야 할 부분이 있을 것이다. 종이에 사인펜 낙서 작업하기, 사인펜으로 종이의 면 채우기 등은 사인펜 사용 과정의 여러 가지 의미를 생각하게 한다. 흡수성이 다른 여러 종류의 종이에 사인펜 작업을 하는 방법, 선이나 점 마구 그리기 등으로 사인펜을 가지고 주어진 종이 면을 채우는 방법과 같은 사인펜 사용에 대한 대안 활동은 활동만으로도 충분히 인상적이며 사인펜 사용에 대한 사용자의 주체성을 가질 수 있게 한다.

[그림 6-10] 글과 그림과 색이 함께하는 사인펜 작업

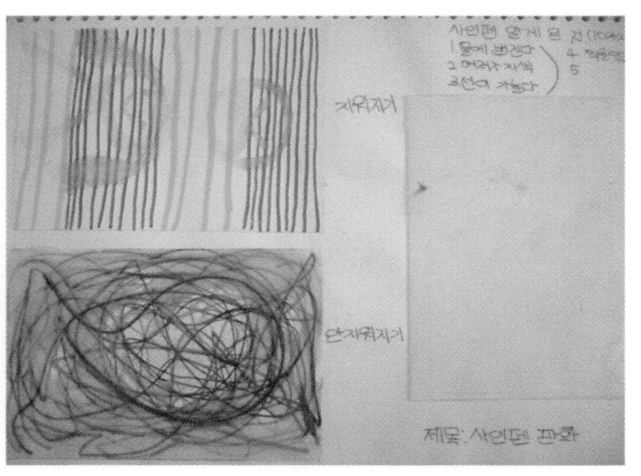

[그림 6-11] 사인펜 주제 활동들

3. 이해의 틀 넓히기

시중에는 다양한 굵기와 모양의 사인펜이 출시되고 있어 일반적인 얇은 사인펜 심의 단점을 보완한다. 자신의 필요에 따라 굵기를 선택하여 쓰는 사인펜은 매체 사용의 한계를 줄인다. 보통 우리가 접하는 일반적인 사인펜이 얇은 심 때문에 넓은 면을 칠하기에 불편한 재료였다면, 넓고 부드러운 사인펜 심은 선묘뿐 아니라 면의 채색 등 더 많은 상황에 자유롭게 사용할 수 있으며, 여러 가지 심의 모양에 따라 매우 다른 느낌의 매체가 되기도 한다.

[그림 6-12] 용도에 따라 사용하기 편한 양면의 굵기가 다른 사인펜 제품

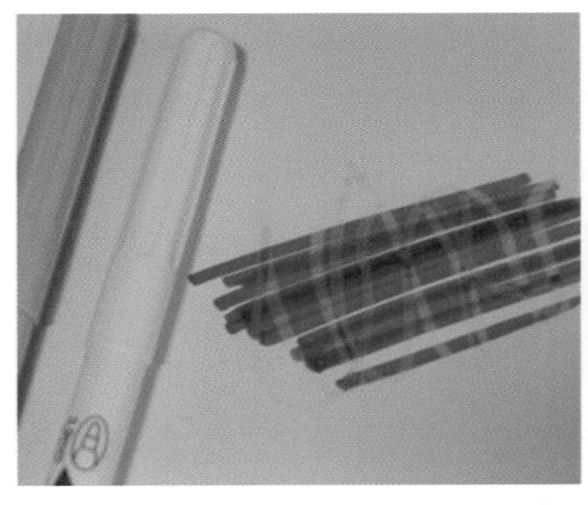

[그림 6-13] 요술펜의 마술

출처: 핸즈코리아 홈페이지.

요술펜([그림 6-13] 참조)에는 화학작용을 하는 흰색 펜이 추가되어 있는데, 두 잉크의 화학적 반응을 통해 겹치는 부분의 색이 변하는 재미있는 사인펜으로, 이름처럼 사용자의 마술적 상상력과 호기심을 자극한다. 첨가된 흰색 펜으로 쓴 뒤 다른 색으로 그 위를 덮으면 숨어 있던 흰색 글씨가 나타난다. **마술**은 교육과 심리치료에 활용할 수 있는 좋은 단어이다.

해결중심단기치료에서는 기적 질문이라는 기법으로 '모든 어려움이 사라진다면'이라는 가정을 한다. 미술 작업에서 사용자들의 **성장**과 **문제 해결**의 순간을 위해 우리는 **마술적 사고**를 가져온다. 요술펜의 요술은 우리가 활용할 수 있는 기적을 상기시키는 흥미로운 경험이 될 수 있다.

[그림 6-14] 찍는 사인펜

출처: 이케아 홈페이지.

그리는 방식이 아닌 찍는 방식의 사인펜도 작업을 즐겁게 만드는 요소이다. 찍는 사인펜의 새로운 모양은 그리거나 쓰는 기존의 사인펜에 대한 사용자들의 호기심을 자극하고 사고를 재구성한다. 사인펜에 대한 인식을 자연스럽게 바꾸는 것은 물론이다. 기존의 사인펜에서 사용하는 근육의 종류와 근육을 사용하는 방법도 완전히 바꾼다. 근육의 움직임에 대한 고려는 발달과 치료 계획에서 매우 중요한 부분이다. 쓰기나 그리기, 찍기에서 근육의 사용을 직접 경험해 보자.

[그림 6-15] 노마르지 펜

성격과 모양에 변화를 준 다양한 제품이 기존 매체의 단점을 보완하여 출시되기도 한다.

마르지 않는 사인펜(nondry sign pen)은 뚜껑을 잃어버려서 수분이 마르면 못쓰게 되는 사인펜의 단점을 보완하였다. 이 아이디어는 사인펜의 뚜껑을 잃어버리는 불편한 경험에서 나왔을 것이다.

불어펜은 쓰거나 그리는 기존 사인펜의 사용 방법을 바꾸어 불어서 스프레이하는 방법으로 사용하는데 넓은 부분을 좀 더 빠르게 채색할 수 있게 하였다. 스프레이 방식으로 스텐실 작업 등 더 다양한 방식의 작업이 가능해졌다.

불어펜

향기 사인펜

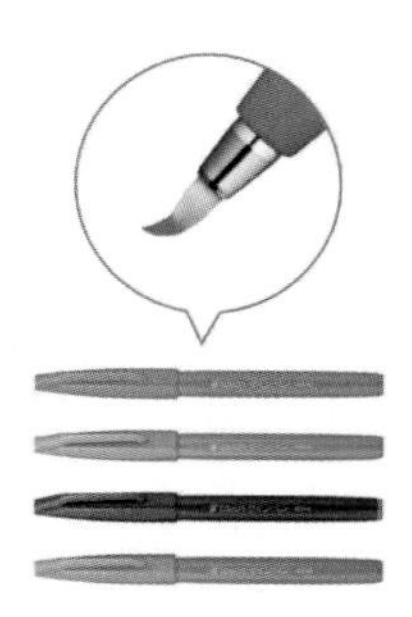

붓터치 사인펜

[그림 6-16] 다양한 사인펜 제품

향기 사인펜은 색감에 맞는 향기를 첨가한 제품이고, **붓터치 사인펜**은 사인펜 심의 딱딱한 느낌이 주는 긴장감을 붓처럼 부드러운 심으로 완화하여 만든 제품이다.

교육과 치료의 과정이 그 과정을 통해 함께 불편함을 극복하고 통합되어 성장해 가는 일이라고 한다면, 자신의 불편함을 적절한 매체로 보완하는 것은 성장과 통합을 향해 가는 것이라고 할 수 있다.

4. 경험 혹은 기억

사인펜과 연관된 기억은 어떤 것인가? 초등학교 입학 준비물로 만난 사인펜은 어떤 느낌이었는가?

사인펜은 색연필, 크레파스와 함께 중요한 입학 준비물이었다. 여자아이들은 분홍색을, 남자아이들은 파란색을 준비했다. 사회적인 명명 현상이지만 색으로 성별이 구

[그림 6-17] 입학 준비물

별되어 표준화된 기억이 있다. 어린 시절 여자아이들에게는 예쁜 캐릭터, 남자아이들에게는 로봇이 인쇄된 새 학용품을 받는 것은 특별히 감명 깊은 기억이었다. 여러 색 중에서도 특히 분홍색 사인펜은 소녀, 파란색은 소년의 상징으로 기억된다.

아동이 사물에 대한 형태를 인지하고 수용하여 자신의 도식을 만드는 도식기에는 특히 채색보다 선묘에 집중하게 된다. 연필과 사인펜은 선묘가 가능하며, 특히 사인펜은 다양한 색의 선묘가 가능하다.

[그림 6-18] 여자아이들의 욕구를 충족하는 사인펜 그리기

[그림 6-19] 남자아이들의 단색 사고 표현

여성성, 남성성을 획득하는 이 시기의 아이들에게 사인펜은 색을 사용한 조금 더 넓은 의미의 소묘 경험을 제공한다. 사인펜으로 아이들은 형태 묘사와 색 영역을 함께 경험할 수 있다. 자신의 도식에 색을 포함하여 좀 더 풍부한 표현을 만들 수 있다.

여자아이들에 비해 남자아이들은 다양한 색보다 사고를 세밀하게 표현하는 데 더 집중하는 경향이 있다. 그래서 이 시기 아이들의 사인펜 사용을 관찰해 보면 성차가 비교적 뚜렷하게 색으로 나타난다.

[그림 6-20] 여자아이들의 장식적 그리기_"색칠하고 싶어요."

[그림 6-21]은 여자아이가 그린 캐릭터 그림이다. 사인펜으로 그린 이 작은 그림들은 아동기에 다음의 측면에서 특히 의미가 있다.

- 표현 욕구를 충족하는 다양한 색을 사용한다.
- 작고 평면적인 단순화된 그림은 표현 범위를 좁혀주므로 아직 발달이 완성되지 않은 유・아동기에 사실적 표현에 대한 부담감을 덜어 준다.
- 작고 예쁜 것이 주는 정서적 만족감과 충족감이 있다.
- 촉이 얇은 사인펜으로도 쉽게 채색할 수 있어 사인펜 사용의 갈등을 없앨 수 있다.

[그림 6-21] 캐릭터와 잘 어울리는 예쁜 색과 섬세한 그리기가 가능한 사인펜의 특징

[그림 6-22]에서는 섬세한 그리기 작업에서 사인펜이 물에 번져 알아볼 수 없는 그림이 되었다. 사인펜에 대해 선호하지 않는 느낌이 있는가? [그림 6-22]에서는 사인펜으로 한 섬세한 그리기 작업이 물에 번져 알아볼 수 없게 되었다. 이와 같은 경험 이후에 사용자는 사인펜을 선호하지 않게 될 수 있는가?

[그림 6-22] 물에 번진 사인펜 그림

5. 확장 및 응용

사인펜으로 그린 그림의 특정 부분에 양초를 문지른 뒤 물을 뿌려 보면 양초를 칠하지 않은 부분은 물에 번지지만 양초를 문지른 부분은 왁스 성분으로 인해 물에 번지지 않고 보호된다([그림 6-23] 참조). 자신의 그림이 보호되는 경험은 안심감을 주며, 사인펜 사용 시 겪은 좌절감에 대한 회복의 기회로 만들 수 있다. 사인펜의 성질을 이해하고 번지는 성질 자체를 문제로 보지 않으면 안심하고 사용하게 됨으로써 사인펜의 사용 영역이 넓어진다. 특정 매체를 구조적으로 이해하고 경험하게 될 때 매체에 대한 사용자의 이해를 넓히며 인식을 바꿀 뿐 아니라 그렇게 각인된 능동적 경험은 삶의 다른 영역에서도 그러한 방식으로 적용된다.

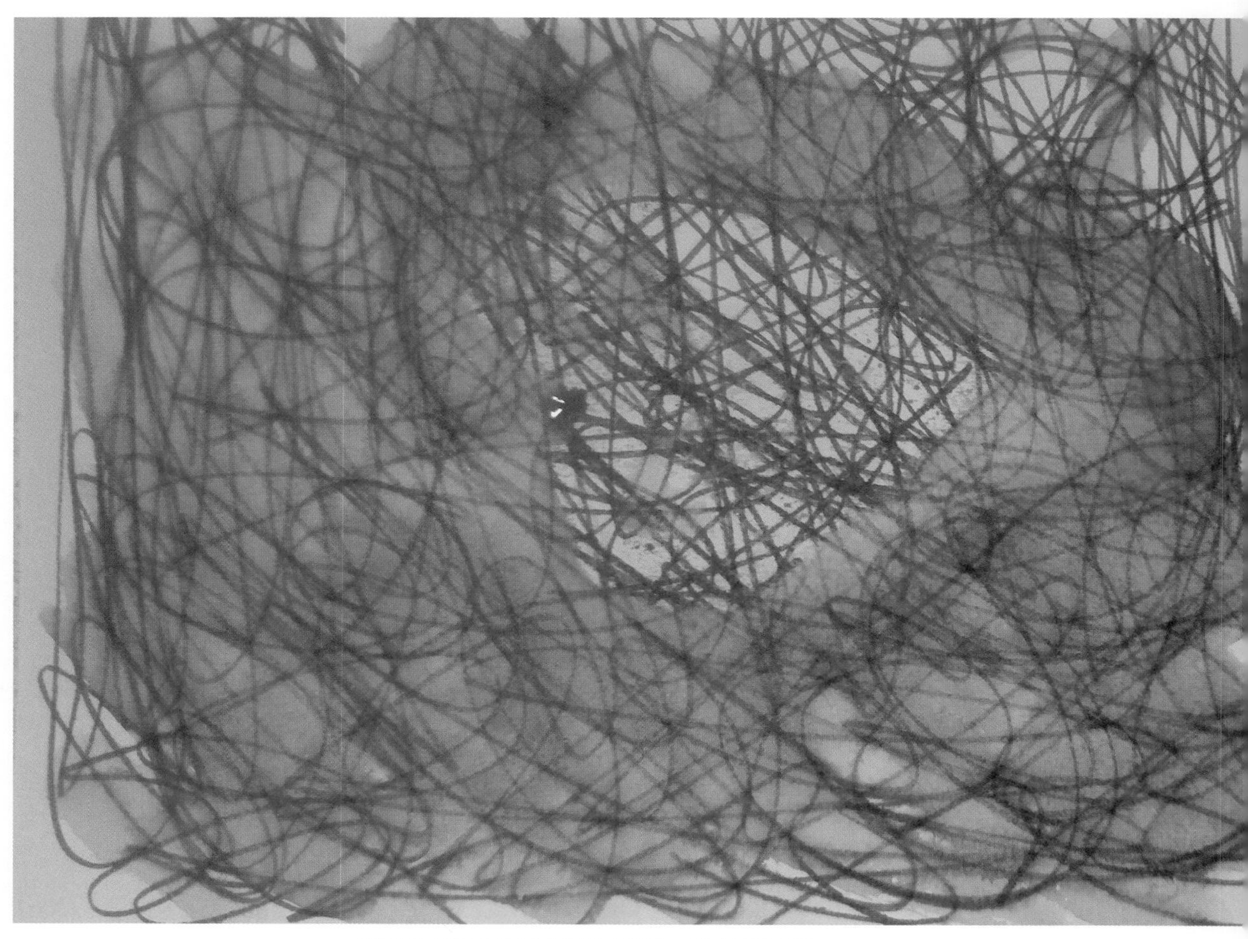

[그림 6-23] 물로부터 보호된 사인펜 그림의 특정 부분

번지도록 하기

사인펜의 친수성은 물로 하는 여러 가지 활동을 가능하게 한다. 화선지, 키친타월, 천 등 흡습성이 좋은 재료 위에 사인펜을 사용하고 물로 번지도록 하면 번짐의 성질을 적극적으로 이용하여 추상적인 아름다운 작품을 만들 수 있다. 지도자는 바탕 화지가 달라짐에 따라 조금씩 달라지는 반응을 예민하게 구별하는 경험으로 이끌 수도 있다. 천과 한지와 키친타월 등은 사인펜과 물로 그릴 때 짜임의 성긴 정도가 모두 달라 번

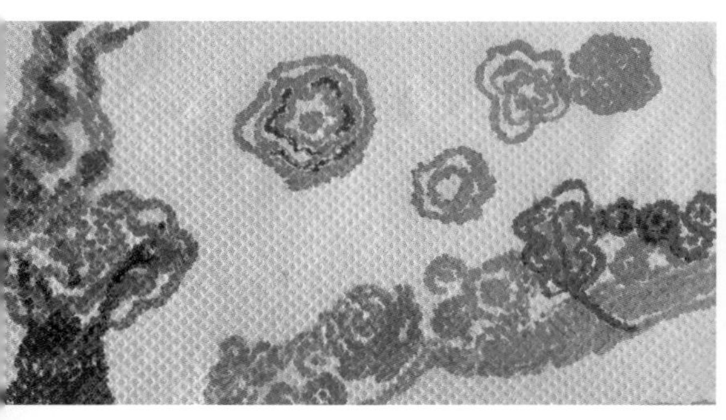

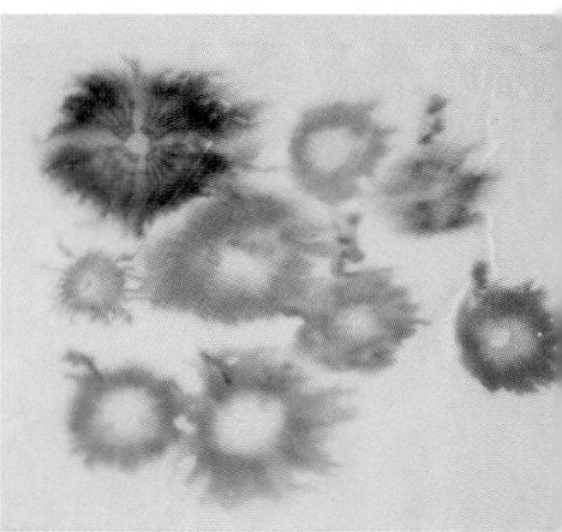

[그림 6-24] 키친타월, 천, 한지 위의 사인펜 작업

지는 시간이 다르고 각각 다른 모양을 만든다([그림 6-24] 참조).

번지기를 활용한 작업을 계획할 때, 부분적인 번지기 작업을 위해서는 물 떨어짐을 조절하기 쉬운 작은 플라스틱 약병이나 스포이트를, 전체적으로 넓게 번지기 작업을 위해서는 분무기를 사용하면 더 쉽고 안정적으로 활동의 흥미를 높일 수 있다.

[그림 6-25] 사인펜으로 구름을 그린 뒤 분무기로 물을 뿌려서 번지게 하기

물로 지워 그리기

사인펜은 주로 글씨를 쓰거나 선으로 주제를 그리는 데 사용되지만, [그림 6-27]의 작업은 먼저 사인펜으로 바탕을 가득 채우고 그 다음 사인펜 바탕 위에 붓을 사용하여 물로 그림을 그리는 방법으로 만든 작업물이다. 주로 사인펜으로 해 오던 선 작업 위주의 작은 그림과 다르게 종이 위에 통제 없이 대근육을 사용하여 마구 선을 그린다. 이때 16절, 8절, 4절 등 종이의 크기를 조절하여 운동 범위를 조절할 수 있다. 대근육 사용으로 이완과 해소를 경험할 수 있고, 그 위에 붓으로 그림을 그림으로써 이완된 근육과 감각을 다시 자연스럽게 되돌아오도록 정리한다. 이 작업으로 사인펜의 일반적인 특징, 또한 다른 방법으로 사인펜의 이면도 경험할 수 있다. 선을 그리면서 사인펜 촉의 특징과 그것을 잘 다루는 방법을 익히고, 좁은 공간에 사용하는 방법과 함께 넓은 공간을 채우는 경험을 한 화면에서 경험할 수 있다.

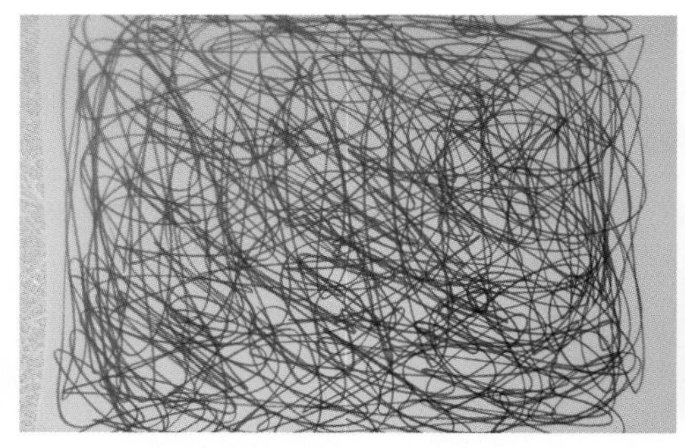

[그림 6-26] 사인펜으로 만든 배경

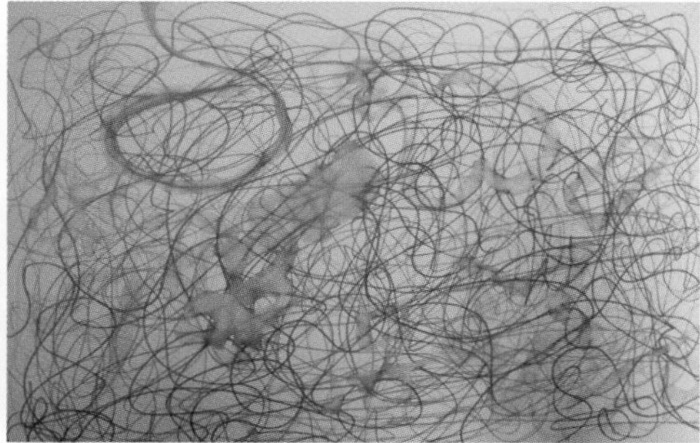

[그림 6-27] 사인펜 배경 위에 물로 지워 그리기

매체의 본질적인 성격을 잘 사용하여 준비된 활동은 그 활동 과정이 자연스러우며, 적절한 흐름으로 지도자에게도 사용자에게도 작업 과정이 어렵지 않다. 그렇기 때문에 매체의 구조를 잘 이해하는 것은 지도자, 그리고 치료나 교육을 받는 사람 모두에게 중요하다. 자연스러운 작업 과정은 사용자 스스로 작업에 몰입하게 하여 만족감을 느끼게 하고 자존감을 향상시킨다.

다양하게 사용해 보기

- **실크스크린**: 투과성이 있는 얇은 종이 위에 사인펜으로 그림을 그린 뒤에 아래에 다른 종이를 대고 사인펜 그림 위에 물을 뿌리면 잉크를 통과시켜서 아래의 종이에 그림이 찍혀 나온다.

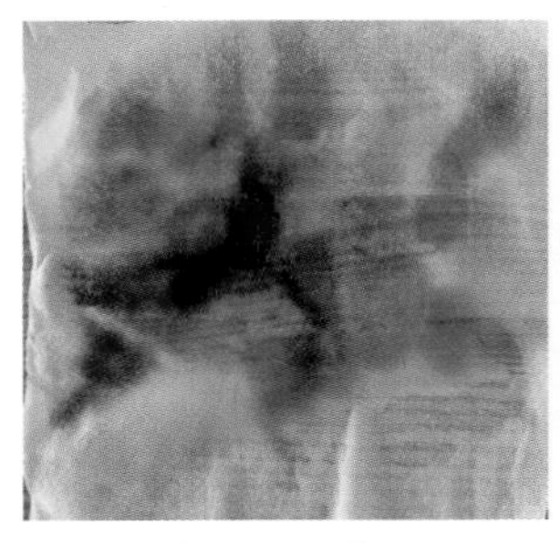

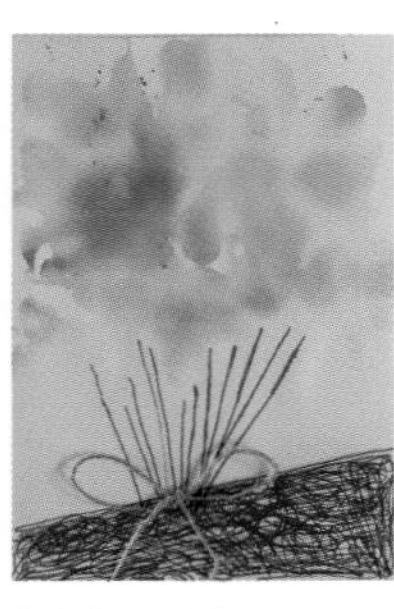

[그림 6-28] 사인펜 그림을 다른 종이로 옮겨 찍기 후 연상하여 그리기

- **직판화**: 종이에 사인펜으로 그리고, 그 위에 분무기로 물을 뿌린 뒤에 다른 종이에 그대로 찍는다.
- **데칼코마니**(decalcomanie): 종이를 반으로 접어서 한쪽만 그림을 그린 뒤 물을 뿌려서 접었다 편다.

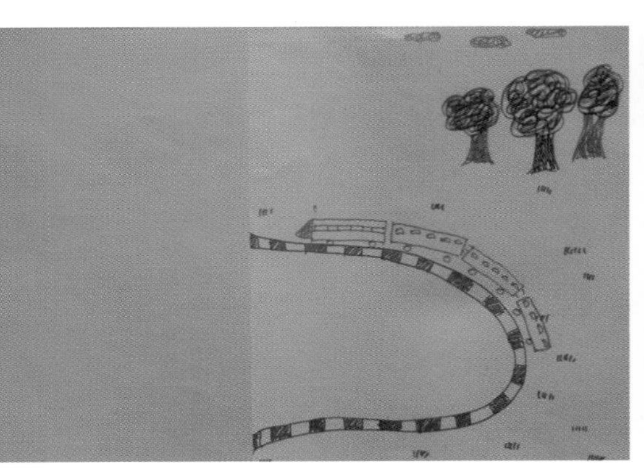
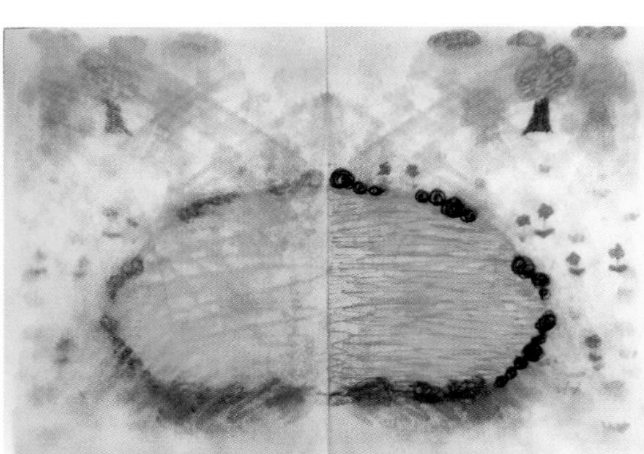

[그림 6-29] 사인펜 데칼코마니 작업

판화 작업은 특별한 재료들이 필요하지만 '찍는다'는 의미로 보면 물과 사인펜만으로도 작업이 가능하다. 일반적으로 물감으로 하던 데칼코마니 작업도 물과 사인펜으로 가능하다([그림 6-29] 참조). 사인펜 데칼코마니 작업을 물감으로 한 데칼코마니 작업과 비교해 봄으로써 이미 가진 지식에 새로운 지식을 더하는 작업이 될 수도 있다.

[그림 6-30] 두 대의 마주 보는 차가 된 사인펜으로 그린 한 대의 자동차

[그림 6-31] 번지기로 표현한 우주 이미지

사인펜 데칼코마니 작업은 사용자에게 사인펜으로 반으로 접은 종이의 한쪽에만 그리게 한 다음 그린 그림에 물을 골고루 뿌리고 다시 종이를 접어서 그리지 않은 다른 한쪽 부분에 잉크가 전사되게 하는 방법이다. 데칼코마니 작업이 처음이라면 그 자체로 새로운 경험이 될 것이다. 이때 다른 한쪽에 그리지 않도록 제한을 주는 것은 자신이 매일 자연스럽게 사용하는 시스템을 다른 방향으로 돌리도록 하는 훈련이 될 수도 있다.

기존의 방식대로 사용하든, 다른 방식으로 사용하든 매체는 자연스럽게 작업에 활용되어야 모두에게 좋은 시간이 될 수 있다. 적절한 프로그램은 과정이 즐겁거나 힘들거나, 자기에게 집중하거나 타인과 교류하거나, 새로운 사실을 알게 되거나 기존의 지식을 재경험하거나, 시도 중에 자신의 부족한 부분을 알게 되더라도 결국 그 모든 것을 포함한 긍정적인 결과로 남을 것이다.

[그림 6-31]은 사인펜의 번짐 효과가 우주와 행성의 불규칙한 이미지를 잘 표현하고 있다. 바탕인 검은 종이 위에 메탈 펜을 사용하고 흰 종이를 원으로 잘라 사인펜의 번짐을 활용한 행성을 표현하였다. 모든 자료는 잘 어울리며 억지스럽지 않고 여러 가지 기법이 효과적으로 잘 어울린다.

[그림 6-32]는 번지기를 부분적으로 활용한 완성도 높은 그림이다. 번짐의 효과를 활용함으로써 하나의 사인펜 색이 음영처럼 여러 단계의 색으로 표현되었다.

[그림 6-33]은 정형적이지 않은 꽃잎의 아름다움이 번짐으로 잘 표현되었다. 꽃의 표현에 집중하도록 하기 위해 먼저 다른 종이로 화분을 잘라 붙이고 사인펜으로 꽃을 그린 후 번지게 하였다. 꽃의 색이 자연스럽게 아름답다. 물의 번짐을 막는 것이 아니라 물의 번짐을 장려하였다.

[그림 6-32] 작품에 활용된 사인펜 번지기

[그림 6-33] 아름다운 꽃이 된 번짐

6. 치료적 의미

통제

통제는 긴장감을 유발하지만 경우에 따라서는 안정감을 주기도 한다. 필요한 경우에 적절한 통제는 안정감을 만들 수 있다. 이미 그려진 선을 따라 그리게 하는 것은 통제감을 주는 것이다. 통제적인 사인펜 선묘 작업과 이완적인 번지기를 함께 활용하면 미적으로 완성된 결과를 만들 수 있다([그림 6-33] 참조).

이것은 스스로 매체를 통제하고, 매체의 통제력으로부터 자유로워지는 두 개의 과정이 된다. 매체에 대한 통제력이 높아지면 심리적 만족감을 주며 작업의 결과도 아름답다. 이미 그려진 선은 매뉴얼이 될 수도 있다. 어떤 장소에 처음 방문했을 때 매뉴얼은 방문자에게 행동 지침을 알려 주며, 안정감을 준다.

어떤 사람은 매뉴얼이 불편할 것이고, 어떤 사람은 매뉴얼을 원할 것이다. 그러나 완전히 통제력을 잃은 상태가 아니라면 만남의 첫 장면에서 누구나 어느 정도의 매뉴얼을 필요로 한다.

[그림 6-35]는 지도자가 먼저 그려 준 사인펜 선을 사용자가 그대로 따라 그리는 작업이다. 이 활동은 통제적 의미의 활동으로, 충동성이 크거나 주의 집중이 필요한 사용자에게 실시하면 주의 집중을 도울 수 있으며, 긴장감이 높은 사용자에게는 불안감을 줄이는 매우 안정적인 환경을 제공할 수 있다.

[그림 6-34] 주어진 사인펜 선

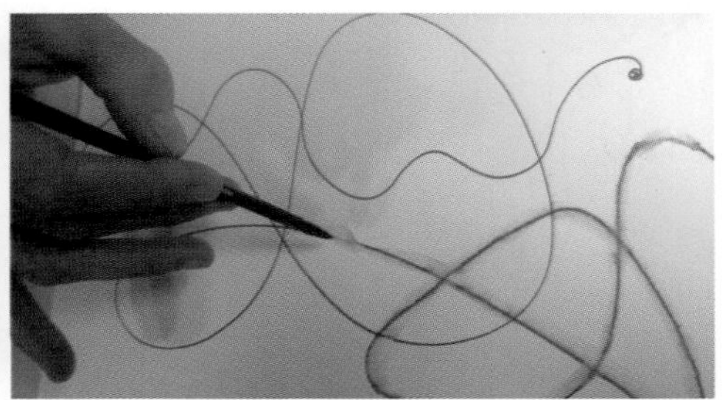

[그림 6-35] 붓으로 주어진 선 따라 그리기 활동

이 활동에서 지도자는 사용자 앞에서 색을 선택하여 먼저 사인펜으로 활동지 위에 선을 그리는 모습을 보여 주는데, 이는 다음 단계에서 지도자와 사용자가 역할을 바꾸었을 때 사용자를 위한 행동 예시가 된다. 지도자가 그린 선을 사용자가 다른 색의 사인펜으로 따라 그릴 수도 있고, [그림 6-35]와 같이 8호 정도 크기의 붓을 사용할 수도 있다. 붓을 사용하여 따라 그리는 것은 또 다른 시도가 될 수 있다. 이때의 주도권은 먼저 선을 그린 사람이 가진다. 지도자가 그린 선을 따라 그리는 과정에서 지도자는 사인펜의 방향 전환, 색 선택, 내담자의 소근육 발달의 순응 정도, 내담자의 규칙을 대하는 태도와 집중 정도까지 많은 것을 살펴보고 정보를 얻어야 한다.

따라 그리기가 마무리되면 다음 차례로 역할을 바꾸어 사용자에게 주도권을 넘겨서 사용자에게 먼저 선을 그려 보도록 하고 지도자가 사용자가 그린 선을 따라 그린다. 이때 어떤 일이 일어나는가?

선의 통제력은 매우 강력하다. 선 따라 그리기는 규칙이나 금지어로 행동을 제한하는 것이 아니라 부드럽게 안정선 안으로 들어와 작업을 준비할 수 있도록 초대하는 것이다. 사용자는 자발적으로 통제를 선택하게 되어 작업 시 양쪽이 모두 편안하다. 대화와 라포(rapport), 즉 관계를 형성하기 쉬운 상태가 된다.

다른 사람의 선을 따라 그리는 것에 대해 어떤 사람은 안심을 느낄 것이며, 어떤 사람은 불편함을 느낄 것이다. 불안이나 두려움이 크거나 의존적인 사용자 또는 평가에 예민한 사용자는 상대방을 따라가는 것이 편안할 것이다.

지도자가 그려 주는 선은 일정한 틀을 제공하여 사용자에게 안정감을 느끼게 한다. 그림 검사에서 검사자가 먼저 종이에 테두리를 그려 주는 테두리법의 의미는 피검자에게 안정감을 제공하는 것이다. 반면, 따라 그리기가 불편한 사용자는 지도자의 틀 안에 자신이 통제되는 것에 불편함을 느낄 수 있다. 그런 느낌들을 지도자는 인지하고 사용자에게도 자신의 느낌을 통찰할 수 있도록 도와주어야 한다. 지도자는 일정 시간을 정하거나 순서와 규칙을 만들어 합의하는 과정으로 주도권 주고받기를 즐겁게 만들 수 있다.

ADHD 성향의 아이들은 충동성의 문제도 있지만 집중력의 문제를 함께 가진다. 사용자의 발달 정도나 진단 상황에 따라 지도자가 아주 간단한 선을 그리기도 하고, 아주 복잡한 선을 그리기도 한다. 지도자는 성향에 따라 강력한 지그재그 선을 그리기도 하고, 부드러운 곡선을 사용하기도 하면서 그 수준을 조절하여 사용자와 더 깊이 연결된 장면을 만들 수 있다. 때로 자도자는 사용자와의 대립 상황을 의도적으로 만들어야 할 필요도 있다.

촉진

사인펜의 높은 통제를 무력화하고 촉진을 위한 매체로 사용할 때 그것은 치료적 의미를 가진다. 매체의 단점으로부터 자유로워지고, 또한 장점을 긍정적으로 받아들인다는 것은 그 자체로서 성장을 의미한다. 사인펜의 번지는 성질에 유난히 반응을 크게 하는 사람의 경우, 번지지 않도록 하는 데 에너지를 쓰게 되어 다음 단계로 넘어가기가 힘들다. 심리적 · 정서적으로 건강하고 자유로운 사람이 창의적인 사고가 가능하다. 창의성은 안정을 바탕으로 한 어려움을 극복한 후에 비로소 발현된다.

> "나는 무엇인가?
> 어둠 속에서 울고 있는 아이
> 빛을 찾아 우는 아이
> 우는 것 외에는 아무것도 못하고."
>
> – 알프레드 테니슨(Alfred Tennyson, 1809~1892)
> 『인 메모리엄』(1850) 중에서

때로 고착된 문제는 그 사람의 성장을 방해하고 그 시점에 머물 수밖에 없도록 한다. 이것을 알아차려서 돌봐 주고 성장할 수 있도록 돕는 것이 치료와 교육이다. 어떤 재료의 특성에 고착되어 그 재료를 더 이상 사용할 수 없다는 것은 성장이 멈춘 것으로 보아도 좋을 것이다.

[그림 6-36]과 [그림 6-37]의 벽에 붙인 전지 위에 사인펜으로 그리는 구름은 촉진과 해소를 돕는 작업이다. 큰 화면에 커다랗게 그리는 구름은 대근육을 사용할 수 있도록 하며, 에너지를 촉진한다. 사인펜 구름에 스프레이로 물을 뿌리면 사인펜 잉크가 번져서 아래로 흘러내리며 파란색 비를 만든다. 구름 아래에는 유성의 성질인 크레파스나 색연필 우산이 있다. 내가 그린 우산은 보호된다. 이 활동은 사고보다는 해소, 보호 등의 정서와 관계가 있다.

[그림 6-36]은 물을 뿌렸을 때 자신의 그림을 보호하기 위한 유성 색연필로 그린 우산이며, [그림 6-37]은 수성 사인펜으로 그린 구름 아래 친구들과의 놀이를 유성 색연필로 그린 그림이다. 이때 유성은 물로부터 보호의 의미를 가진다.

[그림 6-36] 7세 남아의 우산 그리기(유성 색연필)

[그림 6-37] 9세 여아의 비(수성)와 놀이(유성)

사고의 시점에 있는 사용자는 색을 선택하는 일이 방해가 되며, 굳이 색의 필요성을 느끼지 못한다. 사인펜 색의 감정적인 기능보다 사인펜의 사고 기능을 돕는 활동은 [그림 6-38]과 같이 사고 흐름과 집중을 유지하는 방법으로 진행되어야 한다.

지금 당신이 만나는 사용자는 어떤 표현에 집중해 있는가? 색에 집중해 있는가? 아니면 종이와 만나는 사인펜의 느낌과 발색, 모양 등 매체 자체를 통합적으로 탐색 중인가? 자신의 사고를 모두 표현하고 싶은 사고의 시간 안에 있는가?

[그림 6-38] 집중 유지하기

PART 7

미술매체의 이해

매직

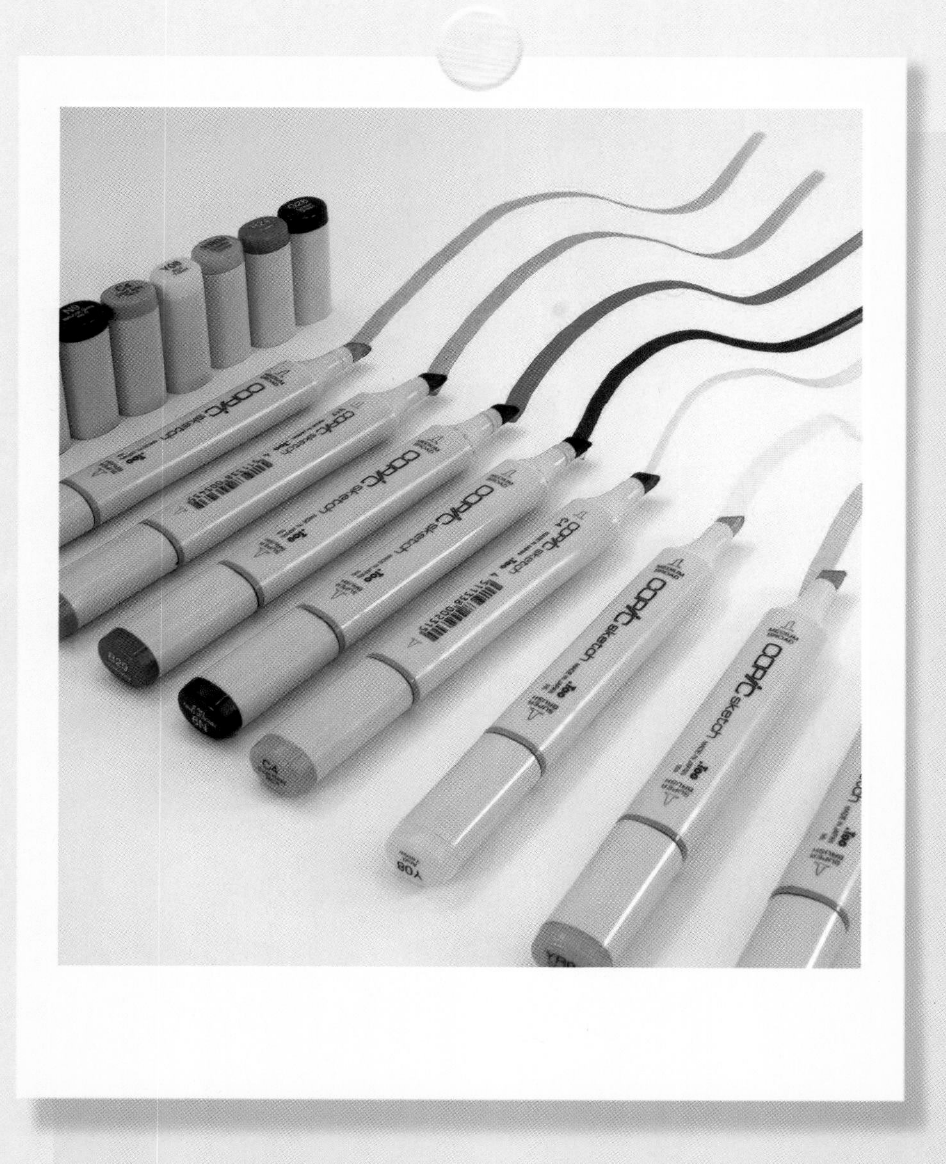

Understanding of Art Materials

매직은 뚜렷한 색감으로 인해 시각적 반응이 즉각적이며, 발색 속도가 매우 빠르다. 발색 속도는 사용자의 성향, 에너지의 사용 방식과 관계한다. 속건성과 강한 지속성을 강화시키는 것은 중요한 상징이다. 수성과 유성에 대한 이해에 기반을 둔 작업 계획은 사용자들에게 동질감과 이질감에 대해 이해하기 좋은 기회가 된다.

1. 이해의 틀

[그림 7-1] 매직 12색

매직, 마술이라는 이 매체는 휘발성 오일을 사용하여 종이뿐 아니라 더 많은 매체에 가리지 않고 쓸 수 있으면서도 신기하게 빨리 말라서 쓴 글씨가 뭉개지는 불편을 없애 주었다. 그래서 '매직'이라는 명칭이 붙게 되었다. 그러나 매직이라는 이름은 국제적으로 통용되는 명칭이 아니며, 공식적으로는 **마커** 혹은 **펠트펜**으로 불린다.

초기에 매직은 마킹(Marking, 표시)의 기능만을 수행하도록 만들어져서 마킹펜(marking pen)으로 불렸으나, 현재는 펜대 속에 펠트류의 심을 넣어 잉크가 심 끝으로 스며 나오도록 만들어진 종류의 펜들의 통칭으로 **펠트펜**(felt pen)으로 불린다. 사인펜, 네임펜 등은 모두 펠트펜이다. 펠트펜은 잉크 성분에 따라 **유성**과 **수성**으로 나뉜다.

[그림 7-2] 유성 마커의 펠트 부분

방수성, 착색성, 휘발성 등은 유성 매체의 작업 영역을 넓히는 특성이다. 화지가 거의 종이류에 한정되어 있는 수성 매체에 비해 미끄러운 비닐, 유리, 플라스틱, 금속 등 다양한 표면에 사용할 수 있다. 속건성이며, 물과 마찰에 영향을 덜 받기 때문에 강한 지속성을 가지는 것 또한 유성 매체의 특성이다.

–**수성 펠트펜**: 컬러 사인펜, 메모리펜류, 컴퓨터용 사인펜 등

–**유성 펠트펜**: 매직, 네임펜, 보드 마커 등

2. 더 이해하기

매직은 1952년에 처음 개발된 이후 다양한 종류의 모양과 색, 그리고 기능을 가진 매체로 발전되어 왔다. 펜촉의 모양은 크게 원형과 사각이 있는데, 원형 펜촉의 경우에는 방향에 상관없이 비교적 일정한 두께로 써지며 글씨 쓰기나 선묘 그리기에 편리하다. 사각형 펜촉은 방향에 따라 굵기가 달라진다([그림 7-3] 참조). 최근에는 매우 다양한 종류의 유성 펠트펜이 판매되고 있어서 선택의 폭이 넓다. 다양한 종류의 매체는 사용 범위를 넓히며, 새로운 모양의 매체 경험은 다양한 문제에 대한 적응력을 높이고 조절 능력을 키울 수 있다. 또한 호기심을 충족하여 지적 성장을 위한 자극이 될 수 있다.

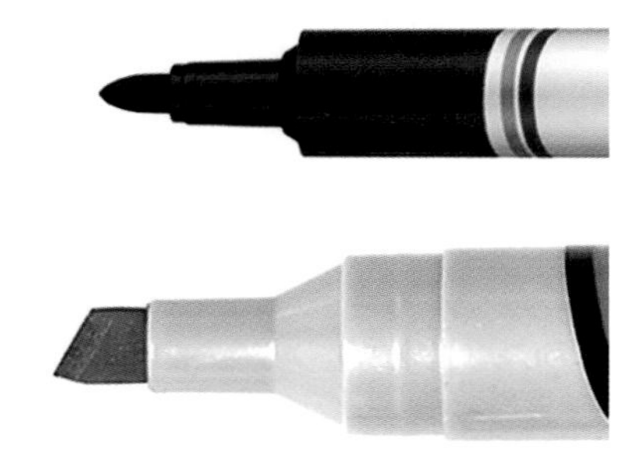

[그림 7-3] 펜촉의 모양

초기의 유성펜은 방수성, 착색성, 휘발성 등 유성의 특성을 충족시키기 위해 석유를 원료로 한 용제를 사용하였는데, 석유계 특유의 냄새가 있고 유해한 물질이 포함

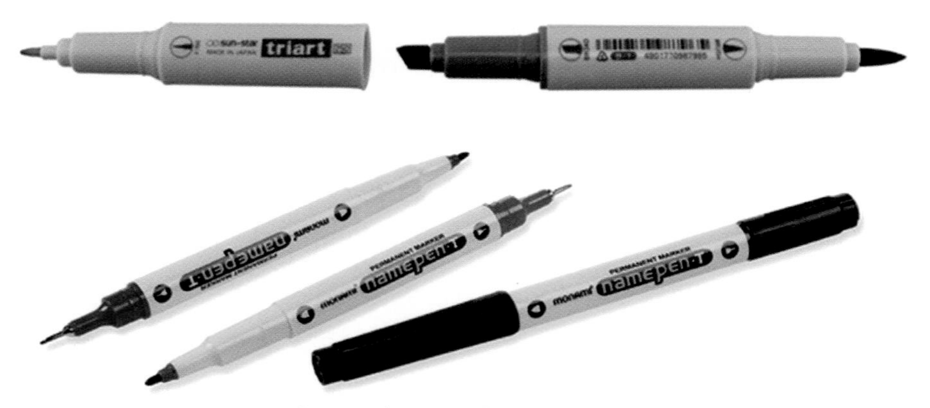

[그림 7-4] 다양한 펜촉의 모양과 굵기

되어 있어서 문제가 되기도 하였다. 그래서 현재 미술용품의 독성에 관련된 규정에 따라 석유계가 아닌 알코올계로 대체되었다.

미술매체를 안전하게 사용하기 위해서는 매체에 대한 지식과 특별한 주의를 필요로 한다. 미국 미술과 창작재료협회(The Art and Creative Materials Institute: ACMI)에서는 미술 및 창의적 재료 평가 전문가로 독극물 팀을 구성하여 독성에 대한 안전성을 통과한 제품에 AP 마크를 사용할 수 있도록 하고 있다. AP 마크는 사용에 있어서 특별한 주의점이 없어 어린이용 매체에 붙일 수 있으나, CL 마크는 '주의해서 사용한다면 피해가 없다'는 조건부 허용점이 있어서 어린이용 매체에는 붙일 수 없다. 독성은 매체를 다루는 현장에서 가장 먼저 유의해야 할 사항이다.

Look for these seals:

[그림 7-5] 매직의 안정성 마크

스티로폼은 발포성 폴리스티렌(Expandable Polystyrene: EPS) 수지로, 유성 매체와 동질 성분이기 때문에 유성 매직으로 작업하면 선명하게 발색이 된다. 수성펜은 스티로폼에 발색이 되지 않는다. 이질적인 성분이 서로를 밀어내기 때문이다. 미술 작업에 사용하는 압축 스티로폼인 우드락 역시 순 석유화학 제품이기 때문에 우드락 작업을 위해서는 수성이 아닌 유성의 제품군이 준비되어야 한다. 사인펜 사용에 물과의 반응이 중요한 부분이었던 것과 같이, 매직은 휘발성 유성이라는 물성에 유의해야 한다. 수성과 유성에 대한 이해에 기반을 둔 작업 계획은 사용자들에게 동질감과 이질감에 대해 이해하기 좋은 기회가 될 수 있다.

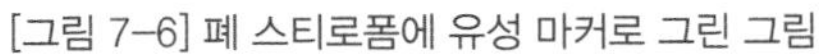

[그림 7-6] 폐 스티로폼에 유성 마커로 그린 그림

[그림 7-7] 우드락에 사용한 유성 마커의 발색

3. 이해의 틀 넓히기

다르게 쓰기

분리, 분해, 재구성의 경험을 통한 이해는 자신이 주체가 되는 경험을 제공한다. 단순히 내용을 학습하는 수동적 학습 방식이 아니라 매체의 기본적인 구성 요소를 이해하고 자신의 방식으로 재구성하는 것은 경험적 이해로, 이후 매체를 자신의 방식으로 사용하게 하는 좋은 방법이 될 수 있다. 매직은 빨리 마르고 잘 지워지지 않는 속성과 지속성 때문에 수정이나 지우기가 어려워서 한편으로는 사용하기가 어려운 매체이다. 석유계 매체의 흔적을 지우기 위해서는 아세톤 등 같은 계통의 석유계나 알코올계 제품이 필요하다. [그림 7-8]은 우드락 위에 칠한 매직을 아세톤으로 녹여 흘린 다음 종이에 찍은 것이다.

[그림 7-9]는 호일 위에 매직으로 색을 칠하고 그 위에 붓으로 아세톤을 칠해 매직을 녹인 후 종이에 찍은 작업이다. 유성 매직의 경직된 느낌이 아니라 투명한 수채물감 느낌의 결과물이 만들어졌다.

[그림 7-8] 우드락에 유성 마커로 그리고 녹이기 & 찍기 1, 2, 3

1. 호일 위에 유성 마커 칠하기

2. 유성 마커 녹이기

3. 녹인 후 종이에 찍기

[그림 7-9] 호일 위에 칠하기와 녹인 후 찍기

수성 사인펜의 색을 물로 분리시켰다면, 매직을 녹이기 위해서는 같은 성분의 유성 용제가 필요하다. 같은 계열의 유성 용제는 매직의 성분을 녹여서 분리시킨다. 녹이는 작업은 매체의 성분을 분리하여 이전의 상태로 되돌림으로써 그 매체의 구성에 대한 원리적 이해를 돕는 작업이 될 수 있다. 원리적인 이해는 매체의 장단점을 이해하고 이용할 수 있도록 한다. 앞 장에서 설명했듯이, 이것은 문제 해결을 위한 첫걸음이며, 매체에 대한 두려움을 없애고 매체에 대한 장애를 극복하는 데 도움이 된다.

녹은 매직은 유성 용제와 혼합되어 수채물감처럼 흘러내려서 통제성이 약해진다. 미술치료에서 매체와 작품의 상징성은 중요하게 다루어진다. 속건성과 강한 지속성을 약화시키는 것은 치료에서 중요한 상징이 된다. 이러한 성질은 상징적으로 사용자의 성향을 조절하는 데 이용될 수 있다.

그러나 아세톤 등의 휘발성 유성 용제는 독성과 냄새 등의 문제로 사용하기에 어려움이 있어서 많은 주의를 기울여야 한다. 유・아동과의 작업에서 매체는 더욱 안전하고 작업의 내용에 맞는 것이어야 하므로 신중을 기해야 할 것이다.

그대로 쓰기

매체를 유성으로 바꾸면, 돌, 병뚜껑, 천, 비닐, 유리, 알루미늄, 플라스틱 등 종이 이외에 다양한 매체를 함께 사용할 수 있으며 프로그램의 범위도 훨씬 넓어진다. 다양한 재료에 그리는 것은 새로운 경험으로 인지발달에 중요한 요소이다. 미술 작업 시간에 우산, 신발, 병, 캔, 가방, 접시, 컵 등 자신이 실제로 사용 가능한 물건을 만드는 것은 정서적인 만족감을 주며 자존감 향상을 돕는다.

[그림 7-10] 유성 매직으로 가방, 우산, 신발 등의 실용품에 작업한 결과물

분리해 보기

치료와 교육 현장에서 사용자와 지도자, 매체, 프로그램의 구성은 하나의 스토리로, 모두 이유 있는 구성이 되어야 한다. 그래야 가장 효율적이며 프로그램의 효과도 극대화된다. 좋은 프로그램 구성을 위해서는 그 프로그램에 사용할 이유 있는 매체가

적절하게 사용되어야 한다.

'유성 매직, 물, 그리고 물고기 그림 그리기, 물에 녹는 특별한 종이'

물에 녹도록 특별하게 제작된 종이 위에 유성 마커로 물고기들을 그린 다음 물 위에 띄우면 종이는 녹아 없어지고 매직의 유성 성분은 남아서 물 위에 뜬다. 이것은 물에 녹는 종이라는 재미있는 아이디어와 물보다 가벼워 물 위에 뜨는 기름의 성질을 이용한 발상인데, 유 · 아동들에게 매우 인상적으로 그 원리를 전달한다. 유성 매직과 물, 물에 녹아 사라지는 종이라는 세 가지 매체가 만나 생긴 장면이다. 이 활동에서 매체들은 목표에 맞게 적절히 구성되었고 과정은 무리 없이 적절한 속도로 진행되며, 모든 과정은 사용자의 호기심을 자극하고, 이해에 이르기까지 탐구의 과정을 스스로 거쳐 가도록 한다. 이 과정은 사용자의 사고를 자극하고 재구성하며 오랫동안 기억에 남는다. 재구성된 사고는 안정기를 거쳐 사용자를 성장에 이르게 한다.

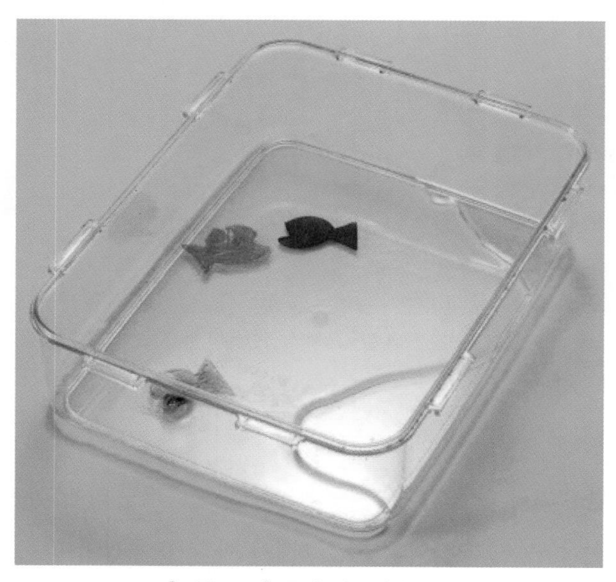

[그림 7-11] 물에 뜨는 매직 그림

[그림 7-12] 종이가 녹는 과정을 볼 수 있는 그림
유성 성분만 남아 물 위에 뜬다.

비밀로 해야 할 편지, 그림, 메모지 등을 물 속에 넣으면 녹아서 사라진다.

- (찬물, 더운물, 수증기 모드 기능) 이 종이는 그림을 그리거나 인쇄, 복사, 프린트할 수 있다.
- 미국 아쿠아솔(Aquasol) 사의 제품으로, 나트륨 카르복시 메틸 셀룰로오스(Sodivm Carbxyl Methyl Cellulose)와 나무펄프로 만들어져서 물에 잘 분해된다.
- 무독성 및 친환경 제품으로, EPA(미국환경보호청) 인증을 받았으며, 배출 시 자연보호를 할 수 있다.

[그림 7-13] 물에 녹는 종이

4. 경험 혹은 기억

[그림 7-14] 미장이 아버지와 일을 저지른 아들

매직에 대한 기억은 금지와 관계되기 쉬운 것 같다. 아이들은 지워지지 않는 매직으로 몸이나 벽에 낙서를 하고 혼이 난다. 매직은 물로 씻거나 닦아 내서는 지워지지 않기 때문이다. 지워지지 않는 매직의 장점은 이렇게 단점이 되기도 한다.

매직으로 낙서를 해서 벌을 서고 있는 아이의 얼굴이 많은 생각을 담고 있다. 어린 시절 아이가 유성 마커로 한 낙서에 대한 어머니의 반응은 지그문트 프로이트(Sigmund Freud)의 신경증 발생 이론을 연상케 한다. 유독 부정적 피드백과 금지로 매직을 기억하는 사람이라면, 작업 시간에 매직의 사용을 무의식적으로 꺼리게 될 수도 있을 것이다. 우리는 의식적으로 매체를 선택하기 전에 이미 무의식적인 선택의 상황에 놓인다.

[그림 7-15] 매직에 대한 기억

유성 마커로 바닥이나 벽에 한 낙서를 지우는 데에는 아세톤 등의 특별한 용제나 방법이 필요하다. 만약 아이가 유성 마커로 피부에 낙서를 했다면 더욱 곤란한 상황이 될 것이다([그림 7-16] 참조).

[그림 7-16] 매직을 사용했던 기억의 한 장면

5. 확장 및 응용

점착성, 휘발성, 마찰에 강함, 물로 지워지지 않는 것은 매직의 큰 장점이다. 소재를 바꾸어 주는 것만으로도 작업의 분위기를 전환시키며, 호기심과 작업 동기를 긍정적으로 자극할 수 있다. 비를 주제로 작업할 때, 종이 위에 그리는 것과 비닐우산에 그리는 것은 완전히 다른 느낌일 것이다.

[그림 7-17] 다양한 표면에 사용이 가능한 매직

6. 치료적 의미

발색, 시각적 반응

매직은 뚜렷한 색감으로 시각적 반응이 즉각적이다. 그러나 매체 위에 작업할 때 발색 속도가 매우 빠르고, 한 번 채색된 부분을 수정하기 힘들다. 이러한 이유로 사용하는 사람에 따라 선호도가 갈라지는데, 섬세한 조절 능력이 없는 아이들에게는 상당히 다루기 어려운 매체이기도 하다. 그러나 흥미 있는 작업을 위해 매직을 꼭 사용해야 한다면 아이들은 다루기 어려운 매직의 속도를 다루기 위해 매우 주의 깊게 작업할 수도 있다. 너무 빠른 발색 속도를 조절하기 위해 더 집중해야 하고 수정하기 어렵기 때문에 더 신중해야 할 것이다. 스티로폼, 우드락 등 특별한 재료를 사용하고자 한다면 매직의 이러한 특징들이 도움이 된다. 또한 확고한 선언이나 강조가 필요할 때 매직은 유용한 매체이다.

치료에서 선명함이나 뚜렷한 발색은 심리적으로 힘이 필요할 때, 어떤 사실을 확고히 하는 의미가 될 수 있다. 지워지지 않음은 강한 의지, 지켜지는 약속과 연결할 수 있다.

다음 세 가지 정의를 통해 매직을 효과적으로 사용할 수 있는 방법에 대해 생각해 보자.

- **계열색**의 부드러움은 사용자의 정서를 고요하게 한다.
- **반대색**의 선명한 느낌은 경쾌한 활동성을 부여한다.
- **발색 속도**는 사용자의 성향, 에너지 사용 방식과 관계한다.

매직은 부드러운 느낌으로 사용자의 정서를 고요하게 하기보다는 발색의 선명함으로 경쾌한 활동성을 부여하는 작업에 더 적절하다. 또한 빠른 발색 속도는 높은 에너지를 표출하는 작업에 더욱 적절하다.

[그림 7-18] 부드러움과 선명함이 가능한 매직

수채화는 겹치는 표현을 위해 먼저 칠한 색이 마를 때까지 기다리기를 반복해야 하고, 동양화는 발색을 위해 색가루를 여러 번 종이에 얹고 말리기를 반복하는데, 원하는 색을 만들기 위해서는 여러 단계와 시간이 필요하다. 유화 역시 색을 얹어 가는 과정에서 말리는 시간이 필요하다.

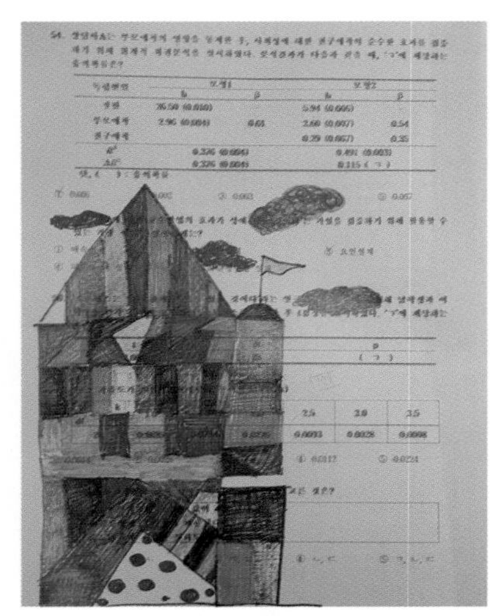

[그림 7-19] 덮어 그리기

매직은 짧은 시간에 발색이 완성된다. 지도자는 이러한 차이와 사용자의 성향을 고려하고 매체를 계획하여야 할 것이다.

덮기

매직의 선명한 발색은 덮기 작업을 가능하게 한다. 신문이나 잡지 등 이미 인쇄된 종이 위에도 덧대어 작업할 수 있다. 시험지를 덮은 매직([그림 7-19] 참조)은 부정적이거나, 자신이 보기 싫은 것을 덮거나, 원하지 않는 것을 덮어 수정하는 행위로 치료적 의미를 가질 수 있다.

정적 강화

매직으로 집 안에 한 낙서가 하지 말아야 할 금지 행동이었다면, 윈도우용 마커로 창문에 마음껏 그릴 수 있게 허용해 주는 것은 대안적 규범이 될 수 있다. 허용의 범위를 정해 줌으로써 스스로 그 범위를 지키도록 하여 긍정적인 행동 범위를 만들고, 부

[그림 7-20] 윈도우용 마커로 작업하는 아이

정적인 피드백은 줄일 수 있다.

윈도우용 마커는 미끄러운 유리에 사용할 수 있도록 표면의 장력을 높여 발색력이 더 좋아지도록 한 매체이다. 윈도우용 마커로 창문에 그리기는 매직을 금지된 매체가 아니라 허용된 즐거운 활동을 위한 도구로 만들 수 있다. 합의된 범위 안에서 행동을 조절하는 것은 건강한 성장을 장려한다. 쉽게 지울 수 있는 창문 유리를 그림을 그릴 수 있는 장소로 허용하는 것이다.

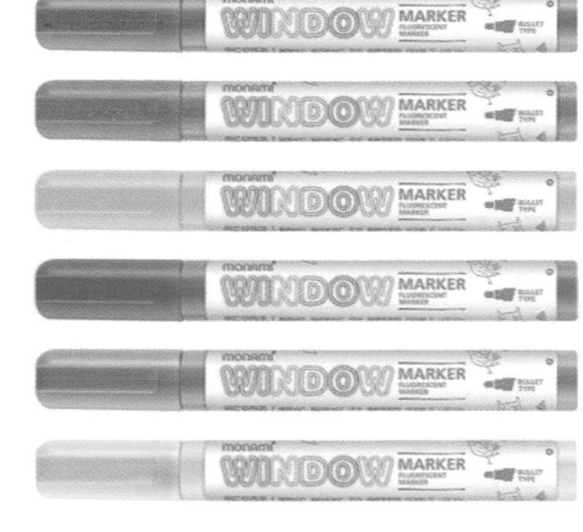

[그림 7-21] 윈도우마커 6색

지도자의 매체에 대한 폭넓은 이해는 적극적이며 정확하게 사용자의 욕구를 위한 조치를 할 수 있는 가능성을 높인다.

미술치료에서 투사적 그림 검사의 하나인 PPAT(The Person Picking an Apple from Tree, 사과나무에서 사과를 따는 사람) 그림 검사의 준비물은 12색 매직이다. 매직, 마커, 펠트펜 등의 다양한 명칭은 혼란을 가져올 수 있는데, 통일되지 않은 매체의 명칭은 오류를 부를 수 있다.

국제적으로 표준화된 그림 검사라면 더욱 통일된 매체의 명칭이 중요할 것이다. 매체명은 이름만으로도 그 매체의 특성을 반영할 수 있는 것이 가장 적절하다. 이 장에서 살펴본 대로 여러 종류의 시판 제품이 있는 만큼 정확한 명칭과 함께 펜촉의 굵기, 둥글거나 납작한 펜촉의 모양에 대한 제시도 있어야 할 것이다. 지도자는 치료나 교육 장면에서 이러한 가변적 상황에 대한 자신의 신념도 준비되어 있어야 한다.

PART 8

파스텔

Understanding of Art Materials

파스텔은 채색 시 너무 쉽게 가루가 흩어지기 때문에 사용자들은 통제할 수 없음에 대한 불안감, 좌절감 등 부정적인 감정을 가질 수 있다. 통제성이 낮은 매체 사용의 해결 방법은 매체가 아닌 사용 환경을 통제하는 것이다. 또한 사용 방법에 대한 특정한 매뉴얼로도 낮은 통제성을 해결할 수 있다.

1. 이해의 틀

파스텔(pastel)은 라틴어 'pastellus'에서 왔다. 풀(접착제)이라는 뜻으로, 분말 형태의 안료를 물, 접착제와 섞어 응고시켜 만든 데에서 온 이름이다. 접착제의 비율에 의해 부드러운 파스텔(soft pastel), 단단한 파스텔(hard pastel)로 구분되고, 오일이나 왁스 등이 첨가되면 오일파스텔이 된다. 우리가 파스텔이라고 부르는 건조하고 화려한 색을 가진 매체는 소프트파스텔 혹은 초크파스텔 등의 명칭이 적절하며, 실제로 판매회사(Sennelier-FRANCE)에서도 소프트파스텔과 오일파스텔로 구분하고 있다.

[그림 8-1] 파스텔의 색

파스텔은 안료의 비율이 높기 때문에 풍부한 색채를 표현하기에 좋으나 점착제가 적고 오일이 포함되지 않아서 화면에 칠했을 때 잘 지워지며 가루가 날리고 광택이 없다. 물감 등 다른 매체에 비해 혼색이 어려워서 특히 많은 수의 색이 필요하다. 물감을 사용할 때 10~20색으로 가능하다면, 파스텔은 100색 이상의 색이 필요할 수 있다.

파스텔은 17세기경부터 사용되기 시작했다고 알려져 있는데, 전반적인 특징은 건조하고 가벼우며, 색감이 부드럽고, 수용성이라는 것이다.

파스텔의 안료는 가루 상태로 화면에 발색되기 때문에 미끄러운 표면보다는 요철이 있는 표면이 가루가 점착되기에 좋다. 채색한 뒤에는 표면에 그대로 정착시키기 위한 정착액이 꼭 필요하다.

[그림 8-2] 파스텔지와 정착액

파스텔은 손의 감각을 직접적으로 전달하기에 좋은 매체이다. 붓이나 펜 등의 매개 요소를 사용하지 않고 화지에 직접 칠하기 때문이다. 낮은 점착성 때문에 파스텔 사용 시 손을 더 많이 사용하게 한다. 통제되지 않는 현상이 수습, 조정 등의 통제 욕구를 자극하기 때문이다. 이는 인위적인 제작 절차가 적은 원시적 매체의 특성이기도 하다. 채색 후 가루를 닦아 내는 방식의 작업으로, 색의 느낌이 옅고 부드러워 이 색감이 파스텔 톤이라는 고유명사를 만들어 내기도 했다. 이런 파스텔 톤 색감은 여성성, 부드러움, 평온, 달콤함 등을 불러온다.

[그림 8-3] 파스텔의 사용

[그림 8-4] 부드럽고 달콤한 파스텔 톤의 솜사탕

2. 더 이해하기

파스텔은 통제성이 매우 낮은 매체이다. 그래서 선으로 깔끔한 형태를 만들기가 어렵다. 통제성은 정돈된 결과물과 직접 연결된다. 내가 원하는 결과물로 표현하기 위해서는 매체를 내 방식으로 통제할 수 있어야 한다.

파스텔은 처음 만났을 때 상자 안에 많은 색이 가지런히 담긴 모습으로, 짧은 순간에 사용 욕구를 자극하기 쉽다. 탐색의 시기에 있는 유아의 경우에 파스텔은 탐색 행위 자체로 즐거운 시간을 제공할 수도 있지만 이후 표현의 시기에는 특정 형태를 표현하고자 하는 욕구를 좌절시킬 수 있다. 결과와 완성을 통해 성취감을 얻고, 자신을 증명하고자 하는 사실적 표현기에는 특별한 매뉴얼이 없는 파스텔 작업에서는 좌절감이나 실망감을 얻기가 쉽다.

[그림 8-5] 파스텔의 낮은 통제성

연필, 색연필, 사인펜 등은 모양으로도 어느 정도 사용에 대한 추론이 가능하며, 비교적 짧은 경험으로도 특징적인 정보를 얻기가 쉽다. 연필이나 색연필, 사인펜의 틀은 사용 부분에 집중하도록 만들어져 있어서 대부분의 사용자는 그 사용 방법을 따라가게 되며 따로 사용 방법을 교육할 필요는 없다. 그러나 파스텔은 모양을 접하거나 간단한 사용 경험만으로는 그 특성에 대해 추론하기가 쉽지 않다.

파스텔은 포장이 되어 있지 않아 어느 부분으로 사용하는지 혼란이 있을 수 있고, 일반적으로 경험하는 색을 넘어서는 많은 색에 당황스러울 수도 있다. 사용했을 때 그려진 선은 지워지기 쉽고, 잘 부러지기도 하여 파스텔 사용의 첫 번째 시도에서 좌절하기가 매우 쉽다. 이것은 통제성이 낮은 매체의 특징이다. 그래서 파스텔의 사용에 대한 통제성을 가지기 위해서는 적절한 사용 매뉴얼과 문제를 다루는 전문적인 경험이 필요하다. 완성도 있는 결과물을 만들기 위한 작업이 아닌 해소를 위한 미술 회기에 파스텔을 사용하고자 한다면 지도자는 그 목적에 맞게 계획을 분명히 해야 할 것이다. 해소를 위한 파스텔 작업과 파스텔로 완성도 있는 작업을 하는 것은 그 목적이 완전히 다르며, 그에 따라 진행 방향과 내용도 달라져야 한다.

파스텔은 다양한 색과 편리한 모양으로 많은 제작 과정을 거친 듯 보이지만 원시적

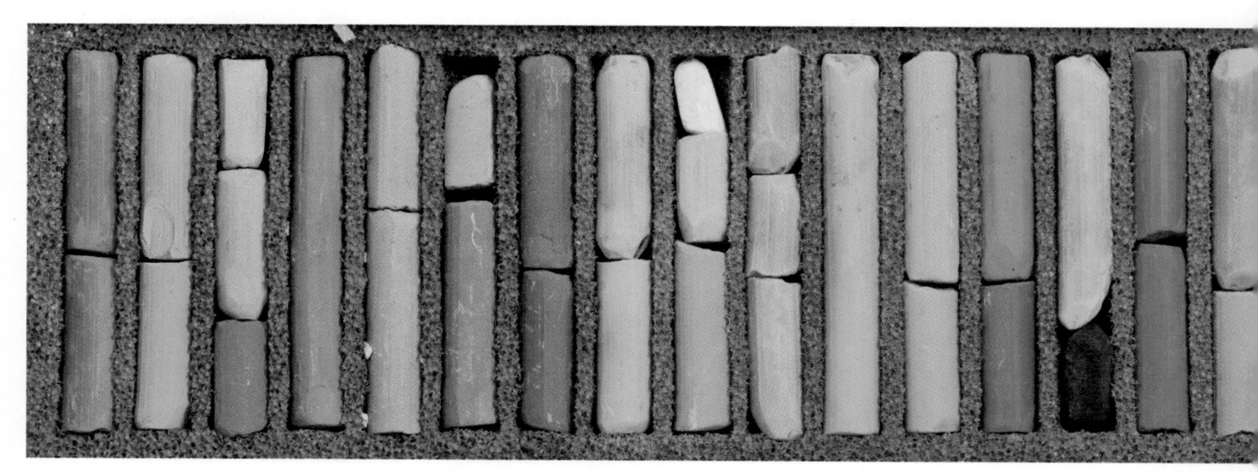

[그림 8-6] 파스텔의 특징적 형태

인 매체에 가깝다. 채색 시 너무 쉽게 흩어지는 색가루를 경험할 때 사용자들은 통제할 수 없음에 대한 불안감, 좌절감 등의 부정적인 감정이 생길 것이다.

통제성이 낮은 매체에 대한 해결 방법은 매체가 아닌 사용 환경을 통제하는 것이다. 그리고 사용 방법에 대한 특정한 매뉴얼로도 낮은 통제성을 해결할 수 있다. 예를 들어, 액체 수준의 묽은 점토는 파스텔과 비슷한 수준으로 사용자의 통제성을 벗어나지만 스푼으로 뜨기나 붓으로 칠하기 등 적절한 도구로 낮은 통제성을 해결할 수 있다. 묽은 점토의 낮은 통제성을 해결하기 위해 사용할 수 있는 도구들은 우리에게 매우 친숙하다. 묽은 점토를 통제하기 위해 사용하는 스푼과 붓은 사용자에게 안정감을 준다.

파스텔이 가진 낮은 통제성을 다루기 위해 여러 가지 방법을 시도할 수 있다.

연필파스텔([그림 8-7] 참조)은 우리의 파스텔에 대한 인식을 깬다. 파스텔을 안에 넣고 나무를 씌운 연필 모양의 스틱으로 인해 손에 묻는 것과 가루 날림 현상을 없앴

[그림 8-7] 연필파스텔

출처: Conté à paris 홈페이지.

다. 연필파스텔로 기존 파스텔의 낮은 통제성을 해결하며 섬세한 디테일을 표현할 수 있다. 선 드로잉, 명암 표현, 색 혼합과 섬세한 색상 변화의 표현도 가능하다. 심이 얇아 세부 표현이 가능한 연필의 특성을 활용할 수 있으며, 이는 파스텔에 쉽게 접근하기 어려웠던 부분을 해결할 수 있는 대안이 된다. 연필파스텔을 막대파스텔과 함께 사용한다면 작업의 효과를 극대화할 수 있다.

팬파스텔([그림 8-8] 참조)은 마치 색조 화장품을 닮은 모양이다. 모양을 다르게 만드는 것만으로도 파스텔 사용에 대한 생각과 태도는 달라진다. 막대 모양이 아닌 용기 안에 든 색가루는 어떻게 사용할 수 있는가? 이 질문을 받는 순간에 떠오르는 생각들을 메모해 보자.

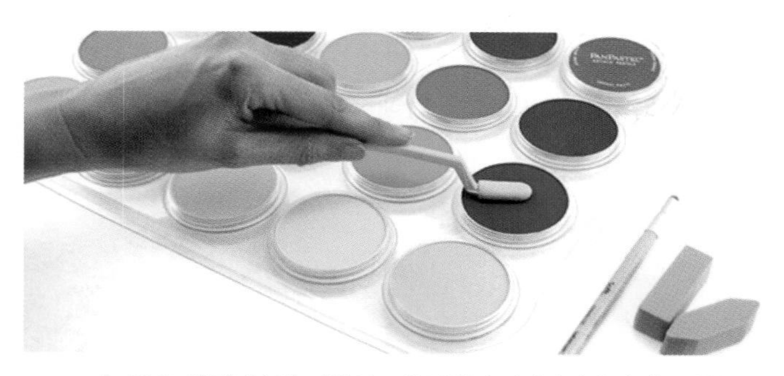

[그림 8-8] 팬파스텔_매체의 모양 변형이 아이디어에 미치는 영향

출처: (주)신한화구 홈페이지.

팬파스텔의 활용 아이디어

1.

2.

3.

3. 이해의 틀 넓히기

자신만의 특별한 방법을 연구하는 직업 화가들은 매체의 특성을 반전시키기도 한다. [그림 8-9]는 알렌 버만(Allan Berman)의 그림으로, 파스텔의 건조하고 광택 없는 특징이 전혀 없이 선명하고 광택이 있는 작품으로 완성되었다. 전문가들은 매체의 특성을 극대화하기도 하지만 정반대로 그 본래 성질을 눈치 채지 못하게 만들기도 한다.

[그림 8-9] 버만의 파스텔화

출처: Allan Berman 홈페이지.

화가들은 자신의 주제를 가장 잘 표현해 줄 수 있는 재료를 찾는데, 에드가 드가(Edgar Degas, 1834~1917)는 가볍게 날아오르는 발레리나의 모습을 표현하기 위해 파스텔을 사용했다([그림 8-10] 참조). 발레리나의 가볍고 부풀린 의상과 날아오르는 느낌을 표현할 수 있는 최적의 재료를 파스텔이라고 본 것이다. 파스텔의 장점인 가볍고 부드러운 여성성이 드가의 파스텔 그림에 잘 표현되어 있다. 파스텔의 특성을 잘 살린 아름다운 작품을 남겼지만 파스텔 가루가 드가의 눈 상태를 악화시켰다고 하니 매체를 다룸에 있어 유의점에 늘 주의를 기울여야 할 것이다.

[그림 8-10] 드가의 〈무희들〉(1878)

4. 경험 혹은 기억

[그림 8-11] 바닥의 분필

다른 매체에 비해 유독 파스텔 사용에 대한 기억이 적게 남아 있는 것은 아동기에 파스텔이 제공되지 않았기 때문일 것이다. 쉽게 부러지고, 가루가 날리며, 그려진 선은 너무 쉽게 닦여 나가 표현을 유지하기가 어렵고, 원하는 색감을 내기에도 쉽지 않은 파스텔의 다루기 어려운 특성 때문일까? 유·아동에게는 난해한 매체라는 인식 때문이었을까? 파스텔을 다루는 것을 교사가 원하지 않았던 것은 아닐까? 경험의 기회를 제공받지 못한다는 것은 이후 그 부분에 대한 어떤 의견도 가지지 못하게 된다는

[그림 8-12] 여성의 색조 화장품

의미이다.

학교에서 칠판에 사용하던 하얀색 분필과 엄마의 색조 화장품은 파스텔을 떠올리게 한다. 색감과 건조한 가루의 느낌 때문일 것이다.

5. 확장 및 응용

파스텔은 통제성이 낮은 만큼 개인적인 응용 방법으로 활용성이 더 커질 수 있다. 낮은 통제성의 매체는 간단한 보조 도구들을 조금만 활용하면 표현에 큰 효과를 볼 수 있으며, 자신이 원하는 방향으로 통제하여 작업을 성공적으로 마친다면 어려움을 넘어서는 큰 즐거움을 맛볼 수 있다.

채

파스텔을 직접 종이에 대고 칠할 때 종이와의 마찰 때문에 가루가 너무 많이 떨어지는 불편함이 있는데, 플라스틱 칼이나 채를 활용하면 필요한 양만큼 조절하여 화지에 사용할 수 있다. 미술 작업에서 채를 사용해 보는 것 또한 새로운 도구 경험이다.

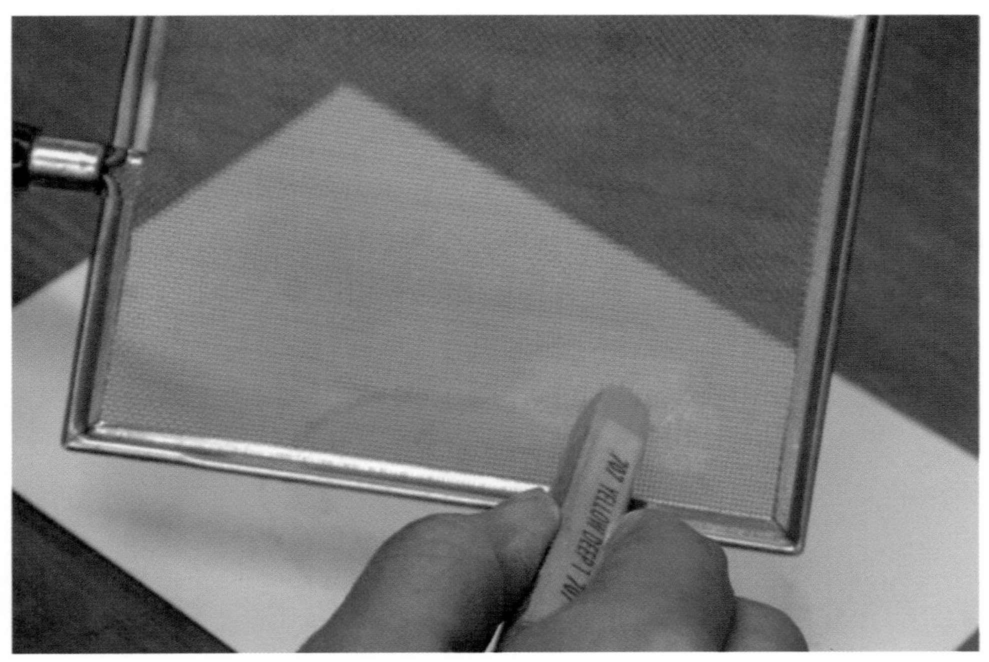

[그림 8-13] 파스텔용 채

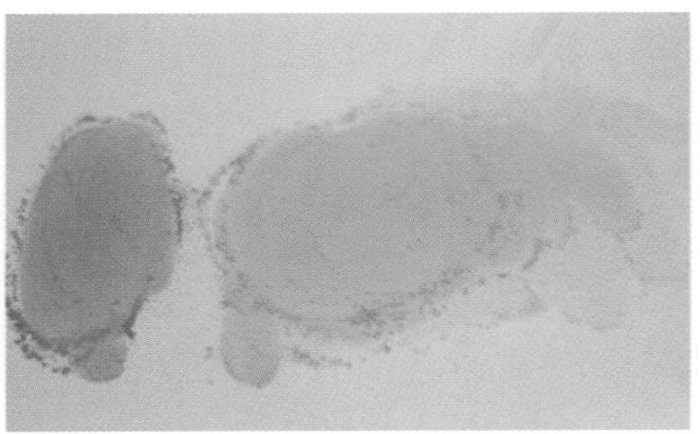

[그림 8-14] 파스텔 가루의 사용

붓

붓으로 파스텔 가루를 찍어서 칠하면 손가락과 다른 자연스러운 그러데이션 효과를 얻을 수 있다. 붓 이외에도 면봉, 티슈, 면포, 폼폼 등 다양한 보조 도구를 사용하여 파스텔 작업에 창의적인 아이디어 실현이 가능하다. 도구의 크기나 모양에 따라 원하는 색감으로 조절하며 작업 사이즈를 조절할 수도 있다. 또 두 가지 이상의 색을 혼합할 때 파스텔 막대를 그대로 사용하는 것보다는 긁어낸 후 두 색의 가루를 혼합하는 것이 더 쉽다. 이 역시 건조한 가루의 특징을 가지는 파스텔의 특성으로 다른 매체 혼합법과는 다른 방법이다. 매체에 따라 적절한 이해를 가지고 있으면 매체 활동에 대한 불안과 긴장감을 없앨 수 있으며 창의적 시도를 하는 데 장애가 없다. 매체를 적절하게 사용할 수 있다는 것은 문제 해결 능력과 연관된다. 이때 사용자는 매체 사용에 긴장감 없이 문제를 해결하고 창의적 시도를 할 수 있다.

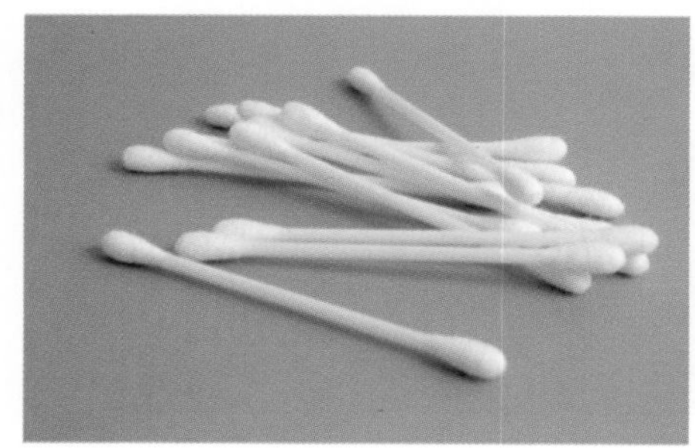
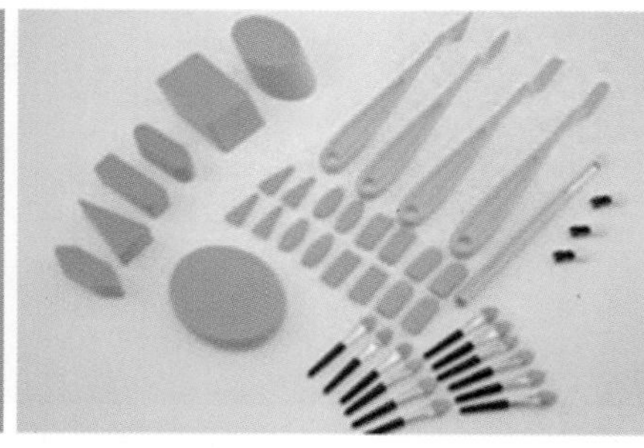

[그림 8-15] 파스텔과 함께 사용하는 보조 도구들

도구로부터 연상

그렇다면 파스텔 사용을 위한 보조 도구들([그림 8-16] 참조)은 작품 제작과 활동에 어떤 영향을 미칠까? 사용자는 파스텔과 함께 놓인 잘라져 있는 스펀지, 둥근 스펀지, 길거나 짧은 붓을 보는 순간에 자신의 모든 사고 체계를 작동시킬 것이다. 이 순간은 매우 중요한 순간으로, 사용자의 생각이 무사히 작동할 수 있는 시간이 필요하다. 도구의 모양과 질감을 스스로 탐색함으로써 사용자들은 특별한 지도 없이도 그것을 인

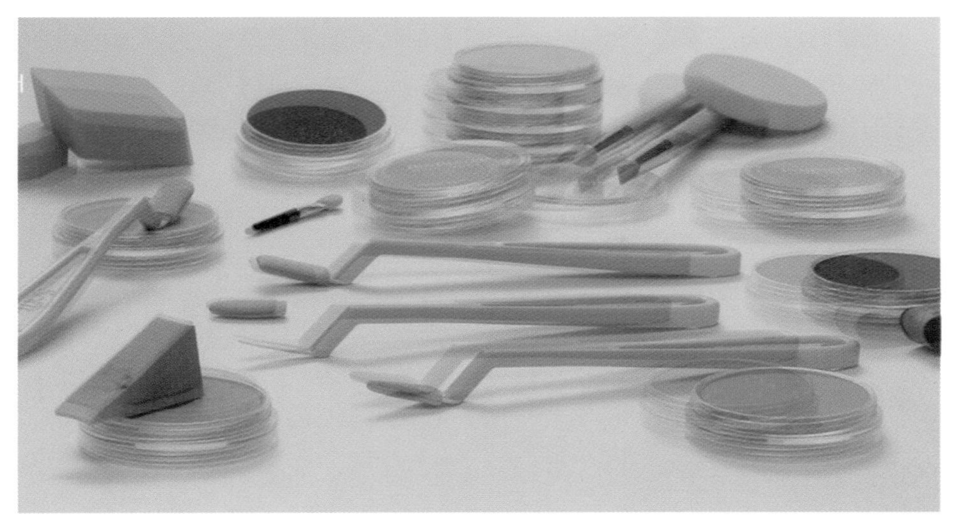

[그림 8-16] 시판되는 파스텔 작업을 위한 보조 도구들(신한)

식하며, 작업에 대한 아이디어를 얻고, 또한 자신의 작업이 나아갈 바를 생각할 수 있다. 경험으로부터 얻은 지식은 오랫동안 각인된다. 이때 사용자들에게 필요한 것은 가르침이 아니라 적절한 테이블(작업 장소)과 잘 세팅된 매체 그리고 탐색할 자유와 시간이다. 지도자는 신중히 시간을 주고 사용자들의 시도를 사고와 연결하여 지켜보아야 한다.

특별한 지도 없이 여러 가지 도구와 함께 파스텔을 일정 시간 사용해 보는 경험만으로도 파스텔 작업을 하는 데 대한 긴장감은 현저히 줄어들 수 있다. 각 도구는 그 모양이 틀이 되어 무언의 매뉴얼을 제공한다. 이때 지도자의 지도는 간접적이며 넓은 범위를 제공하는 것으로, 보호되는 넓은 틀 안에서 사용자가 안전하게 자기주도적으로 지식을 흡수하도록 돕는다.

좌절감 없이 즐겁게 사용하기

파스텔은 색연필이나 오일파스텔처럼 특정 형태 안에 채색하는 것이 쉽지 않아서 채색 활동이 오히려 좌절감을 불러일으킬 수 있으므로 무리해서 채색을 시도하기보

[그림 8-17] 파스텔과 지우개

다 낮은 통제성을 활용하는 배경색 만들기 활동으로 전환하는 것이 대안이 될 수 있다. 파스텔로 만든 바탕 위에는 연필, 색연필, 오일파스텔, 매직 등의 다양한 매체를 혼합하여 시도해 볼 수 있다. 먼저, 넓은 면을 채색하는 활동은 욕구 해소와 관계하고 그리기에 대한 고정관념을 바꾸며 그 과정에서 파스텔의 특징을 이해할 수 있다.

파스텔 바탕을 지우개로 지워 그리는 활동은 점착력이 낮은 파스텔의 특징을 활용한 활동이다. 지워진 선이 주제가 되며 이 활동을 통해 파스텔의 점착력을 경험할 수 있다([그림 8-17] 참조).

연필과 파스텔은 서로를 보완한다. 파스텔은 낮은 점착력 때문에 선을 깔끔하게 표현하기가 어렵다. 파스텔 위에 연필을 사용하면 흑연이 지닌 가벼운 기름기가 건성 파스텔에 반발하여 낮은 통제성에 높은 통제 선이 어우러지면서 두 매체의 단점을 보완하게 된다.

다음의 매체로 작업해 보자.

〈파스텔과 연필〉

〈밀가루와 파스텔〉

[그림 8-18] 파스텔과 매직

손끝으로 느끼는 밀가루와 파스텔의 감각은 어떤가?

밀가루는 마른 가루로 파스텔 가루와 흡사한 촉감을 가진다. 하얀색 밀가루를 파스텔 가루와 섞었을 때 파스텔의 색이 변한다. 가루에 색을 넣거나 색을 변화시킬 때 필요에 따라 매체를 변형하는 방법을 경험할 수 있다. 파스텔 배경 위에 매직으로 그리는 것은 매직의 높은 통제성이 안전하게 표현되는 느낌을 받는다. 파스텔 가루가 매직의 속도를 제어하기 때문이다([그림 8-18] 참조).

작업 순서를 바꾸는 것은 파스텔의 낮은 통제성을 극복하는 좋은 방법이 된다. 이것은 파스텔을 쉽게 다루는 방법이기도 하고, 기존의 그리기 방법의 순서를 뒤집는 것으로, 사고의 패턴을 재배치하는 의미의 활동이 된다.

[그림 8-19] 파스텔과 물, 붓

파스텔은 유성 첨가물이 포함되어 있지 않아서 물과 친하다. 파스텔로 칠한 바탕 위에 물을 사용하여 주제를 표현할 수 있다. 물은 파스텔에 포함된 점착제와 반응하여 가루를 종이에 점착시켜서 고정시킨다.

[그림 8-20]은 몸통에 물을 넣어서 사용할 수 있는 물붓이다. 물붓을 사용하면 손잡이에 물을 넣어 공급할 수 있어 편리하며, 두세 자루 정도를 준비하면 색계열에 따라 구분하여 사용할 수 있고, 채색, 색 혼합, 그라데이션, 하이라이트 등의 작업에 유용하게 사용할 수 있다.

[그림 8-20] 물붓

6. 치료적 의미

이완은 치료에서 매우 중요한 문제이다. 통제성이 낮은 파스텔은 치료에서 이완과 관련한 매체이다. 밀가루 풀, 물감을 이용한 핑거페인팅, 젖은 점토, 한지를 이용한 한국화 기법, 모래 등은 모두 통제력이 낮으며, 이완을 돕는 매체와 기법에 해당된다.

ADHD 아동에게 적용한 이완 매체들을 활용한 프로그램의 효과 연구에서는 파스텔이 가장 낮은 문제행동 감소를 보였음을 밝혔다(이채영, 최은영, 2007). 이는 파스텔의 낮은 통제력이 ADHD 아동을 자극하여 주의를 집중할 수 없게 하였음을 보여 주는 결과이다.

파스텔은 좋은 이완 매체이지만 사용에 있어 명확한 방향과 섬세하게 계획된 틀이 없을 때 사용 과정에서 매체를 통제하기가 어려우며, 오히려 긴장감을 고조시키고 불안감을 자극하게 된다. 이완 매체를 적절하게 사용하기 위한 방법적인 연구와 계획이 반드시 필요하다.

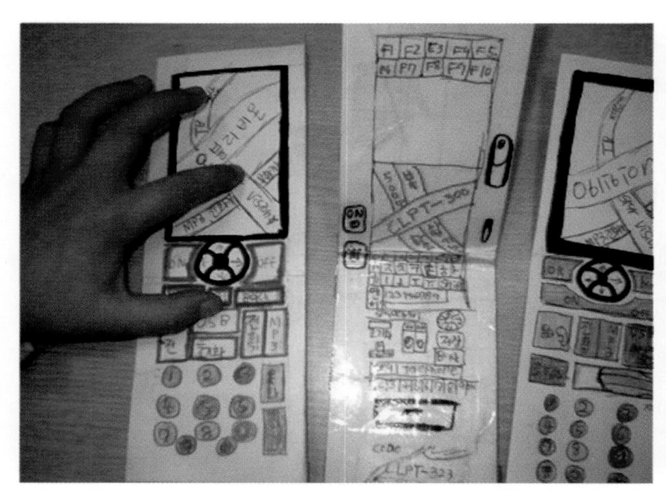

[그림 8-21] 배경이 아닌 주제에 집중 가능한 모양 화지

화지와 도구를 통제하는 것은 매체 자체를 통제하는 것보다는 쉬운 일이다. 활동의 목표에 맞는 범위를 주기 위해 화지의 모양이나 크기를 제시하여 지도자의 의도를 반영할 수 있다. 예를 들어, 발달 단계나 개인이나 집단의 특성에 따라 만다라의 원형, 삼각형, 사각형의 화지, 32절, 16절, 8절 등으로 의미 있게 통제된 화지를 제시할 수 있다.

일반적으로 사용하는 8절이나 4절 크기의 도화지 작업에서 전체 구도를 한번에 생각해야 한다면 특정 모양 화지([그림 8-21] 참조)는 초점을 제공할 수 있어 사용자가 주제에 바로 집중하게 할 수 있다. 또한 모양 화지를 제공하는 것은 파스텔의 적절한 통제를 가능하게 하고, 기획부터 구성 과정과 결과까지 한 화면에서 모두 고려해야 하는 부담감을 해소한다. 부담감이 덜어지면 안정감을 얻고, 스스로 더 많은 시도를 하게 된다. 마치 라디오 채널이 정확할 때 잡음이 없어지는 것과 같은 효과라고 할 수 있다.

특성상 복잡한 만다라 문양([그림 8-22] 참조)은 파스텔로 채색하기가 어렵다. 미리 자른 모양 화지와 파스텔을 제공하여 만다라 활동을 시도한다면, 제공된 통제성(종이의 모양) 안에서 새롭고 창의적인 체험이 가능할 수 있다.

만다라 활동에 정해진 매체나 기준은 없으나 일반적으로 인쇄된 도식에 채색하는 문양 만다라를 많이 접하게 된다. 문양 만다라 채색에 주로 사용되는 매체는 색연필 또는 사인펜으로, 작고 복잡한 패턴에 채색이 편리한 매체이기 때문이다.

[그림 8-22] 만다라 문양

만다라 패턴 채색 활동에 색연필을 쓴다는 고정된 생각이 있다면, 그 생각을 바꾸는 데 파스텔과 원형 화지는 적절한 활동이 될 수 있다. 원형으로 오린 둥근 만다라 용지를 제시하는 것이다. 모양 화지는 작업의 범위를 줄이고, 특정 부분을 확대하여 보여 주는 효과로 사용자의 부담감을 덜어 줄 수 있다. 가령, ADHD 아동과의 작업에서 바로 주제에 집중해 아동이 짧은 주의력 문제를 해결할 수 있다. 이때 지도자가 아동의 주의력을 유지하도록 하기 위해 애쓰거나 과잉 행동을 통제하기 위한 조치를 과하게 하지 않아도 된다.

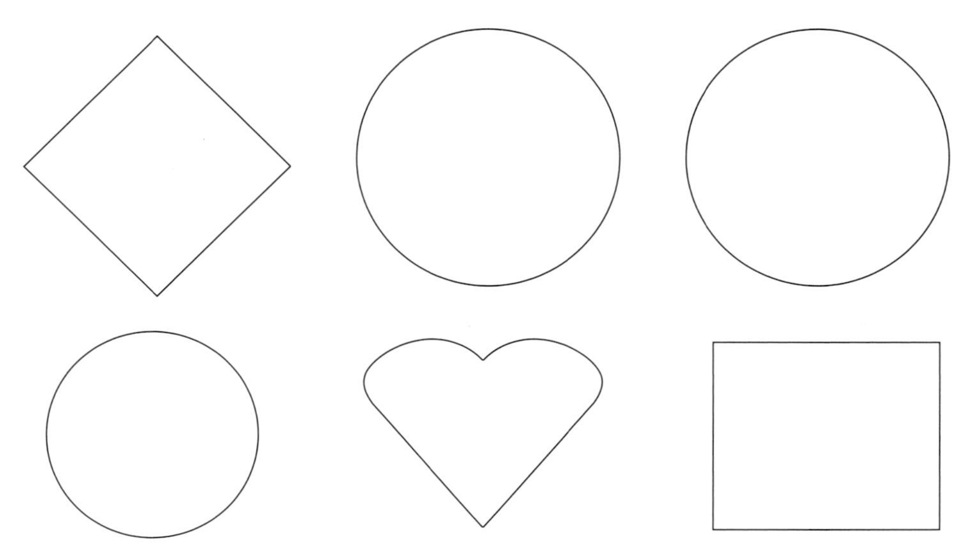

[그림 8-23] 주어진 모양 화지에 만다라 작업하기 예시

원 모양뿐 아니라 다양한 모양의 화지를 미리 잘라서 준비하고 사용자가 모양을 선택하도록 할 수 있다.

색과 색의 느낌

파스텔의 컬러는 대략 채도 240, 명도 160 정도의 색상을 의미한다. 사람들은 색을 하나의 독립된 색으로 명명하지만 사실 색상이란 본래 빛의 분광을 통해서 나타나는 현상이므로 서로 분명한 경계가 없다. 파스텔은 경계가 뚜렷한 색의 특성보다는 본래의 색의 명도와 채도를 낮추어 서로 연결되는 부드러운 느낌을 준다.

슈타이너는 인간의 몸을 머리, 가슴, 하복부인 사지로 나누고, 신체적 능력과 평행적으로 영적인 세 가지 정신력이 동시에 존재한다고 보았다. 소묘를 인간의 머리 부분, 조소는 하복부, 회화는 가슴에 작용한다고 하였다.

소묘는 자유로운 지성을 가지게 한다.
사고형 인간에게 영향을 끼친다.

회화는 감정을 가지게 한다.
가슴형 인간에게 작용한다.

조소는 자제력을 가지게 한다.
사지형 인간에게 작용한다.

소묘에서 말할 수 있는 것은 사실에 충실하다는 것이다.
회화에서 말할 수 있는 것은 아름답다는 것이다.
한 개의 형태에서 자주 말해지는 것은 좋다는 것이다.

치료사는 '병든 사람은 세 영역 중 어느 쪽의 도움을 필요로 하는가?'라는 질문에 따라 작업을 한다(Mees-Christeller, 1988).

색은 인간의 정서에 영향을 주며, 순환기 계통에 도움을 줄 수 있다. 호흡은 인간에게 가장 중요한 생명 활동이다. 리듬은 호흡에 관여한다. 붓과 색과 물을 이용한 활동은 심리적 이완을 돕는다. 이완을 바탕으로 방향과 압력과 속도를 찾아 자신의 리듬을 만든다. 지도자는 파스텔의 다양한 색 특성이 치료의 어떤 영역에 활용되어야 할 것인가를 생각해야 한다. 색의 다양한 영향력과 필요에 따른 색 적용하기에 대해 깊은 이해가 필요하다.

메리 카사트(Mary Cassatt, 1845~1926)는 아기와 어머니의 따뜻하고 부드러운 접촉을 표현하기 위해 파스텔을 선택하였다([그림 8-24] 참조). 그녀의 작품 대부분은 여성의 일상을 담고 있는데, 특히 어머니와 아이들을 주제로 한 작품이 많다. 그녀의 그림은 조용하고 평온하며 따뜻하다. 파스텔은 그 느낌을 그대로 표현해 준다.

[그림 8-24] 카사트의 〈졸린 아기(Sleepy Baby)〉(1910)

PART 9

오일파스텔

Understanding of Art Materials

오일파스텔은 열뿐 아니라 아세톤, 콩기름, 알코올에도 녹는다. 오일파스텔은 유 · 아동기부터 사용한 친근한 매체이다. 친근함은 안정성을 제공한다. 그 안정성으로부터 의도적 퇴행을 만들 수 있다. 퇴행은 경직된 심리 문제를 도울 수 있다.

1. 이해의 틀

[그림 9-1] 오일파스텔 가루

오일파스텔(oil pastel)은 색가루에 오일을 혼합한 매체이다. 우리에게 크레파스로 익숙하지만 사실 '크레파스'라는 이름은 '크레용과 파스텔'의 앞 글자를 따서 만든 것으로, 1925년 일본의 사쿠라 상회에서 어린이를 위해 만든 오일파스텔의 한 종류이다. 광택이 있는 파스텔을 의미하는 오일파스텔은 색 안료나 오일의 양을 늘리거나 줄임에 따라 강도나 접착력이 조금씩 다른 매체가 만들어진다.

이 매체는 투박하면서도 따뜻한 느낌을 만든다. 물감처럼 색을 혼합할 필요가 없어서 비교적 사용이 간편하고, 묵직한 질감과 선명한 색감으로 짧은 시간에 만족스러운 결과물을 얻을 수 있다.

크레용, 오일파스텔, 파스텔을 함께 보았을 때

[그림 9-2] 크레용, 크레파스(=오일파스텔), 파스텔의 질감

크레용(Crayon)은 프랑스어로 '연필'이라는 뜻이다. 복수가 될 때 미술 도구라는 뜻도 된다. 색 가루에 파라핀을 굳히는 방식으로 제작되어서 단단하고 손에 묻어나지 않는다.

파스텔은 가루 원료를 오일 없이 굳힌 것이라서 광택이 없고 선명하지 않다. 또 접착력이 없어서 칠했을 때 쉽게 지워지고 부스러기가 떨어진다.

크레파스는 오일이 첨가되어 있어서 크레용보다 선명하게 착색되며, 부드러워서 사용할 때 힘이 적게 들고 덧칠도 잘 된다. 크레용보다 무르기 때문에 손에 더 잘 묻어난다.

원래 크레용의 시작은 목탄에 오일을 혼합하여 만든 것이었기 때문에 검은색만 있었다. 이후 색 안료들을 써서 여러 가지 색이 등장했는데, 파스텔을 쓰던 사용자들에게는 정착액(픽사티프, fixative)을 뿌릴 필요가 없는 획기적으로 편리한 매체였을 것이다.

1921년 **사쿠라** 상회에서는 교육적인 의도로 아이들에게 다양하고 부드럽고 선명하며 혼색도 가능한 매체를 제공하고자 크레파스를 제작하였다. 이후에도 **사쿠라** 상회에서는 기존의 크레용의 단점들을 보완한 제품들을 계속 생산하였다.

1924년에는 혼색이나 질감 표현이 어려운 문제를 해결하고자 그들이 만든 크레파스의 점도를 높게 개량하였다.

1927년에는 오일 때문에 여름에 녹고 겨울에는 굳는 문제를 해결하여 계절에 상관없이 사용할 수 있는 제품을 만들었다.

그들이 목표한 대로 크레파스는 유·아동에게 특히 유용한 그림 매체가 되었다.

[그림 9-3] 사쿠라 상회 크레파스의 초기 복원판

출처: (주)짐모아 홈페이지.

2. 더 이해하기

[그림 9-4] 크레용 상품

크레용은 파라핀이나 밀랍에 색 안료를 섞어 굳힌 것이기 때문에 단단하고 유지력이 좋다. 크레파스보다 단단해서 얇아도 잘 부러지지 않는다. 오일이 적게 포함되어 있어서 단단하고, 얇은 만큼 크레파스보다 긴장감은 높다. 채색 시 색감은 떨어지는 편이다.

[그림 9-5] 파스넷 상자

파스넷은 발색과 무르기 등 오일파스텔의 특징을 가지지만 오일 성분이 아닌 수성 성분으로 만들어져서 오일 특유의 냄새가 없고, 옷이나 손에 묻었을 때 지우기가 쉽다. 종이 위에서 미끄럽게 느껴질 정도로 사용감이 매우 부드럽고, 힘주어 칠하지 않아도 색이 선명하게 표현된다. 무른 특징으로 으깨듯 칠해 마치 유화 그림처럼 묵직한 효과를 빠른 시간에 낼 수도 있으며, 또한 수성 성질을 활용해 물과 함께 사용하면 수채화 같은 효과를 낼 수도 있다. 채색 느낌이 크레파스와 비슷하지만 수성의 특징은 크레파스와는 완전히 다르다.

[그림 9-6] 파스넷 색연필

파스넷은 힘을 주지 않아도 쉽게 채색할 수 있고, 비교적 안전하고 다루기 쉬운 수성 성분으로, 유·아동 미술 작업 시 오일파스텔 대용으로 사용할 수 있다. 하지만 매우 무른 재질로 인해 채색 시 찌꺼기가 많이 나오고, 손에 잘 묻어나며, 쉽게 부러지는 것을 염두에 두어야 한다. 함께 판매되고 있는 얇은 색연필 형태의 파스넷을 사용할 때는 파스넷과 파스넷 색연필의 차이점을 생각해 보자([그림 9-6] 참조).

[그림 9-7] 파스넷 사용_물과 함께 사용하기

도트 크레용(Dot Crayon)은 여러 가지 색이 모자이크처럼 어울려서 새로운 색을 만들 수 있도록 한 오일파스텔이다. 화가들의 색 조합에서 영감을 얻어 만들어졌는데, 하나의 크레용으로 3~4개의 계열색을 한꺼번에 쓸 수 있어서 색다른 즐거움과 색을 경험하게 하며, 새로운 시도로 이어질 수 있는 기회를 제공한다. 매체가 사용자들의 영감을 실현하고 불편한 부분을 수정하려는 시도에서 매체의 새로운 역사는 만들어진다.

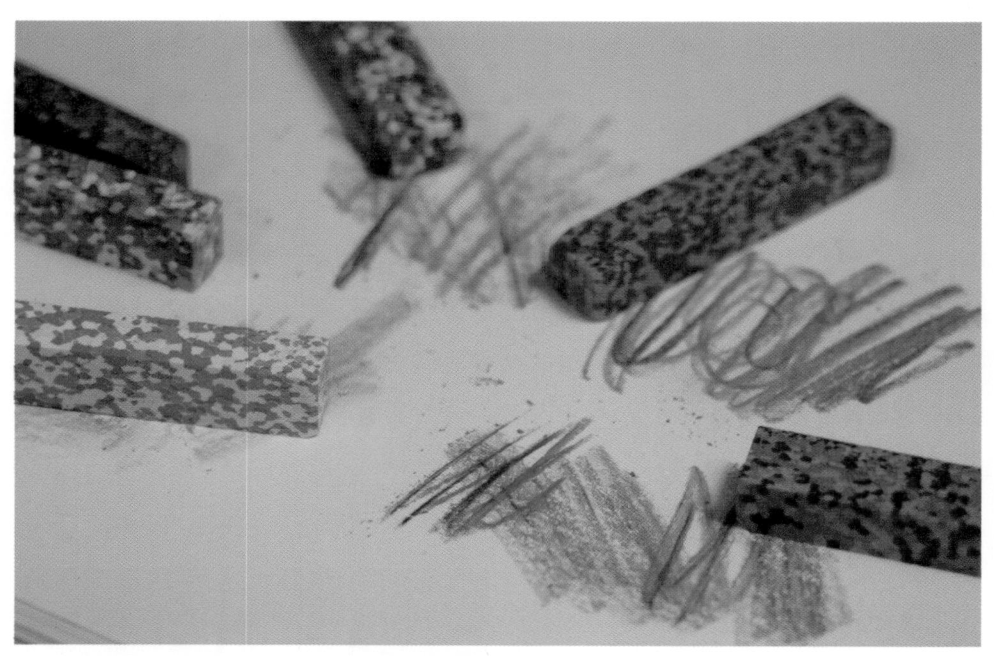

[그림 9-8] 새로운 방식의 표현을 가능하게 하는 도트 크레용

3. 이해의 틀 넓히기

오일파스텔은 대체로 매체의 굵기가 굵고 무른 성질로 인해 섬세한 선을 표현하기가 어렵다. 그러나 굵은 선은 다루기 쉽고, 덜 민감한 장점이 있다. 오일파스텔은 유·아동을 위한 매체라는 인식이 있는데, 원색적인 선명한 색감과 부드럽고 사용하기 쉬운 특징 때문이기도 하지만 아동기부터 계속 사용해 온 크레파스의 영향 때문이기도 할 것이다.

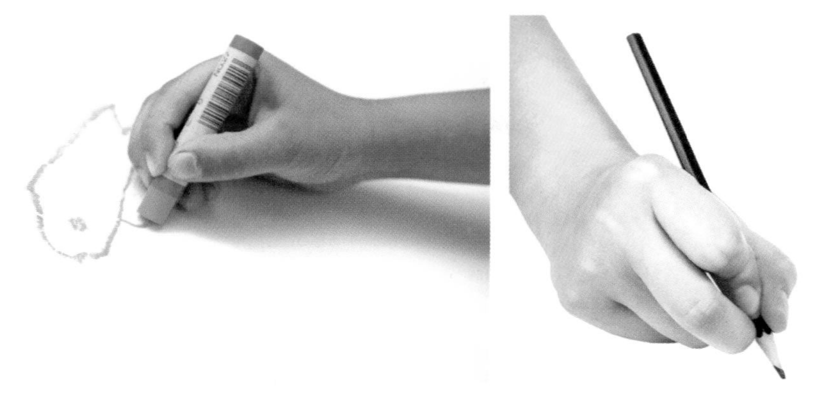

[그림 9-9] 크레파스와 연필을 잡은 손 모양

오일파스텔의 굵기는 유아의 발달 상태와 연결된다. 유 · 아동은 세부 근육들이 완전히 발달되지 않아서 얇고 단단한 필기구를 잡는 것이 어렵고, 세부적인 표현을 하기도 어렵다. 얇은 연필을 잡을 때 사용하는 힘과 상대적으로 굵은 크레파스를 잡을 때 사용하는 힘은 정도가 다르다([그림 9-9] 참조). [그림 9-10]과 같이 주먹으로 쥐었을 때 대근육을 사용하게 되어 작은 표현을 섬세하게 하기 힘들다. 이러한 사실을 반영한다면 오일파스텔 작업 시 유아에게는 대근육 사용에 맞는 큰 사이즈의 화지를 제공하는 것이 좋다.

[그림 9-10] 도구에 따라 다르게 사용되는 손 근육

미술 표현 발달 단계에서 2~4세 유아의 발달 단계는 난화기로, 이 시기의 유아들은 도구를 잡고 뭔가 끄적거리기 시작하는데, 이 행위는 그리기보다는 흔적 남기기에 가깝다. 이후 점차 자신의 난화를 조절하여 그리기 시작하는데, 무언가 모양이 만들어져 가는 이때 이들의 시도와 집중에 엄청난 에너지가 필요하다. 이 시기의 유아는 충분히 소근육이 발달하지 못한 상태로, 얇은 막대 형태의 도구를 잡고 그리기가 어렵다. 마치 무엇을 하고자 하나 몸이 마음대로 움직이지 않는 상태와 비슷하다.

[그림 9-11]은 유아의 그리기 욕구가 발달하는 시기와 상태에 맞추어 생산되는 유아용 크레용이다. 손끝으로 쥐는 형식이 아닌 주먹으로 쥐거나 손가락에 끼워 사용할 수 있으며, 안전성을 고려한 무독성 재료로, 사용 시 찌꺼기가 적도록 하여 유아들이 사용하기에 적절하게 제작되었다. 생산자의 발달을 고려한 매체 연구는 매우 바람직한 시도이며, 생산자가 지도자와 긴밀히 교류하여 함께 좋은 매체를 만들어 나가는 작업이 필요할 것이다.

[그림 9-11] 주먹 크레용(총이) 사용하기

출처: 스노우키즈 홈페이지.

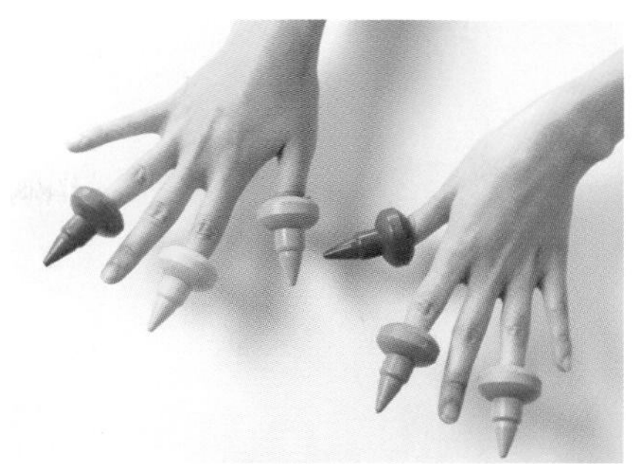

[그림 9-12] 유아용 주먹 크레용

출처: 옴모 홈페이지; Alibaba 홈페이지.

유아용 주먹 크레용([그림 9-12] 참조)은 유아의 발달에 맞게 제작된 크기와 모양으로 유아들이 편안하게 사용할 수 있으며, 친근하고 재미있는 형태로 미술 작업뿐 아니라 놀이용으로도 사용할 수 있다. 크레용을 쥔 유아의 손 모양에서 사용되는 근육의 형태와 위치를, 연필이나 색연필을 잡았을 때 사용되는 근육과 비교해서 생각해 보자.

4. 경험 혹은 기억

크레파스는 여러 가지 색으로 기억된다. 12색에서 24색의 크레파스를 사용하다가 48색의 크레파스를 새로 받았을 때 마치 큰 선물을 받은 것 같은 느낌이었을 것이다. 기본 12색 크레파스에는 절대 없는 이름도 생소한 예쁜 색들이 가득했던 48색 크레파스에는 반짝이는 금색과 은색이 들어 있었다. 그때 금색, 은색 크레파스는 아까워서 쓸 수도 없었던 것 같다. 48색 크레파스를 가지면 가지지 못한 친구들보다 더 좋은 그림을 그릴 수 있을 것 같았다.

초등학교 미술 시간의 기억에서 크레파스는 8절 스케치북과 함께 필수 준비물이었다. 더 많은 색을 가진 친구의 크레파스를 부러워한 기억도 있다. 제품은 미술 활동

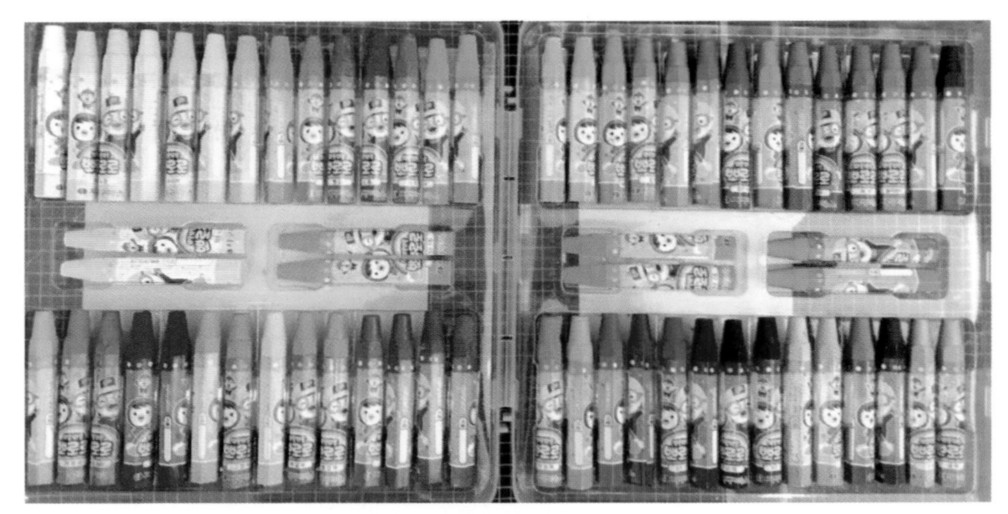

[그림 9-13] 56색 크레파스_금색, 은색

을 위한 매체라기보다는 전시품이나 소유물로서 부러움의 대상이 되기도 했다.

예전 교육과정에서는 초등학교 1, 2학년 미술 시간에 물감을 사용하지 않았기 때문에 크레파스로 그림 전체를 바탕까지 색칠해야 했다. 이것은 아이들이 미술 시간을 싫어하는 한 이유가 되었다. 또 크레파스의 굵기는 작은 부분을 색칠하기 불편했고, 넓은 바탕을 쉽게 칠하기에도 힘들었는데, 선생님은 다른 사용 방법을 인정하지 않았다. 대부분의 선생님은 꼼꼼하게 빈틈 없이 크레파스로 색을 칠하도록 하였으며, 빈 곳이 있거나 힘을 빼고 색을 옅게 칠한 학생들에게는 성의가 없다거나 완성되지 않은 작품으로 평가하고 추가 활동을 독려했다. 진하게 빈틈 없이 칠하기는 재미없고 팔도 아팠다. 그래서 크레파스는 어떤 사람에게는 추억의 매체로, 어떤 사람에게는 재미없는 색칠의 기억으로 남아 있을 수 있다.

크레파스에 대해 잘 알게 된 몇 년 후에는 더 이상 색에 대한 호기심도 줄어들었다. 매체에 대한 권태기로, 이때쯤이 새로운 사용 방법이나 다른 매체가 필요한 시기였던 것 같다. 크레파스의 이러한 부분들은 매체의 장점이 창의적으로 살려지지 못한 아쉬운 예로 기억에 남아 있다.

[그림 9-14] 많은 에너지를 요구하는 빈틈 없이 칠하기

[그림 9-15] 크레파스와 8절 스케치북에 대한 기억

5. 확장 및 응용

오일파스텔은 유치원이나 학교에서 필수 재료로 사용되는 재료인 만큼 누구나 사용해 본 재료로 새로운 자극이나 호기심이 떨어지기 쉽다. 따라서 긍정적인 자극을 만들기 위해서는 다른 매체보다 프로그램이나 기본 재료에 변화를 주어야 한다.

오일파스텔 기법은 배수 기법으로, 수채물감과 함께 사용하기, 여러 가지 색을 칠한 뒤에 검은색으로 덮고 플라스틱 칼등으로 긁어내면서 표현하기(스크래치 기법), 크레파스의 질감을 더 묵직하게 살리는 사포 위에 그리기 등이 있다. 수업이나 치료 회기에는 알려진 방법뿐 아니라 알려진 방법들에서 응용한 방법과 창의적으로 만든 새로운 방법들을 다양하게 계획하여야 한다.

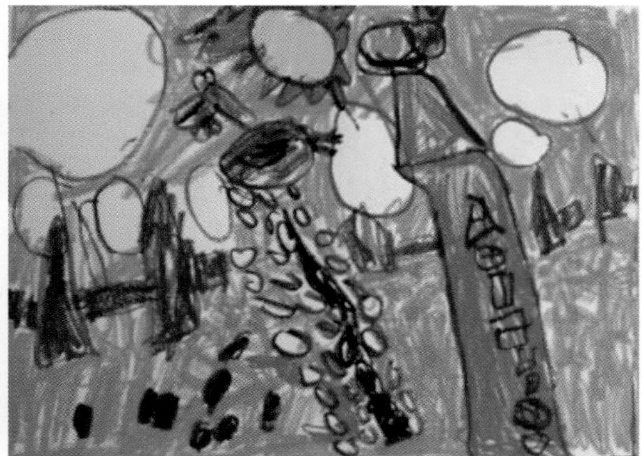

[그림 9-16] 그리기와 채색_수채물감과 함께 사용하기

[그림 9-17]은 채색이 아닌 소묘와 같이 선으로 그린 오일파스텔 그림이다. 오일파스텔 선묘는 다양한 색을 사용할 수 있고 주로 채색에 사용하던 오일파스텔이 선으로 표현되어 새로운 느낌을 준다.

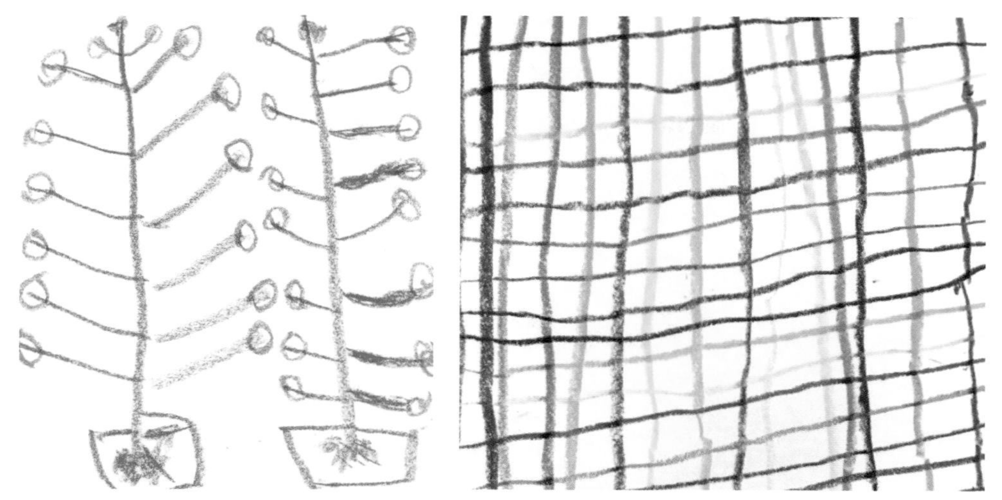

[그림 9-17] 오일파스텔로 그린 선묘의 느낌

[그림 9-18] 스크래치

오일파스텔의 점착성은 두껍게 칠한 다음 긁어내는 방식의 작품을 만들기에 좋다. 많이 알려진 스크래치 작업은 다양한 색의 오일파스텔로 먼저 종이 위에 공간을 메워 칠하고 그 색들을 검은색으로 덮은 다음 뾰족하고 단단한 것으로 긁어 그린다. 긁은 곳에 먼저 칠한 여러 색이 드러나는데, 긁어내는 도구에 따라 다양한 굵기나 모양의 표현이 가능하다.

잘 알려진 활동에 새로운 자극을 주기 위해서는 매체 자체나 활동 방법에 변화를 주는 방법이 있다. 크레파스로 하는 '스크래치' 활동에서 칠하기는 특별한 변형을 주기 어려우므로 칠하기 후 긁어 내는 도구에 변화를 주는 것은 사용자에게 좋은 자극이 된다. 긁어 내기 도구로는 이쑤시개, 연필깎이로 깎은 나무젓가락, 플라스틱 점토용 주걱 등이 있으며, 스크래치 활동에 새로운 선을 시도해 볼 수 있는 도구들을 적용하면 사용자의 창의적인 방법을 이끌어 낼 수 있다.

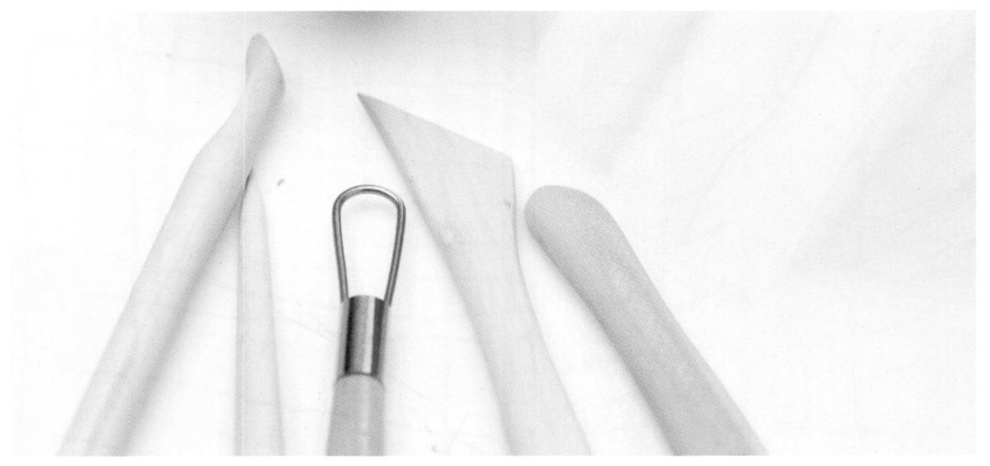

[그림 9-19] 긁어 내기 좋은 다양한 도구

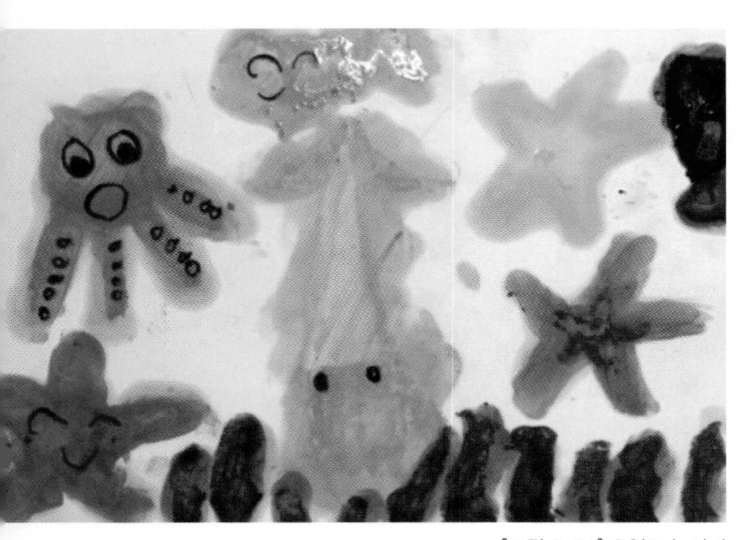

[그림 9-20] 오일로 녹이기

[그림 9-20]은 오일파스텔을 오일로 녹여서 표현한 것으로, 마치 수채화 같은 느낌을 만들고 있다. 오일파스텔에 오일을 사용하면 오일 성분이 녹으면서 수성 제품의 물과 같은 역할을 한다. 오일 성분이 있는 크림이나 식용 오일도 사용이 가능하다. 작은 접시에 오일을 담아 면봉이나 손으로 오일을 찍어 문질러 주면 사용자들이 안정적으로 오일을 사용할 수 있고 오일파스텔이 녹으면서 부드러운 느낌의 매체 변화를 감각으로 경험할 수 있다.

[그림 9-21]은 흰색 오일파스텔과 수채물감으로 작업한 것이다. 흰색 오일파스텔로 원하는 주제를 그린 다음 다양한 색의 수채물감을 사용하여 원하는 곳에 칠해 주면 오일파스텔의 흰색 선이 수채물감의 물을 밀어내며 독특한 느낌을 만든다. 이 작업은

[그림 9-21] 흰색 오일파스텔 위에 수채물감

드러내기와 밀어내는 배수성의 의미를 상징적으로 활용할 수 있다. 잘 안 보이던 흰색 크레파스 선이 색 물감에 의해 드러난다.

[그림 9-22]는 사포 위에 그리기로 표면의 질감과 오일파스텔의 특징을 이용한 작업이다. 오일파스텔의 점착력은 거친 사포 위에서도 잘 표현된다. 치료나 교육 현장에서 오일파스텔로 사포 위에 그리기를 많이 하는 이유는 두 매체의 만남이 적절하기 때문이다. 사포의 촉감은 손 끝의 감각을 자극하기에도 좋다. 사포의 숫자는 클수록 부드럽다는 의미이다. 거칠기의 정도에 따라 사포 위의 오일파스텔은 완전히 다른 느낌을 낼 수도 있다.

[그림 9-22] 고운 사포와 거친 사포의 느낌

[그림 9-23] 오일파스텔 닦아 내기

닦아 내기는 오일파스텔을 탐색하는 한 방법이다. 오일파스텔이 종이나 나무판자 등의 바탕 재료의 결과 결 사이에 잘 접착되기 때문에 바탕에 칠했던 오일파스텔을 닦아 내는 과정에서 오일파스텔이 고르게 결을 메워서 표면을 매끄럽게 만들고, 색은 부드럽게 변한다. 원래의 오일파스텔의 선명한 느낌과는 다른 느낌의 결과가 만들어진다. 채색한 오일파스텔을 면봉, 티슈, 천으로 직접 닦아 낼 수도 있고, 오일이나 알코올을 사용하여 닦을 수도 있다. 오일파스텔 닦아 내기로 할 수 있는 작업을 창의적으로 계획해 보자.

[그림 9-24] 흰색 오일파스텔과 흑연가루 효과

오일파스텔은 작업 후에도 건조되지 않는다. [그림 9-24]는 흰색이나 회색, 노란색 등의 옅은 색깔의 오일파스텔로 그린 다음 그 위에 흑연가루를 뿌린 것이다. 오일파스텔의 오일 성분에 흑연가루가 붙으면서 먼저 한 선묘가 선명하게 드러나는 효과를 만든다. 흑연뿐 아니라 파스텔 가루 등 건조한 가루는 모두 가능하다. 옅은 색 오일파스텔로 그린 후 파스텔의 여러 가지 색을 부분적으로 나누어 뿌려 보면 다양한 색을 표현하는 작업이 된다. 이 작업으로 오일과 마른 가루의 성질에 대해 경험할 수 있다.

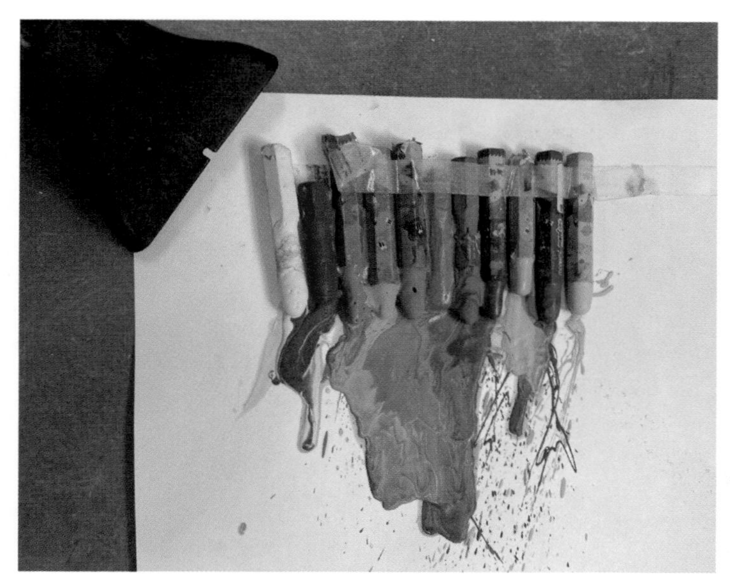

[그림 9-25] 열에 녹는 오일파스텔

오일파스텔의 왁스와 오일 성분은 열을 이용한 변형이 가능하다. 작업할 종이 위에 먼저 적절하게 오일파스텔을 놓은 뒤에 열로 녹이는 작업은 우리가 지금까지 해 오던 칠하기에서 벗어난 색다른 방법의 자극 활동이 될 수 있다. 헤어드라이어의 열로도 녹이는 작업이 가능하기 때문에 사용자 스스로 활동하고 작업을 통제할 수 있도록 할 수도 있다. 그러나 작업의 내용이 흥미에만 그쳐서는 안 된다. 지도자의 활동에 대한 사전 준비와 작업의 당위성이 반드시 필요하다.

오일파스텔 덩어리를 종이 위에 놓고 드라이어로 열을 가하면 오일파스텔이 녹아 흘러내리면서 다시 굳어서 두께가 있는 특별한 작품을 만들 수 있다. 또는 원하는 모양을 그린 뒤 그림의 선 안쪽에 부러진 오일파스텔을 모아 놓고 녹이면 녹으면서 서로 붙어 원하는 색의 조합을 만들 수 있다.

먼저 그림을 그리고 그 안에 색을 담는 것은 절반의 통제 작업으로 볼 수 있다. 그림 선 안에 들어가도록 스스로 통제하면서 작업하기 때문이다. 또한 오일파스텔 덩어리가 녹으면서 느낄 수 있는 불안감을 선이 막아 주어 안정감을 느낄 수 있다.

[그림 9-26] 스케치 후 선 안에 오일파스텔 조각을 넣고 녹이기

스케치 없이 자유롭게 뿌린 가루를 그대로 녹이면 자연스럽게 추상적인 이미지를 만들 수 있다. 스케치한 그림 위에 가루를 뿌려서 자연스럽게 표현할 수도 있고, [그림 9-26]과 같이 먼저 오일파스텔 덩어리를 놓아 녹인 뒤 그 모양에서 연상되는 것을 추가해 그릴 수도 있다. [그림 9-27]은 초록색 가루들을 녹여 의도적으로 나뭇잎을 만들고 나뭇가지 등을 추가한 것이다. 먼저 녹이고 연상하거나, 연상 후 의도대로 녹이거나 순서는 언제든 달리할 수 있으며, 같은 매체를 사용하여 같은 방법으로 작업을 하더라도 순서에 따라 그 결과와 목적을 완전히 달리할 수 있다.

[그림 9-27] 의도적으로 오일파스텔의 가루를 뿌리고 녹인 뒤 그리기

우리는 작업에서 매체의 특성을 기본으로 하여 사용 방법을 조금만 달리하는 것만으로도 완전히 다른 느낌의 결과물을 얻을 수 있다. 오일파스텔은 열뿐 아니라 아세톤, 콩기름, 알코올에도 녹는다. 아세톤은 오일을 지우는 성질이 있지만 독성을 포함하기 때문에 치료나 교육 장면에서 활용하기에 어려울 것이다. 대안으로 식용 오일은 독성 없이 오일파스텔의 성질을 다루는 데 좋은 재료가 된다. 매체의 기본 성분을 알면 그것이 만들어지는 단계부터 개입하여 작업할 수 있기 때문에 더욱 다양한 응용이 가능함은 물론이고, 보다 근본적인 깊이 있는 활동이 가능하기 때문에 작업에서 있을 수 있는 문제에 더 쉽게 접근하여 해결할 수 있다.

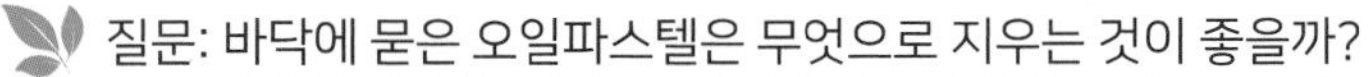

질문: 바닥에 묻은 오일파스텔은 무엇으로 지우는 것이 좋을까?

1. 깨끗한 물티슈
2. 식용유
3. 아세톤
4. 긁어 내기

포장의 역할

기본적으로 오일파스텔은 출시될 때 종이에 개별 포장이 되어 나온다. 함께 들어있는 다른 오일파스텔에 색이 이염되는 것을 막고 사용자의 손에 묻지 않도록 하기 위해서이다. [그림 9-28]과 같이 종이로 포장된 크레파스는 포장에 의해 사용 부분이 제한될 수 있다. 이때 크레파스를 감싼 포장은 무언의 강력한 지시이다. 사용자들은 포장을 당연한 것으로 인식하며 벗길 수 있다는 사실에 대해 생각할 수 없다.

[그림 9-28] 크레파스의 포장 종이가 미치는 영향

틀 깨트리기

포장 종이를 벗겨 주는 것만으로도 사용자들의 오일파스텔 사용 범위를 훨씬 넓힐 수 있다. 포장이 있는 것과 포장을 벗긴 오일파스텔을 대하는 것은 느낌부터 매우 다를 것이다. 포장을 벗김으로써 연필처럼 세워서 사용하는 것이 당연하던 오일파스텔이 옆으로 눕혀 사용할 수도 있는 매체가 된다. 지도자가 굳이 그것을 시도하지 않더라도 포장이 없는 오일파스텔을 제공하면 사용자들은 자연스럽게 다른 방법으로 사용할 수 있는 기회를 얻을 수 있다.

[그림 9-29] 포장 없는 오일파스텔의 사용

쓰는 방법이 달라짐에 따라 결과물도 달라질 것이다. 매체를 다양한 방법으로 쓰는 것이 자발적으로 가능해지면 사용자의 창의적인 사고의 영역은 그만큼 넓어진다. 능동성은 교육과 치료에서 매우 중요한 개념이다. 작업을 진행하는 지도자의 인식의 틀은 마치 포장된 오일파스텔처럼 사용자들의 사고 영역에 영향을 미친다.

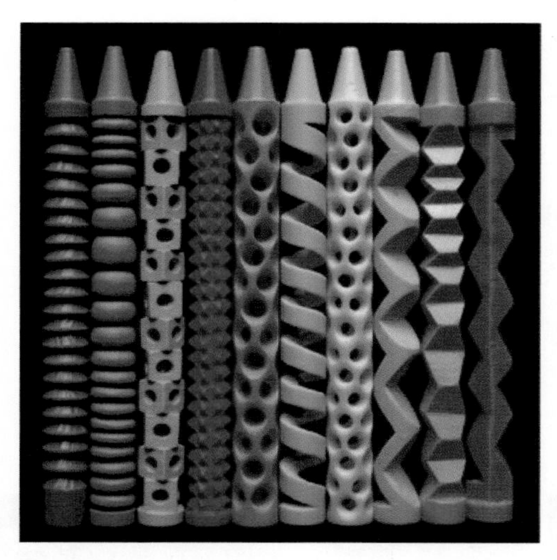

[그림 9-30] 크레용의 단단한 성질을 보여 주는 작품
출처: PETE GOLDLUST 홈페이지.

크레용은 오일파스텔보다 오일이 적어서 더 단단하며 화지에 점착력과 발색도 오일파스텔보다 떨어진다. [그림 9-30]의 크레용 조각 작품은 크레용의 단단한 정도를 보여 준다. 크레용의 두께와 강도, 그리고 다양한 색감이 아티스트의 영감을 자극하였을 것이다.

[그림 9-31] 잘라 붙이기

[그림 9-31]은 여러 색의 오일파스텔을 가로로 자른 뒤 원하는 형태로 이어 붙이기를 한 작업이다. 잘라 붙인 오일파스텔 작품은 그림을 그리고 색칠하는 일반적인 오일파스텔 활용 방법이 아닌 다른 방법을 활용하여 작품이 되었다. 익숙한 틀은 안전하지만 틀 안에서는 틀 이상으로 사고를 확장하기가 어렵다. 고정관념을 깨는 새로운 작업은 매체에 대한 틀을 깨고 사고 영역을 넓힌다.

[그림 9-32] 오일파스텔 녹여 재생하기

[그림 9-32]는 쓰지 않는 부러진 오일파스텔을 쿠키용 모양 틀 안에 넣고 오븐에서 녹인 것이다. 이처럼 열에 녹는 오일파스텔의 성질을 이용하면 여러 가지 모양 틀을 사용하여 원하는 크기와 모양으로 나만의 오일파스텔을 만들 수 있다. 자신이 좋아하는 모양 틀을 사용하면 완성되었을 때의 효과가 더 크다. 이 작업 이후 사용자들의 오일파스텔에 대한 이해는 활동 이전과는 분명히 달라질 것이다.

이것은 자원 재활용의 의미가 있고, 실용적으로 사용 가능한 제품을 만드는 것, 새로운 작품이 되는 경험이며, 열에 녹는 매체의 특성을 이해하여 특성에 맞는 작품을 만드는 생산적 경험이 되고, 원하는 크기와 색으로 재배치하므로 자발성을 만족시켜 자존감을 향상시킬 것이다.

6. 치료적 의미

오일파스텔은 미술치료, 미술교육 등 많은 현장에서 자주 사용되며 미술 활동에서 빠질 수 없는 기본적인 매체이다. 사용 방법이 간편하고 붓이나 도구를 매개로 하는 것보다 느낌이 직접 전달되며 직관적이다. 무엇보다 유·아동기부터 사용해 왔기 때문에 성인 사용자들에게는 기억을 되살릴 수 있는 익숙하고 친근한 매체이다.

- **친근성**은 **안정성**을 제공한다. 익숙함에서는 긴장감이 없다. 그래서 오일파스텔은 낯선 환경에서 오는 위축감이나 불편함 없이 안정적으로 사용할 수 있다.
- **퇴행감**을 활용할 수 있는 매체이다. 미술치료에서는 긴장도가 높고 매우 경직된 사용자에게 의도적으로 퇴행 상태를 만드는 작업을 준비한다. 퇴행은 지나친 긴장감 등으로 생긴 경직된 심리적 문제를 도울 수 있기 때문이다.
  사람들은 오일파스텔 작업에서 아동기를 떠올린다. 부드러운 사용감으로 이완을 돕고, 사용자들에게 익숙한 사용감은 긴장감이나 스트레스를 줄인다. 또한 오일파스텔의 경도와 굵기는 사용자에게 높은 수준의 세밀한 표현을 요구하지 않는다.
- **선명한 색감**은 결과에 대한 긍정적 효과를 높인다. 주성분인 오일이 색감을 선명하게 하고, 묵직한 느낌으로 결과물을 선명하게 드러낸다. 선명함은 심리적으로 어떤 것의 의미를 분명하게 해 주는 효과를 줄 수 있으며, 그것은 사용자에게 강력한 에너지로 연결된다.
- **두껍고 불투명**한 오일파스텔의 특징은 또한 치료적인 의미로 덮기를 가능하게 한다. 짙은 색으로 옅은 색을 덮을 수 있으며, 먼저 그린 다른 매체를 덮어 칠할 수 있다. 사인펜이나 색연필, 수채물감, 연필 등으로 한 작업을 오일파스텔로 덮을 수도 있다.

덮는 행위는 적극적인 행위로, 어떤 기억이나 사실을 덮는 것은 상징적으로 자기 치유의 의미가 될 수 있다. 여기서 덮는 것은 결정의 의미이며, 회피와 다르다. 반대 의미로 스크래치 기법과 같이 덮은 것을 긁어 내어 드러나게 하는 것도 상징적인 치유의 의미가 될 수 있다.

- **배수성**은 오일파스텔 활용의 큰 장점이다. 오일의 성질을 이용한 배수 그림은 '밀어내기' '어울리기' '드러내기' 등 많은 치료적 의미의 활동을 가능하게 한다.

하얀색 종이 위에 흰색 크레파스로 그리는 작업은 드러나지 않기, '비밀'과 같은 상징적 의미를 만들 수 있다. 그림 그리기에 자신 없어 하는 사용자의 경우에도 하얀색 종이 위에 흰색 크레파스로 그리는 활동은 그리는 행위를 안전하게 하고, 자신의 그림이 선명하게 드러나는 데 대한 부담을 줄여 줄 수 있다. 흰색의 드러나지 않는 작업 후에 마음의 준비가 되어 자신의 비밀을 드러낼 준비가 되었다면 원하는 수채물감 색을 선택해서 흰색 오일파스텔 그림 위에 칠하면 보이지 않던

[그림 9-33] 오일파스텔의 높은 완성도

오일파스텔 그림을 드러나게 할 수 있다.

- **비밀 만들기, 간접 공개, 세상에 드러내기**는 사용자의 상황을 섬세하게 따라가는 따뜻한 치료적 활동이 될 수 있다.

[그림 9-33]은 보다 전문적인 오일파스텔 작업으로, 불투명하고 묵직하지만 색이 선명하면서도 느낌은 부드럽다. 오일파스텔의 특성이 그대로 활용되어 작품이 완성되었다.

오일파스텔이 아동용이라는 인식이 있지만, 오일파스텔은 전문적으로 사용하면 완성도가 높은 작품을 제작할 수 있고, 전문 예술가를 위한 매체이기도 하다. 프랑스 브랜드인 '**시넬리에**(Sinnelier)'는 1949년 파블로 피카소(Pablo Picasso, 1881~1973)의 요구로 그의 필요를 반영하여 변색이나 갈라짐 없이 다양한 표면에서도 사용 가능한 매체로 오일파스텔을 만들었다. 그들의 아이디어는 '단단한 물감'을 만드는 것이었다. 이후 피카소는 이 시넬리에의 오일파스텔([그림 9-35] 참조)을 즐겨 사용했다. 또한 [그림 9-36]과 [그림 9-37]은 이중섭 작가의 오일파스텔을 활용한 작품이다.

[그림 9-34] 피카소의 〈자화상〉

[그림 9-35] 시넬리에의 전문가용 오일파스텔(프랑스)

출처: 시넬리에 홈페이지.

[그림 9-36] 이중섭의 〈부부〉(크레파스와 수채물감)

[그림 9-37] 이중섭의 오일파스텔 작품

그림 검사에서 그림을 그릴 종이 위에 치료사가 먼저 테두리를 그려 주는 이유는 내담자에게 **보호와 안정감**을 제공하기 위해서이다. 내담자의 입장에서 치료사로부터 백지를 제공받았을 때 텅 빈 면에 대한 막연함과 부담감을 느낄 수 있다. 이때 치료사가 먼저 제공한 종이에 테두리를 그려 주는 것은 시작과 보호의 의미를 전달한다. 이런 행위는 울타리를 만들어 주는 것과 같아 무의식적으로 내담자가 안정감을 느끼고 안심하도록 한다.

[그림 9-38]과 같이 오일파스텔로 동그라미를 그리고 수채물감으로 동그라미의 안쪽 면을 채우는 작업은 매우 간단해서 그 과정이 쉽게 예상되는 작업이다. 단순하고 반복적인 작업에서 얻을 수 있는 것은 보호와 규칙성에 의한 안정감이다.

- **보호와 안정**: 오일파스텔로 그린 동그라미 안에 수채물감을 칠할 때 물감 색은 번지지 않는다. 이 작업은 통제성이 낮은 물감을 쉽게 통제하는 효과로, 그 과정은 불안한 매체를 안정되게 사용하는 경험을 사용자에게 제공한다. 최소한의 안정감이 보장되면 사용자들은 더욱 작업의 질에 신경을 쓰게 되어 지도자가 독려하지 않아도 스스로 더 좋은 작업을 하고자 한다.
- **규칙성**: 여러 개의 원 모양을 그리는 것은 규칙적인 호흡이나 심장 박동과 같은

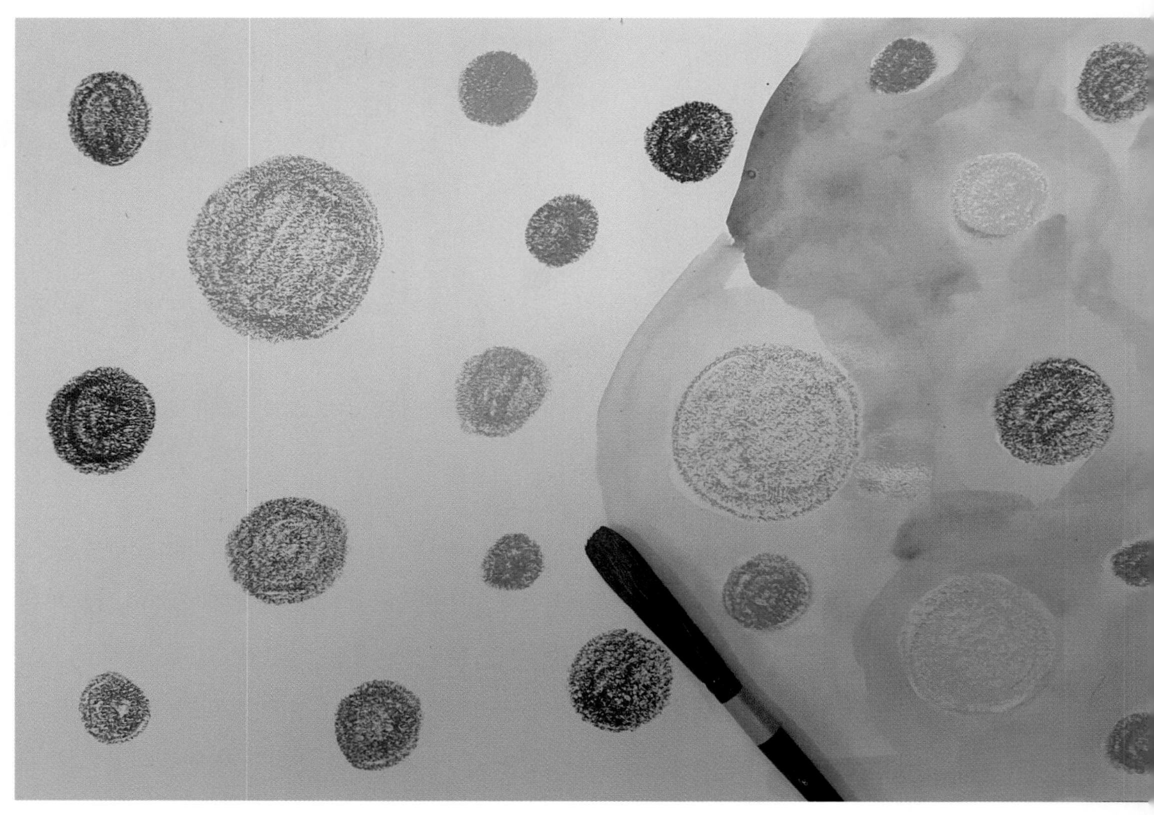

[그림 9-38] 안정감을 위한 원 그리기

안정성과 안정을 통한 이완을 느끼게 한다. 화지 안에 동그라미 이외에 다른 모양은 없다. 그래서 사용자는 처음부터 활동의 과정과 결과를 미리 알 수 있다. 작업에 항상 변화와 창의성만 요구되는 것은 아니다. 단순히 원을 그리는 것과 그 안을 채우는 것은 규칙이며, 규칙으로부터 큰 안정감을 얻을 수 있다([그림 9-38] 참조). 안정을 위한 작업에 익숙함은 필수 요소이다.

이완과 안정이 선행되어야 자극을 통한 변화를 시도할 수 있으며, 안정 안에서 인간은 성장을 도모할 수 있다.

다음의 방법으로 작업해 보자.

〈오일파스텔로 선 긋고 물감 칠하기〉

〈오일파스텔과 물감으로 그린 무지개, 하늘〉

PART 10

물감

Understanding of Art Materials

발도르프에서는 물감 활동의 정의를 '색의 울림과 변형을 체험하고, 친근한 놀이로 경험으로부터 색이 가진 성질을 느끼고, 자연과 우주와 교감하는 소통의 의미를 알아보는 방법'이라고 하고 있다. 물감의 내재된 에너지를 경험으로 이끄는 것은 지도자의 역할이다. 우리는 이러한 물감을 사용하는 데 주저함이 없는지 돌아보아야 한다.

1. 이해의 틀

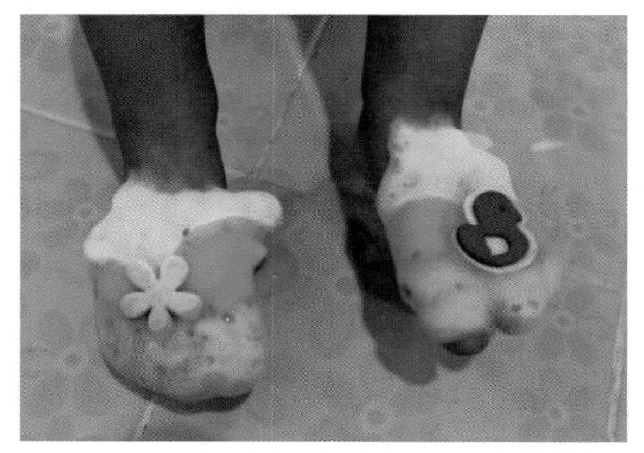
[그림 10-1] 거품물감
출처: 스노우키즈 홈페이지.

우리가 생각하는 물감의 이미지는 어떤 것인가? 우리는 지금까지 물감을 어떻게 사용해 왔을까?

물감이라고 하면 아마도 대부분의 사람은 튜브에 담긴 수채물감이나 플라스틱 병에 든 포스터 물감을 떠올릴 것이다.

[그림 10-1]은 거품물감으로 한 재미있는 작업이다. 대부분의 사람이 떠올리던 물감 활동과는 많이 다르다. 사진 속의 신발은 다시 신을 수 없겠지만 이 아동에게 특별한 경험을 만들어 주었을 것이다. 이 물감은 거품물감이라는 이름으로 사용자들이 새로운 시도를 할 수 있도록 사용 방법을 열어 두고 있다.

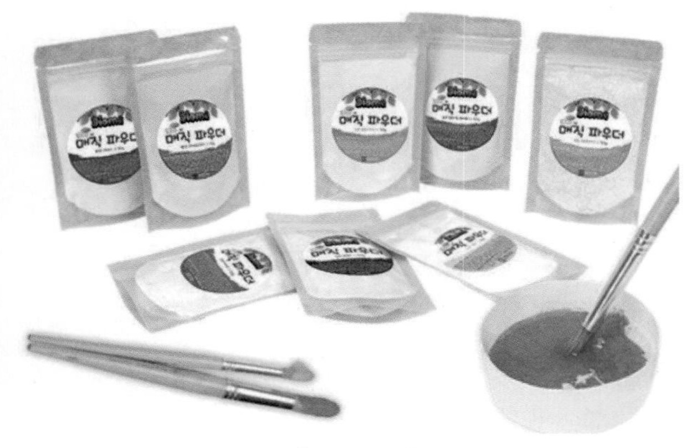

[그림 10-2] 호기심을 자극하는 가루물감
출처: 키즈맘아트 홈페이지.

[그림 10-2]의 가루물감은 일반적으로 사용하는 물감의 페이스트 상태가 되기 전의 가루 단계로, 사용자가 직접 자신이 쓸 물감을 제조하는 경험을 통해 매체를 이해할 수 있는 기회를 열어 두고 있다. 스푼으로 가루물감을 떠서 그 위에 물을 떨어트려 내가 원하는 색을 만드는 행위는 미적 경험과 도구 조작 능력과 관계한다. 더불어 주관성, 결정 능력, 사회 기술, 무게와 비율 등의 수학적

감각, 시지각, 소근육 등 많은 부분을 이 가루물감을 경험해 봄으로써 발달시킬 수 있다. 매체에 대한 다른 해석으로부터 새롭게 만들어진 매체들은 사용자들의 세계를 크게 넓히도록 돕는다.

2. 더 이해하기

물감(color paint)은 색 안료에 물, 플라스틱, 고무, 기름, 유지, 납 등을 균일하게 저어 합한 페이스트(paste) 상태 또는 고형의 채색 재료이다. 물감의 종류는 고착제를 어떤 것으로 사용하는가에 따라 구분되는데, 식물성 건성유를 사용하는 유화물감, 아크릴 에멀견 합성수지를 사용하는 아크릴물감, 아라비아고무를 사용하는 수채물감과 포스터물감 등으로 구분한다. 우리가 학교 미술 시간에 주로 사용해 온 물감은 수채물감과 포스터물감, 아크릴물감 정도일 것이다.

[그림 10-3] 수채물감, 아크릴물감, 유채물감, 불투명 수채물감

[그림 10-4] 물감의 원료가 되는 색 안료

출처: 암스테르담_램브란트하우스.

수채물감은 물의 양을 조절해 사용하며, 투명 수채물감과 불투명 수채물감으로 나뉜다. **투명 수채물감**은 물로 물감의 농도를 조절하여 여러 가지 효과를 낼 수 있고, **불투명 수채물감**은 물을 사용하나 색의 농도를 조절하기 위해서는 흰색을 사용해야 한다. 물의 양을 섬세하게 조절하여 색을 구분하는 투명 수채물감보다 불투명 수채물감이 유아에게는 조금 더 쉽게 접근할 수 있는 매체이다. 물을 조절하거나 색을 만드는 과정이 어려운 유아들에게는 물과 물감을 적절한 농도로 혼합하여 색깔별로 컵을 만들어서 컵에 두고 물 조절 없이 바로 사용할 수 있게 배려하는 것도 물감에 대한 스트레스를 줄일 수 있는 좋은 방법이다.

[그림 10-5] 쏟아지지 않게 제작된 물감 물통과 붓

출처: 아티바바

아크릴물감은 물 없이 두껍게

[그림 10-6] 불투명 수채물감과 투명 수채물감의 느낌

덧칠하면 유화의 두께감을 나타낼 수 있고, 물과 섞어 엷게 사용하면 수채화처럼 맑은 느낌을 표현할 수 있다. 점착력이 강해 종이뿐 아니라 천이나 나무 등과 같은 곳에도 그림을 그릴 수 있다. 아크릴물감은 수지 성분이 많고 수분이 적어서 칠하고 나면 건조 속도가 매우 빠르다. 그래서 한번 건조되면 다시 쓸 수 없으므로 팔레트 위에 짜 두고 사용할 수 없다.

[그림 10-7] 스콧 네이스미스(Scott Naismith)_한 화면에 수채화와 유화의 느낌을 표현할 수 있는 아크릴화
출처: scottnaismith 홈페이지.

반면에 **수채물감**은 아교나 수용성 접착제류를 이용하므로 물의 함량이 많고 물이 건조되는 데 시간이 걸린다. 색을 덧칠하기 위해서는 먼저 칠한 색이 마르기를 기다려야 하는데, 유・아동의 경우에는 먼저 칠한 색이 마를 때까지 기다리기가 힘들기 때문에 성급하게 덧칠을 하게 되고 그때 두 색이 번져 좌절감을 경험할 수도 있다. 그런 이유로 덧칠로 형태를 표현해야 하며, 붓, 물 등 여러 도구를 다루는 수채화 수업은 어느

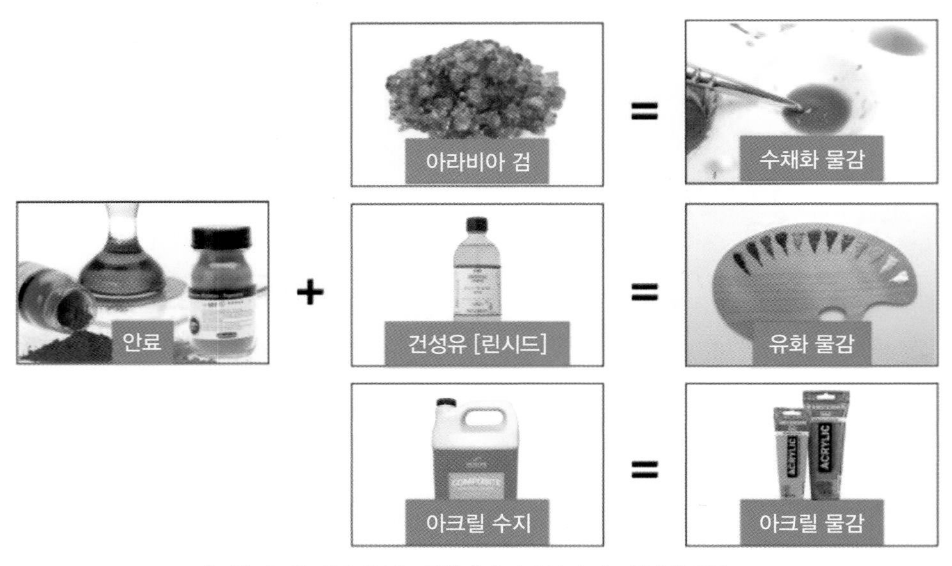

[그림 10-8] 안료에 섞는 전색제에 따라 달라지는 물감의 종류

정도 발달이 진행된 10세 이후에 시작하는 것이 일반적이다. 그러나 적절한 연령 이전의 아동이 물감에 관심을 보인다면 수채물감 사용 시 빠른 건조를 위해 드라이어를 사용하는 것도 좋은 해결책이 될 수 있다. 잘 마르지 않아 생길 수 있는 좌절감에 대한 대처이다.

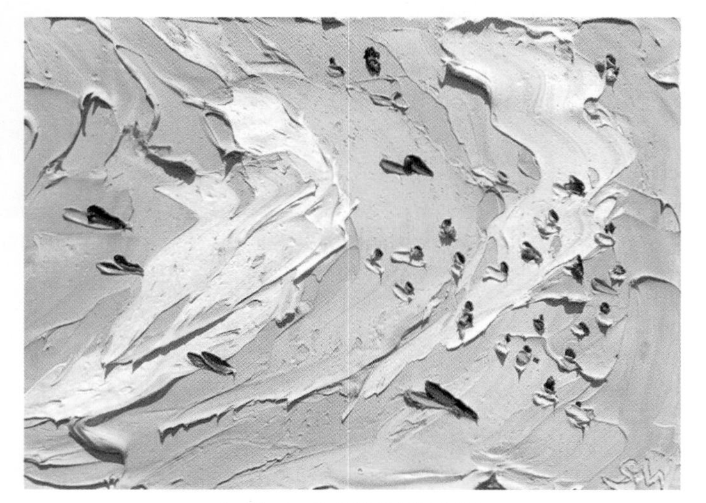

[그림 10-9] 유화물감의 입체감

유화물감의 기름 성분은 증발해서 마르는 것이 아니라 산화할 때의 화학 반응으로 천천히 굳는 것이기 때문에 마르면서 매우 견고한 막이 형성된다. 그래서 물감이 마르기 전까지는 여러 번 수정이 가능하며, 점도가 높아 두껍게 덧칠할 수 있어서 붓의 터치를 그대로 살려 입

체감을 나타낼 수 있다. 기름과 물의 반발성을 이용하여 물 위에 띄워 사용할 수 있도록 만든 마블링 물감도 유성물감에 해당된다.

[그림 10-10] 마아블링 작품

분채는 동양화 혹은 한국화 분야에서 사용하는 가루 안료인데, 서양 색채와는 미묘하게 다른 색감이다. 이 가루에 접착제인 아교를 섞어 물과 함께 사용한다. 분채는 완제품 튜브로도 발매되고 있지만 그림 작업을 하는 사람들은 필요에 따라 자신의 색을 만들기 위해 여전히 분채를 사용한다. 여기에서 우리는 유아용 가루물감의 사용 목적을 생각해 볼 수 있다. 기성 제품이 아닌 자신의 색을 만드는 것은 주체성과 관련된다.

[그림 10-11] 한국 화용 분채

출처: 호미화방 홈페이지.

[그림 10-12] 한국화의 색감

3. 이해의 틀 넓히기

물감은 굳지 않은 페이스트 형태로 나오기 때문에 다른 여러 가지 소재를 첨가하여 사용하기 좋은 매체이다. 물감에 비눗물을 섞어서 색깔 비눗방울을 만들거나, 점토나 밀가루 같은 중량감 있는 매체에 혼합하여 사용할 수도 있다.

현대에는 미술에서 관객의 역할이 관람뿐 아니라 직접 참여하여 작업을 완성하는 능동적인 역할로 바뀌면서 다양한 체험 형태로 미술이 일상에 자리하게 되었다. 이러한 시대적 요구에 따라 기존의 제품과는 다른 다양한 시도의 체험식 물감들이 판매되고 있다. 시판되는 여러 가지 새로운 물감의 종류를 알아 두는 것만으로도 프로그램 진행에 많은 도움을 받을 수 있다. 작업 현장에서 발생할 수 있는 여러 가지 상황을 극복할 수 있도록 다양한 물감을 지도자가 먼저 사용해 보는 것이 필요하겠다.

다음은 출시되고 있는 다양한 물감의 예시이다.

거품물감의 촉감과 부피감

거품물감은 다양한 색의 물감이 거품을 만드는 용기에 담겨 있어서 핑거페인팅이나 촉감 놀이에 사용하기 좋고 부피감을 체험하기에 좋다. 가볍고 순간 없어지는 거

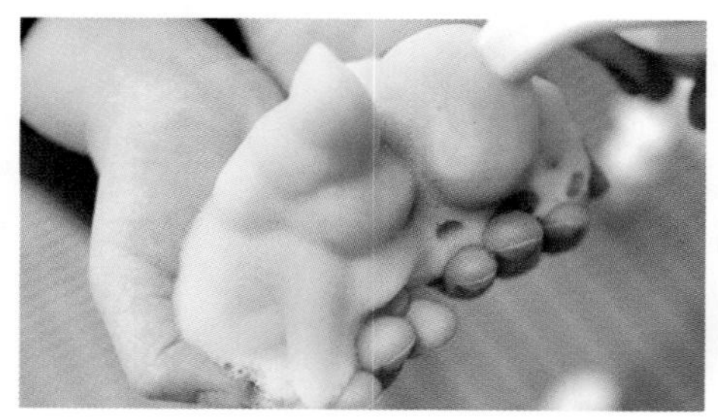

[그림 10-13] 거품물감의 촉감과 부피감

[그림 10-14] 거품물감 용기

출처: 스노우키즈 홈페이지.

품은 유아들의 상상력과 호기심을 자극하기에도 좋다.

고정관념을 바꾸는 가루물감

물감의 구성 성분과 제작 원리를 경험해 볼 수 있다. 원하는 만큼 물에 녹여 쓰고 가루를 추가하거나 물을 더 넣는 방식으로 농도를 조절하기 쉽고, 두 종류의 색가루를 혼합하는 방법으로 혼합 색을 흥미 있게 경험할 수 있다. 가루는 흡입하기 쉬운 특성이 있으므로 취급에 주의를 기울여야 한다.

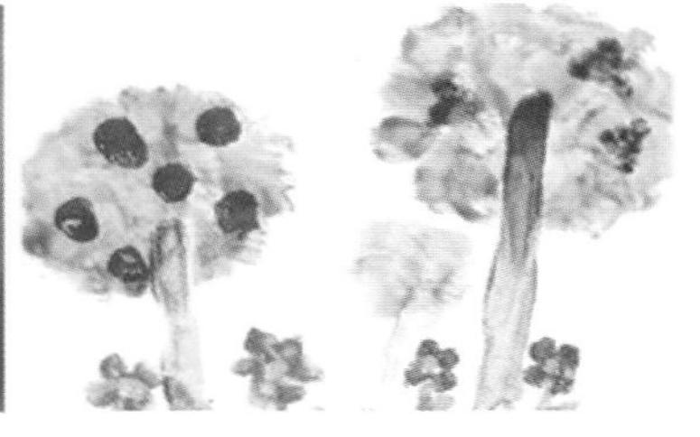

[그림 10-15] 가루물감과 활용

탄성특수물감

괴물 물감이라고 불리는 이 물감은 슬라임 성분으로 탄력성 있는 특별한 질감을 경험할 수 있다. 놀이 과정에서 흥미, 주의집중, 오감 자극, 정서적 만족감 등 교육적 효과를 볼 수 있다. 물감으로 하던 핑거페인팅의 대안으로, 감각 자극적인 요소를 극대화할 수 있다.

슬라임 물감 활동은 발달을 위한 감각 자극이나 심리적인 에너지 향상에 도움이 되고, 근육을 사용하게 하거나 욕구 해소를 위한 작업에서 에너지를 적절히 조절해서 다루기에 좋다. 기존의 물감과 사용 방법이 다르므로 사용자는 새로 생긴 매체의 변화에 적응하고, 새로운 매체를 다루기 위해 자신의 방법을 찾는 과정을 경험하게 된다. 핑거페인팅과 같이 낮은 통제성의 문제를 염두에 두어야 한다. 구슬이나 콩, 플라스틱 파츠와 같이 사용하면 감각 자극에 더 좋은 활동이 된다.

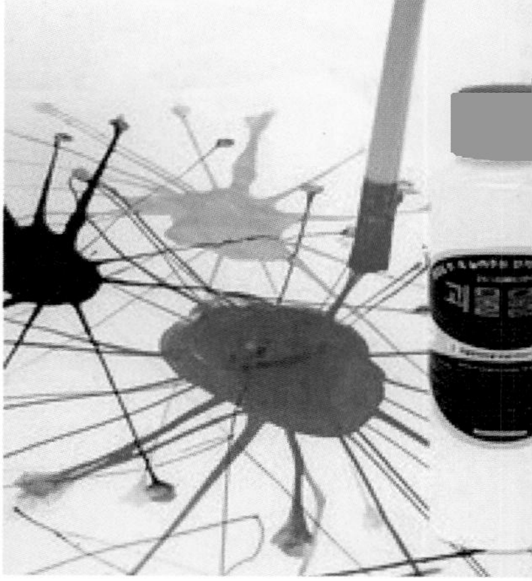

[그림 10-16] 탄성특수물감인 괴물 물감과 활용

출처: 스노우키즈 홈페이지.

너무나 당연하고 쉬운 일이 어떤 한 부분의 발달이 지연되거나 결핍된 사람에게는 굉장히 수행하기 힘든 과정이 될 수 있다. 눈으로 예쁜 꽃을 보고 그리려고 하지만 손을 움직일 수 없다면? 그 사람은 그 꽃을 그리기 위해 어떤 대안적인 방법을 찾아야 할 것이다. 동그란 해바라기 꽃을 볼 수 있지만 그것을 인식하는 능력이 손상되었거나 손을 자유롭게 움직일 수 없다면 징검다리가 없는 강을 건너야 하는 것과 같은 막막한 상황을 맞이하게 된다. 지도자는 매체로 징검다리를 놓는 사람들이다.

두어 닷(DO A DOT)

넘어져도 쏟아지지 않도록 물파스 형태로 만들어진 두어닷 그림물감은 복잡한 물감 사용에 대한 두려움을 줄일 수 있다. 물감 활동은 다른 매체 활동보다 더 많은 보조 도구가 필요하다. 물통, 물, 붓, 팔레트 등 준비물이 많고, 물과 물감의 양을 매번 조절해서 사용해야 하는 것은 사용자들에게 부담으로 작용할 수 있다. 사용 과정에서 물통이 넘어져서 물이 쏟아진다면 사용자의 모든 리듬이 깨지고 만다. 더 많은 보조 재료가 필요하다는 것은 사용에 더 많은 절차가 필요하다는 것을 뜻한다.

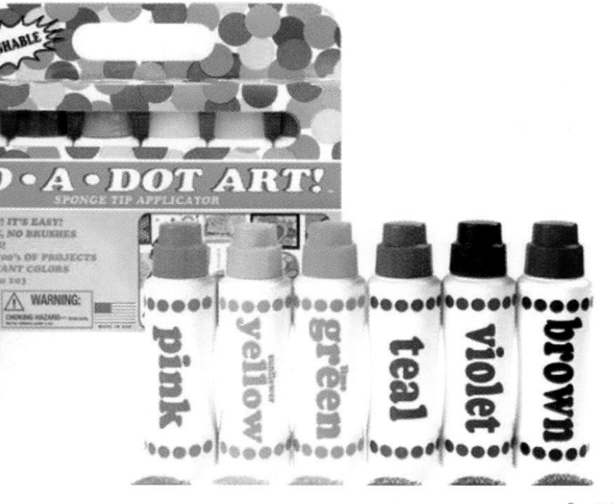

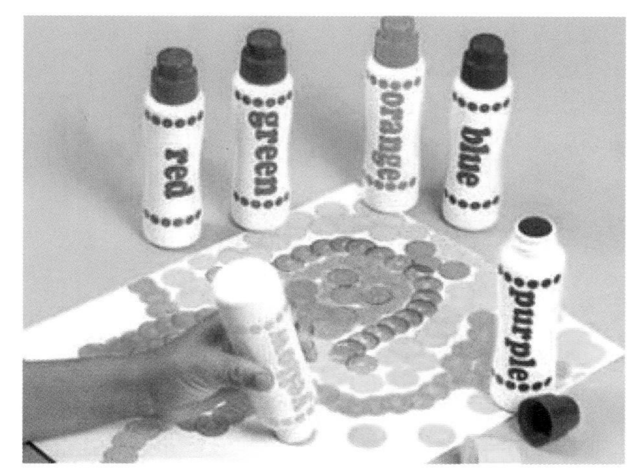

[그림 10-17] 두어닷 그림물감

두어닷은 물감이 가지는 절차적인 불편감 없이 즐겁게 물감 활동을 하기 위해서 만들어졌다. 우선 물감 활동을 위해 필요한 물과 붓 등 다른 도구를 준비하지 않아도 되기 때문에 준비가 쉽다.

스펀지로 된 입구는 물감의 양을 조절할 수 있어서 통제성이 낮은 물감의 단점을 보완하며, 입구의 지름이 2cm로 큰 편이라 사용자는 섬세하고 작은 공간에서 작업하지 않아도 된다. 쏟아지거나 흘러내릴 위험 없이 사용 방법이 간단해 접근이 쉬우면서도 새로운 형태는 호기심을 자극할 수 있다.

젤리과슈물감

젤리과슈물감은 마치 아이스크림이나 젤리 같은 포장으로 되어 있어서 사용하기 전에 사용자의 기대감을 자극한다. 이러한 자극은 색에 대해 좋은 기억을 가지기에 아주 좋다. 각 색깔이 오염되지 않도록 붓의 사용에 유의해야 하므로 활동의 목표를 결과가 아닌 물감의 탐색에만 두거나, 색깔별로 여러 개의 붓을 준비하거나, 나이프를 써서 지도자가 물감을 팔레트에 덜어 내어 색이 마구 섞이지 않도록 도와주는 등 활동에 있어 세심한 배려가 필요하다.

[그림 10-18] 젤리컵 용기 안의 수채과슈물감

4. 경험 혹은 기억

아동기에는 주로 물감을 크레파스와 섞어서 배수 기법으로 사용했다. 크레파스로 사람이나 집, 나무 같은 주제를 먼저 칠하고 바탕을 물감으로 칠하는 방법이다. 수채물감의 수성 성질과 크레파스의 유성 성질을 이용한 기법으로, 물감을 칠해도 번지지 않아 안정적으로 사용할 수 있었다. 이 방법은 매체를 이해하기에 좋은 방법이지만 그것은 암묵적인 규칙이 되어 하나의 절차로 굳어질 수 있다. 어떤 절차에 익숙해지기 시작하면 새로운 시도를 해 볼 수 있는 기회가 줄어들게 된다.

아마도 우리가 그림을 그릴 때의 첫 번째 좌절은 물감을 단독으로 사용할 때 경험하게 되는지도 모른다. 물과 붓으로 물감을 사용하는 일은 쉽지 않다. 물과 붓을 사용하면 종이는 매우 약한 상태가 되고, 통제성이 낮은 물감은 쉽게 번진다. 도구, 물, 물감, 색 등을 모두 고려해야 하지만 이 모든 것을 아동기에 스스로 다루기는 힘들다. 그래서 물감은 아동기 이후 점차 다루기 어려운 매체로 기억되기 쉽다.

물감 활동은 그저 물감을 칠한다는 하나의 행위로 생각할 수 있지만, 매우 복잡한 절차를 거치게 된다. 물감의 사용 과정을 시뮬레이션 해 보자.

- 물감의 색을 고른 후 뚜껑 열기
- 물감을 팔레트 위에 짜기(페이스트 상태로 흘러 넘치기에 유의해야 한다)
- 적당한 크기와 모양의 붓 고르기(자신의 필요에 적절한 크기와 모양을 고려해야 한다)
- 물통에 붓을 적시고 붓의 물을 조절하기(적당한 물의 양을 조절하는 것이 어렵다)
- 팔레트에서 두 가지 색이나 물과 혼합하여 원하는 색 만들기(색, 물, 농도를 모두 고려해야 한다)
- 물과 물감의 양을 적절히 조절하기(아동은 농도의 개념을 이해하기 어렵다)
- 종이가 상하지 않을 만큼의 적당한 힘과 속도로 형태 안에 채색하기(적당한 힘 조절이 어렵고, 형태 안에 칠하기도 어려운 작업이다)
- 바로 옆면을 칠할 때 번지지 않도록 기다리거나 먼저 말리기(적절한 시간을 알기 힘들고 기다리기도 힘들다)
- 겹쳐 칠할 때 먼저 칠한 농도보다 진하게 조절하기(농도의 개념이 어렵다)
- 붓 씻기(정리도 매체별로 달라 방법을 알아야만 한다)

우연의 이미지를 만드는 실그림, 데칼코마니 기법 등은 반액체 형태의 물감으로 효과를 극대화할 수 있는 미술 경험이다. 처음 접었다가 펼쳤을 때 만들어진 물감 자국은 아동에게 오래 기억되는 매우 신기한 경험이다. 데칼코마니와 실그림은 신기하고 즐거운 물감의 경험이 될 수 있다.

[그림 10-19] 데칼코마니

그러나 물감 활동은 부담과 약간의 두려움으로 기억되기도 한다. 다양한

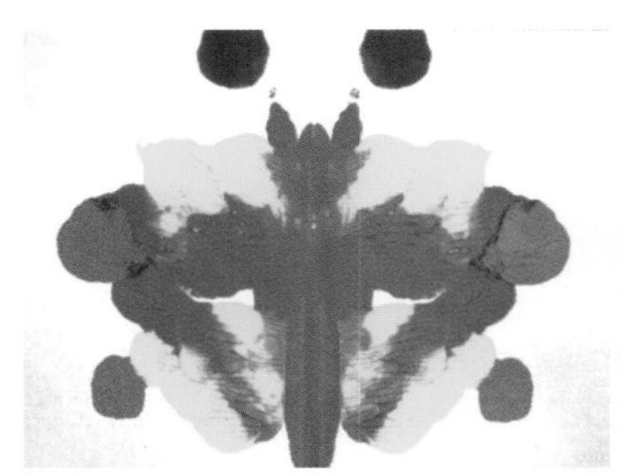
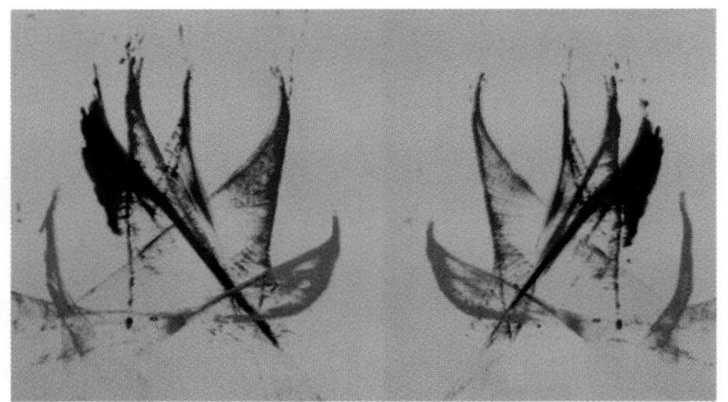

[그림 10-20] 수채물감 활용의 기억

종류의 붓, 물통과 여러 색 물감이 짜여져 있는 팔레트는 위압감을 주기도 한다. 옷에 묻은 물감을 걱정하기도 하고 물통을 넘어뜨려서 물이 쏟아지고 순식간에 테이블이 엉망이 되는 당황스러운 기억도 물감을 통해 얻어질 수 있는 기억이다.

지도하는 입장에서도 물감 활동은 피하고 싶은 활동이기도 하다. 다른 기본 매체에 비해 도구, 충분한 공간, 활동 후의 청소 등의 요소를 고려하면 물감을 선택하는 데에는 약간의 결심이 필요하다. 지도자들에게 주저함이 있다면 지도자들은 물감이 적절한 활동이더라도 그것을 포기하고 차선의 활동을 선택하게 될 것이다. 가장 적절한 물감 대신 지도자에게 조금 덜 힘든 건식 매체로 바꾸는 것이다. 이때 지도자는 무의식적으로 활동을 주저함으로써 사용자의 성장을 저해할 수 있다.

5. 확장 및 응용

불편한 경험의 기억으로 되돌아가기

세계적 연합인 교육 프로그램 레지오 에밀리아와 발도르프에서는 미술 활동 중 특히 물감 활동이 두드러지는데, 이 프로그램들은 물감의 색과 질의 특징을 즐기고 탐색할 기회를 준다. 물감의 낮은 통제성을 자유로움으로 인정하고 오히려 그 자유를

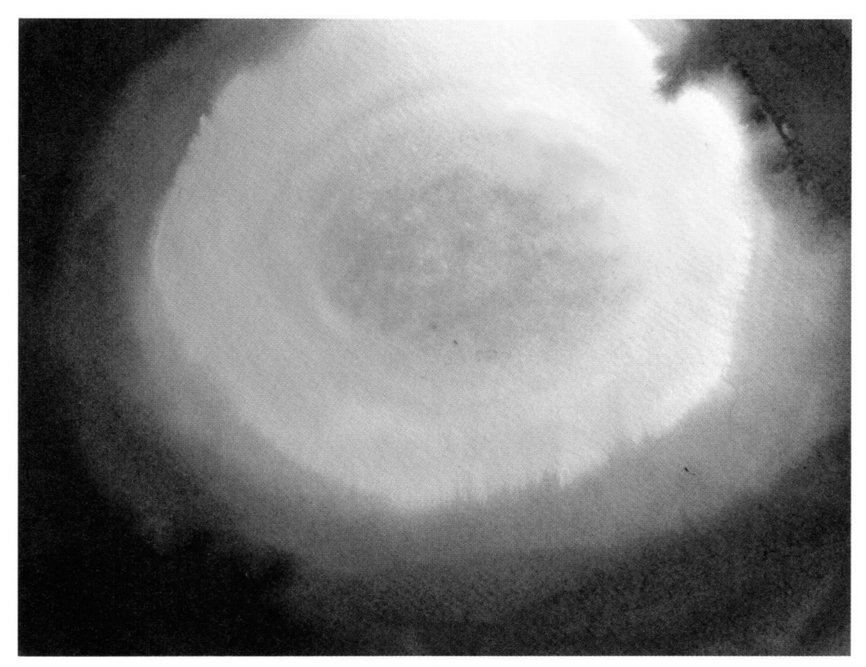

[그림 10-21] 발도르프식 습식수채화

마음껏 사용하도록 하여 통제성을 넘어서는 방법으로 시도를 하도록 한다.

레지오 에밀리아와 발도르프 프로그램에서의 물감 활동은 밑그림 활동 없이 이루어진다. 밑그림을 먼저 그리면 물감이 선 밖으로 나가지 않도록 무의식적으로 애쓰게 되는데, 물감의 낮은 통제성 때문에 이는 매우 어려운 일이다.

레지오 에밀리아[1]에서 물감 경험은 유아들에게 생활이고, 지식을 구성하는 가장 중요하고 친근한 놀이이며, 색을 사용하는 것은 특정 공간인 '여기'를 진동시키는 것이라고 정의한다. 또한 발도르프[2]에서는 젖은 수채화 기법 경험으로부터 색이 가진 성질

1) 이탈리아 북부 지역에 위치한 시로, 진보 성향이 강하며, 남녀 고용 평등, 교육개혁 등 다양한 방면에서 개혁이 시도되어 왔다. 레지오 에밀리아 유아교육은 진보적인 사고와 연구, 실험에 뿌리를 두고 있는데, 다양한 매체를 이용하여 장단기 동안의 표상을 통한 주제의 깊이 있는 학습에 초점을 두고 있다(Reggio Children srl, 2002).

2) 1920년경 루돌프 슈타이너(Rudolf Steiner) 박사가 창시한 인지학(anthroposophy)을 바탕으로 발전시킨 교육이다(한국 발도르프 교육협회).

을 느끼고, 주변의 자연과 우주와 교감하는 소통의 의미를 알아보는 것이라고 정의한다. 사용자들은 물감으로 그림을 그리는 과정에서 색의 울림과 변형을 체험한다.

물감 사용의 어려움이 반영된 기억은 성장한 후에도 여전히 남아 우리에게 그 영향력을 발휘한다. 심리치료에서는 필요할 때 불편했던 과거의 시점으로 돌아가 지금의 내가 그때의 나를 돌본다. 아동기 물감의 불편했던 경험이 있다면 지금–여기에서 수정을 권한다. 불편했던 과거의 기억으로 인해 물감이 불편한 매체가 된다면 즐거운 매체를 경험하는 좋은 기회를 놓치게 될 것이다.

'색의 울림과 변형을 체험하고, 친근한 놀이로, 경험으로부터 색이 가진 성질을 느끼고 자연과 우주와 교감하는 소통의 의미를 알아보는 방법'이 될 수 있는 물감의 내재된 에너지를 경험으로 이끄는 것은 지도자의 역할이다. 우리는 이러한 물감을 사용하는 데 주저함이 없는지 돌아보아야 한다.

문제의 해결 방법

물감을 사용할 때 도구로 인한 불편함이 있다면 도구를 바꿀 수 있다. 그러나 만들어진 시스템에 익숙해져 있으면 그 불편함은 개선되기가 어렵다. 그때 사용자에게는 물감의 불편함에 대한 기억만 남게 될 것이다. 물감을 긍정적으로 경험하기 위해서는 물감 사용 시 필요한 도구들을 다시 살펴보아야 한다.

붓의 길이

붓은 잡는 위치에 따라 매우 다른 느낌을 준다. 위치에 따라 사용자가 사용하는 근육이 달라지고, 가해지는 힘도 달라진다. 그래서 사용하는 붓의 길이에 대한 고려가 반드시 필요한데, 보통 시판되는 붓의 길이는 30cm 정도로, 누군가에게는 길고 누군가에게는 짧다. 전문적으로 붓을 사용하거나 자주 사용하는 사람은 붓을 잡는 위치를 바꾸거나 붓의 길이를 스스로 조절하는 작업을 하지만, 유 · 아동 또는 붓 사용이 익숙하지 않은 사람들은 시판되는 길이를 있는 그대로 사용하게 된다.

[그림 10-22] 붓의 크기와 모양을 추론해 보기

붓대의 윗부분을 잡으면 손끝의 힘을 쓸 수 없고, 붓대의 아랫부분을 잡으면 붓에 가해지는 힘이 과해진다.

소근육이 섬세하게 발달하지 못한 아동의 경우에는 긴 붓의 윗부분을 잡으면 작업이 매우 힘들다. 시판되는 붓에는 붓을 잡는 위치가 따로 표시되어 있지 않다. 현장에서 만난 거의 대부분의 아동은 붓을 잡는 위치를 본인의 상황에 따라 조절하지 못했고, 붓의 윗부분이나 아래끝을 잡고 불편하게 사용했다. 긴 붓을 불편하게 사용하는 아동을 위해 지도자가 아동이 쓰는 붓대를 잘라 준다면 그 자극은 매우 강렬하여 바로 그 순간 붓 사용에 대한 사용자의 시스템이 변화될 수도 있다.

붓에는 1호, 2호, 18호, 20호 등 붓모의 굵기를 나타내는 숫자가 있다. 그러나 붓모의 굵기뿐 아니라 연령에 맞게 잡는 위치도 표시되어 있어야 한다. 그렇지 않다면 지도자들이 사용자에게 맞게 붓대의 적절한 위치에 테이프나 유성펜으로 잡는 위치를 그려 주어야 한다. 이와 같이 준비해 둔다면 물감과 붓 사용에 대한 불편함의 해소는 물론이고, 사용자와의 관계 형성에도 큰 도움이 될 것이다. 이러한 준비는 사용자에 대한 섬세한 이해가 동반되어야 가능하기 때문이다.

[그림 10−23]은 시중에 판매되는 유아용 붓의 실물 크기이다. 붓대가 짧고 붓모도 강하기 때문에 힘 조절이 어려운 유아들이 사용하기에 유용하다. 붓대의 길이가 달라진다면 붓을 사용하면서 생기는 좌절감을 최소화할 수 있다.

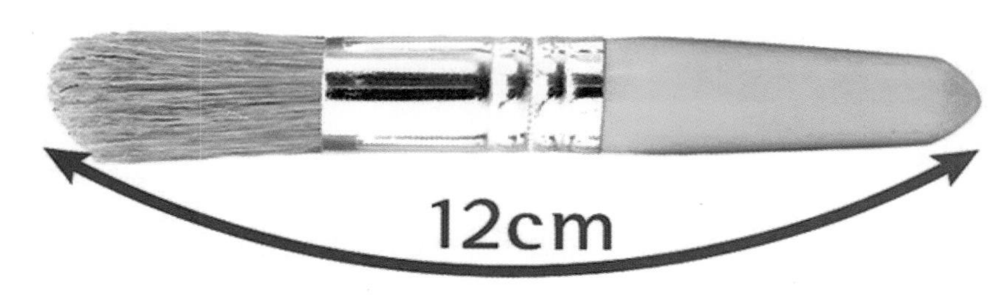

[그림 10−23] 짧은 붓

붓의 모양

붓의 모양은 크게 둥근 모양, 납작한 사각 모양으로 나눌 수 있지만, 털의 종류와 길이, 넓이 등에 따른 수많은 종류가 있다. 붓모의 길이가 길거나 짧음에 따른 느낌, 붓모의 부드럽거나 거침에 따른 느낌은 매우 다르다. 용도와 작업 내용, 연령이 고려되지 않고 준비된 '붓'을 보면 매우 안타깝다. 붓모의 상태와 붓대만 고려한다면 작업 중에 만나게 되는 여러 가지 곤란을 해결하기 힘들다. 이러한 곤란은 물감 작업에 대한 부정적인 기억으로 이어지게 된다.

'지나치게 세부적인 고려가 아닌가?'라는 의문을 가질 수도 있겠지만, 한순간의 작은 느낌이 각인되어 우리 인생에서 커다란 의미가 될 수 있음을 우리는 경험한다. 붓을 사용할 때의 불편함이 해결되지 못하면 '나는 미술에 재능이 없어!'라는 생각을 가지게 될 수 있고, 결국 물감 활동을 싫어하게 되어 좋은 매체의 울림을 경험하지 못하게 될 수도 있다.

[그림 10-24] 네모 붓과 둥근 붓

도구를 사용할 때 겪을 수 있는 불편함은 미술 활동에서 문제가 된다. '분리 가능한 붓'([그림 10-25] 참조)이라는 아이디어는 붓 길이 때문에 생기는 문제를 해결할 수 있는 좋은 방법이다. 붓모 부분이 분리되어 붓대를 긴 것과 짧은 것으로 필요에 따라 바꾸어 끼울 수 있다면, 사용자는 상황에 따라 길이를 선택하여 사용할 수 있고 스스로 도구를 조절할 수 있다는 개념을 가질 수 있다.

[그림 10-25] 분리 가능한 붓

[그림 10-26]은 붓대가 물통이 되는 물붓이다. 붓대에 물을 채울 수 있기 때문에 붓으로 채색할 때 수시로 물을 찍어야 하는 불편함이 없어서 물의 양을 조절하기 힘든 유·아동에게는 좋은 대안이 될 것이다. 물통과 붓, 그리고 물을 동시에 조절하여 사용하는 것은 꽤 복잡한 일이다. 물붓을 사용할 경우 물 조절이라는 한 가지 과정이 간소화된다. 또한 물붓은 물통 없이 일정 시간 동안 사용이 가능하므로 이동 시 사용하

[그림 10-26] 물통이 달린 붓

기에도 편리하다. 지도자는 이러한 모든 상황을 고려하여 그 시점에서의 가장 적절한 해결책을 사용자에게 제공해야 한다.

필요한 대상에 따라 붓의 모양과 크기를 바꾸는 것은 반드시 필요한 일이다. 칠해야 할 면적이 넓은지, 좁은지 또는 면을 채울지, 선을 그릴지에 따라 바뀌어야 하며, 연령 및 발달 정도까지 고려해야 한다.

8절 종이 위에 18호 붓은 너무 큰 느낌이 있다. 8절이라는 공간의 크기도, 유·아동의 사용 능력에도 부담이 되는 크기이다. 8절보다 두 배 큰 4절 종이를 5호 붓으로 모두 칠하는 것도 사용자에게 부담감을 주게 된다. 적절한 크기와 모양은 사용 시에 내가 도구를 다루고 있다는 주도성을 가지게 한다.

한편, 붓모는 동물의 털이나 합성 섬유로 만들어지기 때문에 그 탄력성이 사용 시 다루기 어려운 특징이 될 수도 있다. 그렇다면, 붓 대신 사용할 수 있는 도구는 어떤

[그림 10-27] 어떤 붓을 사용할까?

것들이 있을까? [그림10-28]의 세 가지 도구—나무젓가락, 면봉, 칫솔—를 모가 있는 붓보다 편리하게 사용할 수 있을까? 우선, '모'를 가지지 않기 때문에 탄력성을 다루어야 하는 문제는 해결될 것이다. 100% 완벽한 도구는 없다. 상황에 따른 적절한 선택과 준비가 100%를 만들 수 있다.

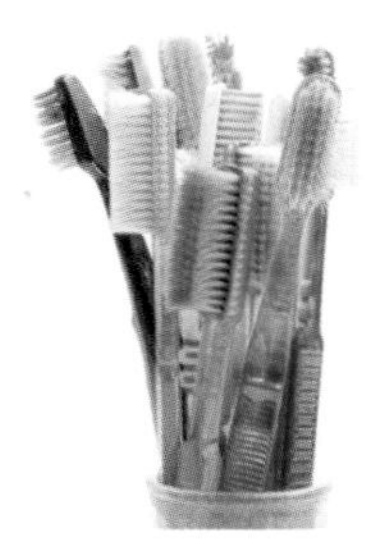

[그림 10-28] 물감 사용을 흥미롭게 하는 일상의 도구들

질문

[물감 활동에서]

- 나무젓가락을 어디에 어떻게 사용할까? 장점 및 단점을 적어 보자.
- 면봉은 물감 활동에서 어떻게 사용할까?
- 칫솔을 사용하면 어떤 느낌이며 어떤 흔적이 될까?
- 각 도구는 어떤 상황에서 사용할 때 가장 좋은 효과를 발휘할까?

물감 활동은 손가락으로 할 수도 있고, 여러 가지 도구를 사용할 수도 있다. 우리 주변에는 물감 활동을 즐겁게 할 수 있는 도구들이 많다. [그림 10-28]과 같이 나무젓가락이나 면봉, 칫솔을 사용하면 물 조절이나 붓을 씻는 절차를 줄여 붓을 사용할 때와는 다른 경험을 해 볼 수 있다. 이 도구들이 붓보다 더 효과적인 측면도 있지만 불편한 점도 있을 것이다. 다양한 도구를 활동에 적용하는 것은 경험하고, 스스로 적응하고, 해결하고, 성장해 나간다는 발달적 측면에서 매우 중요한 일이다.

[그림 10-29] 아동의 면봉 사용과 조르주 쇠라(Georges Seurat)의 점묘 그림
(〈그랑드 자트 섬의 센 강, 봄〉, 1888)

또한 시중에는 아동의 흥미와 발달을 적절히 고려한 다양한 모양의 물감놀이용 도구가 판매되고 있다([그림 10-30] 참조). 물감 활동에서 주로 사용되는 붓뿐만 아니라 롤러나 스탬프 같이 다른 방식으로 사용되는 도구들도 있다. 롤러를 사용할 때 쓰이는 근육은 붓을 사용할 때와 전혀 달라지는데, 롤러는 앞뒤로 밀며 스스로 거리와 힘을 조절할 수 있다. 다양한 도구를 접하고 사용 방법을 익히는 것은 사용자의 욕구를 해소하고 도구 사용 능력을 향상시킬 수 있다. [그림 10-30]의 도구들을 보면 떠오르는 상황과 대상자가 있을 것이다. 다양한 물감 놀이용 도구들은 당신에게 어떤 것을 떠오르게 하는가? 유 · 아동의 발달 측면을 고려한 아이디어 상품들은 사용자의 매체 선택을 풍요롭게 한다.

[그림 10-30] 찍기, 슈팅, 롤러 등 시판되는 다양한 물감놀이용 도구

출처: 스노우키즈 홈페이지.

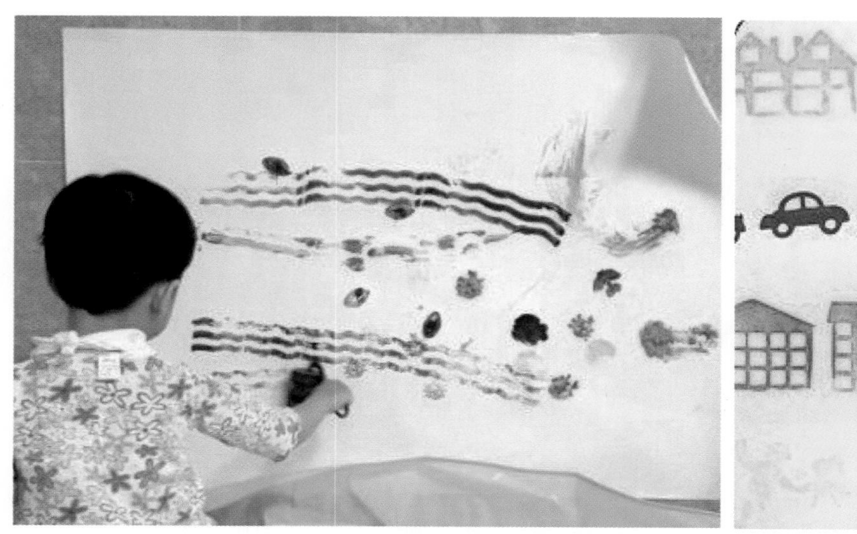

[그림 10-31] 도구의 사용과 그에 따른 표현 결과

출처: 스노우키즈 홈페이지.

[그림 10-30]은 여러 가지 모양을 찍을 수 있도록 고안된 롤러이다. 집, 탈 것, 사람, 식물 등 다양한 주제의 롤러를 사용하면 직접 그리지 않아도 [그림 10-31]과 같은 결과물을 얻을 수 있다. 롤러로 찍힌 그림 위에는 창가의 화분, 집 앞에 앉아 있는 고양이, 문 안으로 들어가는 사람, 지붕 위의 장식, 가로등, 가로수, 길가의 쓰레기통 같은 표현들을 추가하여 그려 넣을 수 있다. 이 활동은 사용자의 곤란을 제거하고, 강제하거나 설명 없이 사용자가 필요한 부분을 찾아 그 시점에서 바로 시작할 수 있게 하는 활동의 예이다. 사용자의 심리적 부담은 줄어든다.

도구가 아닌 사용 방법을 바꿀 수도 있다. 흘리기, 튀기기, 번지기, 뿌리기, 긁기, 찍기, 문지르기, 불기 등 붓으로 칠하는 방법 이외에도 물감의 특징을 이용한 방법들이 있다. 이 방법들은 이미 매우 일반적인 방법으로 널리 사용되고 있지만, 지도자의 물감 사용 방법 목록에는 일반적인 방법과 변형된 방법 등 다양한 방법이 함께 들어 있어야 한다. 이러한 다양한 사용 방법들이 적절하게 응용이 되면 표현 능력을 높일 수 있다.

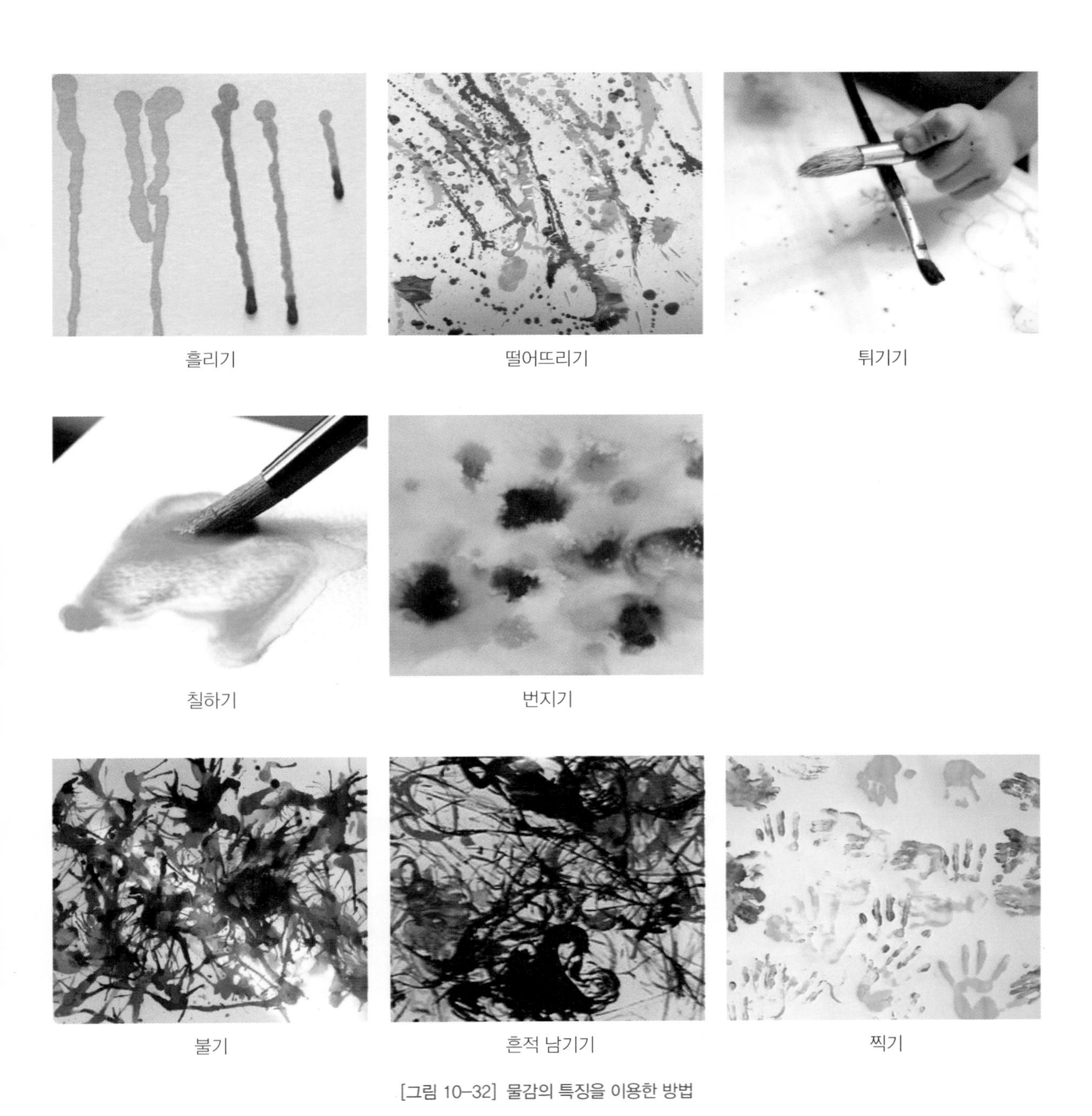
흘리기 떨어뜨리기 튀기기
칠하기 번지기
불기 흔적 남기기 찍기

[그림 10-32] 물감의 특징을 이용한 방법

때로 어떤 아동에게는 물감을 부는 작업이 어렵기도 하다. 만약 여러분이 호흡이 짧고 약해서 원하는 세기로 불기가 힘들고 원하는 방향을 맞추기 힘들어 물감을 부는 작업이 어려운 사용자를 만난다면 그에게 불기에 편리하도록 적당한 넓이의 빨대를 제공하는 일을 잊지 않아야 할 것이다.

흘리기를 이용한 그리기

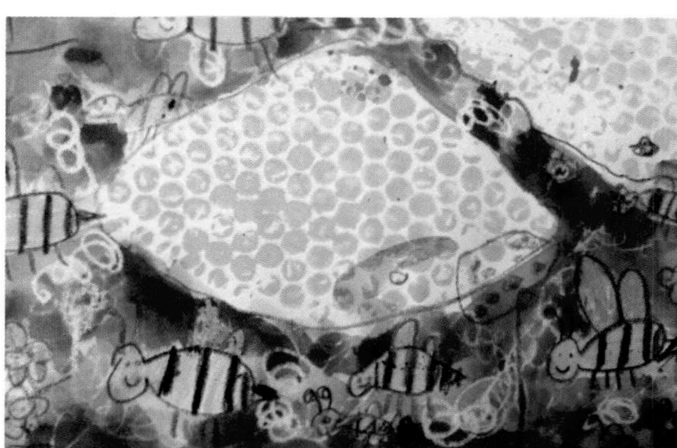

작품의 주제와 어울리는 찍기

스핀아트에 화지와 물감을 넣고 돌리기

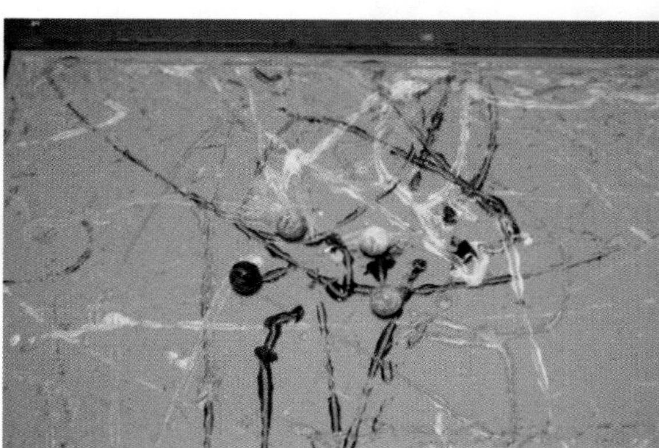

구슬의 흔적

[그림 10-33] 물감 사용 방법의 응용

[그림 10-34]는 컵 모양으로 화지를 잘라서 사용자에게 제공하여 컵의 내용물을 표현하게 한 활동이다. 이때 먼저 컵 그리기에서부터 시작한다면 작업의 범위가 넓어지며, 사용자에게는 여러 가지 추가 기억과 사고가 필요할 것이다. 컵의 내용물에 초점을 맞춘 작업과 보이는 컵을 표현하는 작업은 완전히 다르다.

여기에서 음료수 컵 작업은 사용자의 추억이나 기억의 소환, 선호하는 것 등 자신에 대한 이야기와 더불어 여러 가지 재료와 물감이 만날 때 만들어지는 매체의 효과를 현상적으로 경험할 수 있다. 오렌지주스, 포도주스, 딸기주스, 초콜렛 음료에서 색을 연상할 수 있는가? 탄산음료의 탄산은 어떻게 표현할 수 있는가?

이 작업에서 물감의 색은 맛에 대한 상징적 기억을 불러왔으며, 물감과 함께 사용한 매체는 감각의 표현을 도왔다. 그림에서 컵 속 탄산의 진동을 느낄 수 있는가?

[그림 10-34] 다른 재료와 함께 사용하기_활동의 즐거움, 이질적 재료의 상관관계, 집중하기

6. 치료적 의미

이완 혹은 통제

미술치료에서 매체를 구분할 때 물감은 낮은 통제의 매체로 제시된다. 이는 물감 사용 시 사용자의 통제력이 무력해지기 쉽다는 의미이다. 물감은 다른 매체에 비해서 사용 방법이 다양하고 복잡한 도구 사용 능력이 요구된다. 붓과 팔레트의 사용 방법, 색 감각, 물, 기름 등 용매를 조절할 수 있는 능력이 요구되기도 한다.

[그림 10-35] 매체 통제가 가능한가?

도구를 잘 다루는 것은 일반적인 발달의 증거가 될 수 있기 때문에 물감 작업에서 치료 목표는 '물감 및 주변 도구들을 잘 다루고 통제하는 것'이 될 수도 있다. 복잡한 매체를 통제함으로써 오는 만족감은 치료의 성공적인 한 부분이 되기도 한다.

해소: 물감의 액체적 특징은 해소의 의미로, 틀을 넘어 심리적인 이완감을 준다.

통제: 붓이나 도구를 사용하는 것과 그린 후에 그 형태 안에 물감을 칠하는 활동은 사용자의 통제력을 길러 주는 좋은 활동이 된다.

[그림 10-36]에서 보는 것과 같이 물감 활동은 낮은 통제적 특성으로 인해 사용자의 충동성을 조장하는 위험을 가져올 수 있기 때문에 자아 경계가 불분명하고 충동성이 심한 사람에게 적용할 때 매우 주의해야 한다.

[그림 10-36] 위험성이 있는 물감 활동의 낮은 통제성

물감을 주제로 한 미술 놀이 프로그램에서 핑거페인팅이나 롤링 등 활동적으로 계획된 프로그램이 성향에 맞지 않는 사용자에게는 오히려 정서적인 충격을 줄 수 있으며, 자아 경계를 무너뜨리고 충동성을 조장할 수 있다. 활동과 활동 대상에 대한 충분한 고려 없이 즐거운 체험이라는 이름으로 행해지는 물감 놀이는 지도자들이 주의해야 할 부분이다.

핑거페인팅 작업은 감각 접촉을 시도할 수 있는 활동이다. 감각 자극이 중요하며, 필요하다고 판단되는 경우에 사용할 수 있다. 그러나 직접 신체를 이용한 접촉은 그것이 놀이의 형태를 취하고 있더라도 매우 신중히 고려되어야 할 활동이다. 이때 붓이나 스펀지, 롤러 비닐장갑 등의 도구는 직접 접촉을 막아 주는 중재적인 역할을 한다.

질문

- 어떤 특질의 사람에게 도구를 사용해야 하는가?
- 어떤 특질의 사람에게 매체와 신체의 접촉 경험을 시도하도록 격려해야 하는가?

감각 자극

감각을 자극하기 위해 추가할 수 있는 것들

이완을 위한 핑거페인팅 활동 시 물감에 마른 밀가루, 밀가루 풀, 콩, 좁쌀 등의 부드러운 자극 매체를 첨가할 수 있다. 이러한 첨가물들은 사용자의 촉각 자극을 강화할 수 있다. 핑거페인팅용 물감 안에 숨어 있는 아주 작은 좁쌀을 손가락으로 찾는 활동은 물감의 느낌과 함께 또 다른 자극을 경험할 수 있다. 이는 감각 능력의 향상과 연결되는 활동이다. 미술치료사나 특수교육 교사들은 두 가지 이상 감각의 협응 능력을 키우는 것을 중요 목표로 삼는 회기를 진행하거나 협응 능력 향상을 위한 프로그램을 만들기도 한다.

[그림 10-37] 이완과 촉감

물감의 색이 시지각을 자극한다면, 물감을 만지는 것은 촉각을 자극한다. 지도자가 손으로 물감을 만지는 작업을 계획하였다면 시지각과 촉각의 협응을 고려한 것이다. 두 가지의 다른 소재를 추가하였다면 그것은 사용자가 두 가지 이상의 감각을 구별하도록 한 지도자의 의도이다. 핑거페인팅 활동은 소근육 운동을 촉진하며, 시지각의 발달과 손끝 감각의 협응을 도울 수 있다.

정서적 안정감

물감은 아름다운 색감과 부드러운 사용감으로 감성을 자극하기에 좋은 매체이다. 단독으로 사용할 때, 통제성이 높은 매체들보다는 어떤 형태를 그린다는 압박감에서 벗어날 수 있기 때문에 감정에 연결하기에 더욱 쉽다. 그래서 지금-여기에서의 상징

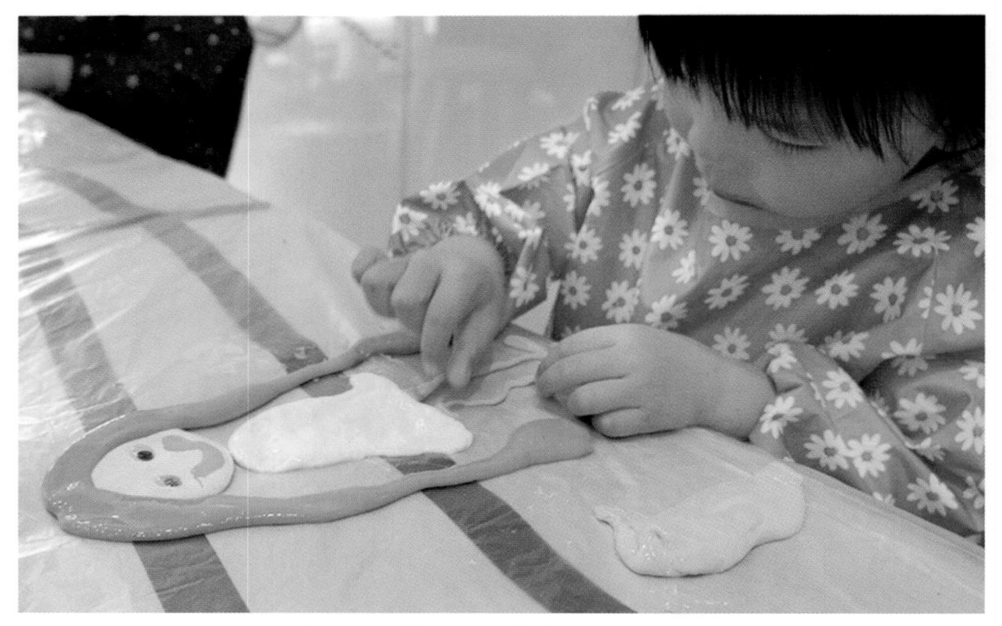

[그림 10-38] 감각의 한 예시(슬라임 물감 활동)

출처: 스노우키즈 홈페이지.

적인 감정을 함께 나누고 공감할 수 있어서 특히 정서적 돌봄 치료 장면의 좋은 매개체가 된다.

창의성

사용 방법이나 함께 사용하는 도구에 따라 활용 범위가 얼마든지 넓어질 수 있는 물감은 창의적인 활동의 프로그램을 계획하기에도 좋다.

- 붓의 모양이나 크기를 바꾸어 사용하기
- 밀가루 등 다른 매체와 혼합하여 사용하기
- 물을 많이 쓰거나 적게 하여 사용하기
- 다양한 물감 놀이용 도구를 계획하여 사용하기

앞의 계획을 구체화하여 물감 프로그램을 계획해 보자.

주의

물감의 경우에는 통제의 경계를 정하기 애매하기 때문에 유·아동의 경우에 지도자와 신경전을 할 수도 있다. 어느 작업이나 그렇겠지만 특히 물감을 매체로 선택한 경우에는 여러 가지 돌발 상황을 대비하는 것이 필요하고, 싱크대나 화장실이 갖추어진 장소도 필요하다. 작업을 위해 작업용 비닐이 필요할 수도 있다. 그릇 형태([그림 10-39] 참조)의 작업용 비닐은 사용자가 그 안에서 안정감을 느낄 수 있는 보조 도구이다.

[그림 10-39] 물감 놀이를 안전하게 돕는 도구들

출처: 스노우키즈 홈페이지.

신체 활동에서 물감의 색은 다른 매체에 비해 사실성이 높아질 수 있어 사용자에게 정서적인 충격으로 남을 수도 있으므로 특히 주의해야 할 부분이다. 예를 들어, 빨간색 물감은 더욱 강력한 상징이 될 수 있다. 지도자는 이것이 사용자에게 미칠 영향을 주의 깊게 고려해야 한다.

만약 프로그램을 위해 물감 작업이 필요하다면, 안정적인 작업 진행을 위해 통제가 가능한 좁은 범위에서 시작해서 활동의 범위를 확대해 가는 것이 좋다. 또한 활동 초기보다는 중기 이후로 매체 배정을 할 수 있다면 더욱 좋을 것이다. 전시용 목적으로 물감을 매체로 한 신체 활동을 선택하거나 지도자의 흥미로 신체 활동이 선택되어서는 안 된다.

물감 놀이를 거부하는 사용자들에게는 익숙해지는 과정이 필요하다. 물감이 손에 묻는 것을 싫어하는 아이들에게 비닐장갑을 끼워 주는 것도 도움이 된다. 물감에 거부감이 있는 사용자들에게는 흘리거나 번질 확률이 적고 원하는 방향으로 사용하기에 쉬운 털이 짧고 딱딱한 붓이 도움이 된다.

반대로 지나치게 물감의 사용에 흥분해서 몰입하는 사용자의 경우에는 흥미를 더욱 자극할 수 있는 롤러 등 신기한 물감놀이용 도구나([그림 10-30] 참조) 너무 넓은 화지, 또는 칠할 수 있는 범위가 넓어지는 아주 긴 붓이나 롤러 등은 충동성을 더 조장하므로 유의해야 한다([그림 10-40] 참조). 물감 회기는 특히나 자체적으로 통제나 이완이 애매한 부분이 생기기 때문에 지도자가 계획한 구조를 자연스럽게 사용할 수 있도록 지도자 스스로 충분한 이해와 계획이 필요하다. 만약 충분한 이해와 계획이 이루어지지 않으면 물감 활동은 아동에게 충격적인 경험을 남길 수 있다.

[그림 10-40] 신중히 고려되어야 할 물감 신체 활동

참고문헌

김미경(2019). 성인 학습자의 자아 존중감 향상을 위한 프로그램 개발과 평가-크레파스 매체를 중심으로-. 인문사회 21, 10(5), 1349-1360.

김미란(2009). 유아가 경험하는 종이의 의미. 세종대학교 교육대학원 석사학위논문.

김성민(2009). 흙놀이를 통한 유아자폐증 치료과정 연구. 한국콘텐츠학회논문지, 19(3).

김정민(2006). 시지각 기능 검사의 타당화와 우리나라 아동의 시지각 특성 분석. 연세대학교 대학원 박사학위논문.

김지나(2001). 소조활동을 통한 자폐아 미술치료 사례 연구. 상명대학교 대학원 석사학위논문.

문수백, 이영재, 여광응, 조석희(2007). 종합인지기능 진단검사 실시요강. 서울: 학지사.

심슬기, 이광호(2010). 좌우뇌 선호도에 따른 수학불안에 관한 연구. 한국학교수학회논문집, 13(3), 443-458.

유나 편집부(2020). 추억의 종이인형 5. 경기: 유나.

이채영, 최은영(2007). 만다라 기법에서의 매체가 주의력결핍 과잉행동장애아동의 이완 및 문제행동에 미치는 영향. 한국정서행동장애학회, 2007(2), 77-102.

정정순(2003). 놀이미술치료가 발달장애유아의 사회적 행동에 미치는 효과. 정서행동장애연구학회지, 19(1).

최선희(2002). 초등학교 미술과 교육의 채색지도 방안 연구. 경인교육대학교 교육대학원 석사학위논문.

Abt, T. (2005). *Introduction to picture interpretation*. 이유경 역(2010). 융심리학적 그림해석. 서울: 분석심리학연구소.

Eisner, E. W. (1995). *Educating artistic vision*. 새로운 눈으로 보는 미술교육. 서울대학교 미술교육연구회 역. 서울: 예경.

Giniott, H. G. (1961). *Group psychotherapy with children*. New York: McGraw-Hill.

Hansen, H. (2013). DRAWNINWARD. www.heatherhansen.net

Henley, D. (2002). Clayworks in art therapy: Plying the sacred circle. 김선현 역(2005). 점토를 통한 미술치료. 서울: 이론과 실천.

Landgarten, H. B. (1987). *Family art psychotherapy: A clinical guide and casebook*. Pennsylvania, United States: Brunner/Mazel.

Mees-Christeller, E. (1988). *Kunsttherapie In Der Praxis Verlag Freies Geistesleben & Urachhaus GmbH, Stuttgart*. 정정순, 정여주 공역(2004). 루돌프 슈타이너의 인지학 예술치료. 서울: 학지사.

Singh, H., & O' Boyle, M. W. (2004). Interhemispheric interaction during global-local processing in mathematically gifted adolescents, average-ability youth, and college students. *Neuropsychology, 18*(2), 371-377.

Tabaczyńska, A., Dąbrowska, A., Słoma, M. Printed Graphene, Nanotubes and Silver Electrodes Comparison for Textile and Structural Electronics Applications. Sensors 2021, 21, 4038. https://doi.org/10.3390/s21124038

(주)신한화구 https://www.shinhanart.com
(주)짐모아 http://www.zimmoah.net
Alibaba https://korean.alibaba.com
Allan Berman https://bermanstudios.com
Conté à paris https://www.conteaparis.com
Cooksongold https://www.cooksongold.com
Ester Roi https://www.esterroi.com
FELISSIMO https://www.felissimo.co.jp
PETE GOLDLUST https://www.petegoldlust.com/carved-crayons
scottnaismith https://scottnaismith.com
VIARCO https://www.viarco.pt
꼬메빔보 https://comebimbo.com
도너랜드 https://donerland.co.kr
스노우키즈 https://snowkids.co.kr
시넬리에 http://www.sennelier-colors.com
아티바바 http://artibaba.co.kr
옴모 https://smartstore.naver.com/ommoshop
이케아 https://www.ikea.com
이홈베이킹 http://ehomebaking.co.kr
키즈맘아트 http://kidsmomart.com
핸즈코리아 http://www.hands-kor.co.kr
호미화방 https://www.homi.co.kr

찾아보기

인명

내용

저자 소개

손혜주(Son, Hye Joo)
영남대학교 미술치료학 박사
현 영진전문대학교 겸임교수
심리클리닉 나 대표

*포르투갈 아트, 매체, 치료 프로젝트 참여
MANICÓMIO[1]와 함께 정신병원 미술치료 협업
VIARCO 아트팩토리[2]와 함께 치료를 위한 매체 실험
*Hospital De Magalhaes Lemos (IN PORTO)
Hospital Conde de Ferreira (IN PORTO)
ISJD-Casa de Saúde S. José (IN BARCELOS)
Casa De Saúde S. joao de Deus (IN BARCELOS)

〈논문〉
방 그림의 투사검사 개발을 위한 기초연구: 화가들의 방 그림과 대학생의 방 그림을 통하여(한국연구재단 연구과제, 2020)
미술 교육자에서 미술치료사로의 전환 체험에 대한 현상학적 연구(영남대학교 박사학위논문, 2016)
미술치료와 미술교육이 아동의 미술능력과 친사회적 행동에 미치는 효과(공저, 미술치료연구, 2010)

최외선(Choi, Wae Sun)
전 영남대학교 교수
현 영남대학교 명예교수

〈저서 및 역서〉
가족 분야(9권): 가족 상담의 이론과 실제(성원사, 1987) 외 8권
미술치료 분야(16편): 가족미술치료(공저, 동아문화사, 2000) 외 15권

〈논문〉
가족 및 미술치료 분야 140여 편

---

1) 리스본의 정신병원에 기반을 둔 예술 프로젝트 협회로, 정신치료와 미술작업을 연결한 작업과 전시회를 통해 치료와 작가적 기반을 유지하도록 돕는다.
2) 포르투갈의 유일한 연필 공장으로 5대를 이어 오고 있으며 여러 가지 창의적인 미술매체 실험을 해 오고 있다.

미술매체의 이해

-자기 이해의 도구로서 매체-

Understanding of Art Materials

2022년 8월 15일 1판 1쇄 인쇄
2022년 8월 20일 1판 1쇄 발행

지은이 • 손혜주 · 최외선

펴낸이 • 김진환
펴낸곳 • ㈜학지사
04031 서울특별시 마포구 양화로 15길 20 마인드월드빌딩
대표전화 • 02-330-5114 팩스 • 02-324-2345
등록번호 • 제313-2006-000265호

홈페이지 • http://www.hakjisa.co.kr
페이스북 • https://www.facebook.com/hakjisabook

ISBN 978-89-997-2735-1 93180

정가 20,000원